—— 乡村振兴特色优势产业培育工程丛书 ——

中国油橄榄产业发展蓝皮书

（2023）

中国乡村发展志愿服务促进会 组织编写

中国出版集团
研究出版社

图书在版编目（CIP）数据

中国油橄榄产业发展蓝皮书.2023 / 中国乡村发展
志愿服务促进会组织编写. -- 北京 : 研究出版社，
2024.7

ISBN 978-7-5199-1682-4

Ⅰ.①中… Ⅱ.①中… Ⅲ.①油橄榄 – 产业发展 – 研
究报告 – 中国 – 2023 Ⅳ.①F326.12

中国国家版本馆CIP数据核字 (2024) 第111310号

出 品 人：陈建军
出版统筹：丁 波
责任编辑：范存刚

中国油橄榄产业发展蓝皮书（2023）

ZHONGGUO YOUGANLAN CHANYE FAZHAN LANPI SHU (2023)

中国乡村发展志愿服务促进会 组织编写

研究出版社 出版发行

（100006 北京市东城区灯市口大街100号华腾商务楼）

北京建宏印刷有限公司印刷 新华书店经销

2024年7月第1版 2024年7月第1次印刷

开本：710毫米×1000毫米 1/16 印张：15.25

字数：241千字

ISBN 978-7-5199-1682-4 定价：56.00元

电话（010）64217619 64217652（发行部）

本书编写人员

主　　编：姜成英

副主编：俞　宁　赵海云　张　军　周立江　杜晋城

李勇杰　朱恒星

编写人员：（按编写顺序排序）

王丽华　叶　敏　白万明　仲金瑚　闫仲平

李　娜　吴文俊　张建霞　姜德志　黄飞逸

黄胜佳　黎　伟

本书评审专家

（按姓氏笔画排序）

王祖明　王瑞元　孙宝忠　张忠涛　金　旻

赵世华　相　海　饶国栋　裴　东

编写说明

习近平总书记十分关心乡村特色优势产业的发展,作出一系列重要指示。2022年7月,习近平总书记在新疆考察时指出,要加快经济高质量发展,培育壮大特色优势产业,增强吸纳就业能力。2022年10月,习近平总书记在陕西考察时强调,产业振兴是乡村振兴的重中之重,要坚持精准发力,立足特色资源,关注市场需求,发展优势产业,促进一二三产业融合发展,更多更好惠及农村农民。2023年4月,习近平总书记在广东考察时要求,发展特色产业是实现乡村振兴的重要途径,要着力做好"土特产"文章,以产业振兴促进乡村全面振兴。党的二十大报告指出,发展乡村特色产业,拓宽农民增收致富渠道。巩固拓展脱贫攻坚成果,增强脱贫地区和脱贫群众内生发展动力。

为贯彻落实习近平总书记的重要指示和党的二十大精神,围绕"国之大者",按照确保重要农产品供给和树立大食物观的要求,中国乡村发展志愿服务促进会认真总结脱贫攻坚期间产业扶贫经验,启动实施"乡村特色优势产业培育工程",选择油茶、核桃、油橄榄、杂交构树、酿酒葡萄,青藏高原青稞、牦牛,新疆南疆核桃、红枣9个特色优势产业进行重点培育。这9个产业,都事关国计民生,经过多年的努力特别是脱贫攻坚期间的工作,具备了加快发展的基础和条件,不失时机地促进实现高质量发展,不仅是必要的,而且是可行的。中国乡村发展志愿服务促进会动员和聚合社会力量,促进发展木本油料,向山地要油料,加快补齐粮棉油中"油"的短板,是国之大者。促进发展核桃、杂交构树等,向植物要蛋白,加快补齐肉蛋奶中"奶"的短板,是国之大者。发展青藏高原青稞、牦牛和新疆南疆核桃、红枣，加快发展西北地区葡萄酒产业，是脱贫地区巩固拓展脱贫攻坚成果和实现乡村产业振兴的需要，也是实现农民特别是脱贫群众增收的重要措施。通过培育重点企业、强化科技支撑、扩大市场销售、对接金融资源、发布蓝皮书等工作，服务和促进9个特色优势产业加快发展，努力实现农民增收、企业盈利、消费者受益的目标。

发布蓝皮书是培育工程的一项重要内容，也是一项新的工作。旨在普及产业知识，记录产业发展轨迹，反映产业状况，推广良种良法，介绍全产业链开发的经验做法，对产业发展进行预测和展望。营造产业发展的良好社会氛围，加快实现高质量发展。2023年蓝皮书的出版发行，得到了社会各界的广泛认可，并被有关部门列入"乡村振兴好书荐读"书目。

2024年，为进一步提高蓝皮书的编撰质量，使其更具知识性、史料性、权威性，促进会提早着手、统筹谋划，统一编写思想和体例，提出数据采集要求，召开了编写提纲讨论会、编写调度会、专家评审研讨会等。经过半年多努力，现付梓面世。丛书的出版发行，得到了各方面的大力支持。我们诚挚感谢所有参加蓝皮书编写的人员及支持单位，感谢在百忙之中参加评审的专家，感谢为丛书出版提供支持的出版社和编辑。虽然是第二年编写蓝皮书，但因为对有些产业发展的最新数据掌握不全，加之水平有限，谬误在所难免，欢迎广大读者批评指正。

2024年4月23日，习近平总书记在重庆主持召开的新时代推动西部大开发座谈会上强调，要坚持把发展特色优势产业作为主攻方向，因地制宜发展新兴产业，加快西部地区产业转型升级。习近平总书记的重要指示，进一步坚定了我们继续编写特色产业蓝皮书的决心和信心。下一步，我们将认真学习贯彻习近平总书记重要指示精神，密切跟踪九大特色产业发展轨迹，关注分析国内外相关情况，加强编写队伍，争取把本丛书做精做好，做成品牌。

丛书编委会

2024年5月

代　序

乡村振兴特色优势产业培育工程实施方案

中国乡村发展志愿服务促进会

2022年7月11日

民族要复兴，乡村必振兴。脱贫攻坚任务胜利完成以后，"三农"工作重心历史性转到全面推进乡村振兴。为贯彻落实习近平总书记关于粮食安全的重要指示精神，落实《国家乡村振兴局 民政部关于印发〈社会组织助力乡村振兴专项行动方案〉的通知》（国乡振发〔2022〕5号）要求，中国乡村发展志愿服务促进会（以下简称促进会）认真总结脱贫攻坚期间产业扶贫经验，选择油茶、油橄榄、核桃、酿酒葡萄、杂交构树，青藏高原青稞、牦牛，新疆南疆核桃、红枣9个特色优势产业进行重点培育，编制《乡村振兴特色优势产业培育工程实施方案》（以下简称《实施方案》）。

一、总体要求

（一）指导思想

以习近平新时代中国特色社会主义思想为指导，全面贯彻习近平总书记关于"三农"工作的重要论述，立足新发展阶段，贯彻新发展理念，构建新发展格局，落实高质量发展要求。按照乡村要振兴、产业必先行的理念，坚持"大食物观"，立足不与粮争地，坚守18亿亩耕地红线，本着向山地要油料、向构树要蛋白的思路，加快补齐粮棉油中"油"的短板、肉蛋奶中"奶"的短板，持续推进乡村振兴特色优势产业培育工程。立足帮助优质农产品出村进城，不断丰富市民的"米袋子""菜篮子""果盘子""油瓶子"，鼓起脱贫地区人民群众的"钱袋子"。立足推动农业高质高效、乡村宜居宜业、农民富裕富足，为全面推进乡村振兴、加快农业农村现代化提供有力支撑。

（二）基本原则

——坚持政策引导，龙头带动。以政策支持为前提，积极为产业发展和参与企业争取政策支持。尊重市场规律，发挥市场主体作用，择优扶持龙头企业做大做强，充分发挥龙头企业的示范带动作用。

——坚持突出重点，分类实施。突出深度脱贫地区，遴选基础条件好、带动能力强的企业，进行重点培育。按照"分产业、分区域、分重点"原则，积极推进全产业链发展。

——坚持科技支撑，金融助力。加强对特色优势产业发展的科研攻关、科技赋能作用，促进科研成果及时转化。对接金融政策，促进企业不断增强研发能力、生产能力、销售能力。

——坚持行业指导，社会参与。充分发挥行业协会指导、沟通、协调、监督作用，帮助企业加快发展，实施行业规范自律。充分调动社会各方广泛参与，"各炒一盘菜，共办一桌席"，共同助力产业发展。

——坚持高质量发展，增收富民。坚持"绿水青山就是金山银山"理念，帮助企业转变生产方式，按照高质量发展要求，促进产业发展、企业增效、农民增收、生态增值。

（三）主要目标

对标对表国家"十四五"规划和2035年远景目标纲要，设定到2025年、2035年两个阶段目标。

——到2025年，布局特色优势产业培育工程，先行试点，以点带面，实现突破性进展，取得明显成效。完成9个特色优势产业种养适生区的划定，推广"良种良法"，建设一批生产基地。培育一批龙头企业、专业合作社和家庭农场等市场主体，建立重点帮扶企业库，发挥引领带动作用。聘请一批知名专家，建立专家库，做好科技支撑服务工作。培养一批生产、销售和管理人才，增强市场主体内生动力，促进形成联农带农富农的帮扶机制。

——到2035年，特色优势产业培育工程形成产业规模，实现高质量发展。品种和产品研发取得重大突破，拥有多个高产优质品种和市场占有率高的产品。种养规模与市场需求相适应，加工技术不断创新，产品质量明显提升，销售盈利能力不断拓展，品牌影响力明显增强。拥有一批品种和产品研发专家，一批产业发展领军人才和产业致富带头人，一批社会化服务专业人才。市场主体发展壮大，实现一批企业上市。联农带农富农帮扶机制更加稳固，为共同富裕添砖加瓦，作出积极贡献。

二、重点工作

围绕特色优势产业培育工程目标，以"培育重点企业、建立专家库、实施消费帮、搭建资金池、发布蓝皮书"为抓手，根据帮扶地区自然禀赋和产业基础条件，做好五项重点工作。

（一）培育重点企业

围绕中西部地区，特别是三区三州和乡村振兴重点帮扶县，按照全产业链发展的思路遴选一批产业基础好、发展潜力大、创新能力强的企业，建立重点帮扶企业库，作为重点进行培育。对有条件的龙头企业，按照上市公司要求和现代企业制度，从政策对接、金融支持、消费帮扶等方面进行重点培育，条件成熟的推荐上市。

（二）强化科技支撑

遴选一批品种研发、产品开发、技术推广、工艺研究等方面的专家，建立专家库，有针对性地对制约产业发展的"卡脖子"技术难题进行联合攻关。为企业量身研发、培育种子种苗，用"良种良法"助力企业扩大种养规模。加强产品研发攻关，提高产品品质和市场竞争力。充分发挥企业家在技术创新中的重要作用，鼓励企业加大研发投入，承接和转化科研单位研究成果，搞好技术设备更新改造，强化科技赋能作用。

（三）扩大市场销售

帮助企业进行帮扶产品认定认证，给帮扶地区产品提供"身份证"，引导销售。利用促进会"帮扶网""三馆一柜"等平台和载体，采取线上线下多种方式销售。通过专题研讨、案例推介等形式，开展活动营销。通过每年发布蓝皮书活动，帮助企业扩大影响，唱响品牌，进行品牌销售。

（四）对接金融资源

帮助企业对接国有金融机构、民营投资机构，引导多类资金对特色优势产业培育工程进行投资、贷款，支持发展。积极与有关产业资本合作，按照国家政策规定，推进设立特色优势产业发展基金，支持相关产业发展。利用国家有关上市绿色通道，帮扶企业上市融资。

（五）发布蓝皮书

组织专家编写分产业的特色优势产业发展蓝皮书。做好产业发展资料收集、整理、分析工作，加强国内外发展情况对比分析，在总结分析和深入研究的基础上，按照蓝皮书的基本要求组织编写，每年6月前对外发布上一年度产业发展蓝皮书。

三、保障措施

（一）组建项目组

促进会成立项目组，制定《实施方案》并组织实施。项目组动员组织专家、企业家和有关单位，分别成立9个项目工作组，制定产业发展实施方案并组织实施。做好产业发展年度总结，编写好分产业特色优势产业发展蓝皮书。

（二）争取政策支持

帮助重点龙头企业对接国家有关产业政策、产业发展项目。协调相关部门，加大帮扶工作力度，争取将脱贫地区重点龙头企业的产业发展规划纳入国家有关部门和有关地区的专项发展规划并给予支持。争取各类金融机构对重点帮扶龙头企业给予贷款、融资优惠,助力重点帮扶企业加快发展。

（三）坚持典型引领

选择一批资源禀赋好、发展潜力大、市场前景广的种养基地作为示范种养典型,选择一批加工能力精深、技术先进、效益良好的龙头企业作为产品加工示范典型,选择一批增收增效、联农带农富农机制好的市场主体作为联农带农富农典型。通过典型示范,引领特色优势产业培育工程加快发展。

（四）搞好社会动员

建立激励机制,让热心参与特色优势产业发展的单位和个人政治上有荣誉、事业上有发展、社会上受尊重、经济上有效益。加强宣传工作,充分运用电视、网络等多种媒体,加大舆论宣传推广力度,营造助力特色优势产业培育工程的良好社会氛围。招募志愿者,创造条件让志愿者积极参与特色优势产业培育工程。

（五）加强协调促进

充分利用促进会在脱贫攻坚阶段取得的产业发展经验和社会影响力,协调脱贫地区龙头企业对接产业政策,动员产业专家参与企业技术升级和产品研发,衔接金融资源帮助企业解决资金难题。发挥行业协会的积极作用,按照公开、透明、规范要求,帮助企业规范运行,自我约束,健康发展。

四、组织实施

（一）规范运行

在促进会的统一领导下,项目组和项目工作组根据职责分工,努力推进9个特色优势产业培育工程实施。项目组要根据产业特点组织制定专家库、重点帮扶企业库的建设与管理办法、产业发展培育项目管理办法,包括金融支持、消费帮扶、评估评价等办法,做好项目具体实施工作。

（二）宣传发动

以全媒体宣传为主,充分发挥新媒体优势,不断为特色优势产业培育工程实施营造良好的政策环境、舆论环境、市场环境,让企业家专心生产经营。宣传动员社会各方力量，为特色优势产业培育工程建言献策。

（三）评估评价

发动市场主体进行自我评价，通过第三方调查等办法进行社会评价。特色优势产业培育工程项目组组织有关专家、行业协会、企业代表，对9个特色优势产业发展情况、市场主体进行专项评价。在此基础上，进行评估评价，形成特色优势产业发展年度评价报告。

CONTENTS | 目录

绪　论 / 001

第一章
油橄榄产业发展基本情况 / 007

第一节　国外油橄榄产业发展现状 …………………………………………… 009

　一、产业基本情况 ……………………………………………………………… 009

　二、种质资源保存与利用 ……………………………………………………… 010

　三、种植模式 …………………………………………………………………… 011

　四、机械化情况 ………………………………………………………………… 013

　五、橄榄油加工 ………………………………………………………………… 015

　六、产品市场 …………………………………………………………………… 015

　七、全球产业发展预测 ………………………………………………………… 016

第二节　中国油橄榄引种史 ………………………………………………… 017

　一、零星引种（1956年之前） ………………………………………………… 018

　二、引种驯化（1957—1963年） ……………………………………………… 019

　三、规模引种（1964—1989年） ……………………………………………… 020

四、区试选育（1990—2010年） ················ 023

五、定向引种（2011年之后） ················ 025

第三节　种植情况 ················ 026

一、种植区域分布 ················ 026

二、品种引进与选育 ················ 039

三、种植模式 ················ 045

四、土肥水管理 ················ 046

五、病虫害防控 ················ 052

六、农艺农机融合发展 ················ 058

七、果实采收与贮运 ················ 059

八、技术标准 ················ 060

第四节　加工情况 ················ 061

一、橄榄果加工 ················ 061

二、副产物产品加工 ················ 068

三、衍生产品 ················ 069

四、技术及产品标准 ················ 070

第五节　产业经营和融合模式 ················ 072

一、产业经营模式分析 ················ 072

二、产业融合发展模式分析 ················ 073

三、油橄榄的三产发展、庄园模式、教育基地等 ················ 075

第六节　品牌与营销 ················ 077

一、品牌建设 ················ 077

二、市场营销 ················ 089

三、橄榄油进出口贸易 ················ 093

四、市场建设与监管 ················ 094

第二章

油橄榄产业发展外部环境 / 095

第一节　政策环境 ·· 096

　一、国家层面对油橄榄产业的促进政策 ················· 096

　二、各省(市)对油橄榄产业的促进政策 ················ 099

　三、社会资源对油橄榄产业的扶持 ······················· 102

第二节　技术环境 ·· 104

　一、具体技术 ··· 104

　二、政府支持的科技创新平台 ······························· 109

　三、技术协会、创新技术联盟等对油橄榄产业的推动 ·········· 114

第三节　市场需求 ·· 115

　一、油橄榄种苗市场分析 ·· 115

　二、消费者对油橄榄及其相关产品的认知与需求 ·········· 116

　三、进出口贸易市场需求分析 ································· 117

第四节　与国内外同行业的比较优势与劣势 ·········· 119

　一、与豆油、棕榈油、茶油行业的比较分析 ············ 119

　二、与国外油橄榄行业的比较分析 ······················· 121

第三章

油橄榄产业发展重点区域 / 123

第一节　甘肃省油橄榄产业发展情况 ·················· 124

　一、政策资金支持 ··· 124

二、基地建设 ……………………………………………… 127

三、精深加工 ……………………………………………… 130

四、品牌建设 ……………………………………………… 130

五、产业融合及经营模式 ………………………………… 131

六、科技创新与产业支撑 ………………………………… 132

七、社会服务组织 ………………………………………… 134

第二节　四川省油橄榄产业发展情况 ……………………… 135

一、政策资金支持 ………………………………………… 135

二、基地建设 ……………………………………………… 135

三、精深加工 ……………………………………………… 138

四、品牌建设 ……………………………………………… 139

五、产业融合及经营模式 ………………………………… 140

六、科技创新与产业支撑 ………………………………… 141

七、社会服务组织 ………………………………………… 143

第三节　云南省油橄榄产业发展情况 ……………………… 144

一、政策资金支持 ………………………………………… 144

二、基地建设 ……………………………………………… 145

三、精深加工 ……………………………………………… 146

四、品牌建设 ……………………………………………… 146

五、产业融合及经营模式 ………………………………… 147

六、科技创新与产业支撑 ………………………………… 147

七、社会服务组织 ………………………………………… 147

第四节　重庆市油橄榄产业发展情况 ……………………… 148

一、政策资金支持 ………………………………………… 148

二、基地建设 ……………………………………………… 148

三、精深加工 ……………………………………………… 149

四、品牌建设 ……………………………………………… 149

五、产业融合及经营模式 ……………………………… 149

六、科技创新与产业支撑 ……………………………… 150

七、社会服务组织 ……………………………………… 150

第五节　湖北省油橄榄产业发展情况 …………………… 151

一、政策资金支持 ……………………………………… 151

二、基地建设 …………………………………………… 151

三、精深加工 …………………………………………… 151

四、品牌建设 …………………………………………… 152

五、产业融合及经营模式 ……………………………… 152

六、科技创新与产业支撑 ……………………………… 152

七、社会服务组织 ……………………………………… 153

第六节　几点启示 ………………………………………… 153

一、加强品种选育是产业发展的基础 ………………… 153

二、科技创新是产业高质量发展的动力 ……………… 154

三、当地政府重视是产业成长的重要条件 …………… 155

四、加工企业成长是产业壮大的必要条件 …………… 155

第四章

油橄榄产业发展重点企业 / 157

第一节　甘肃省重点企业 ………………………………… 158

一、陇南市祥宇油橄榄开发有限责任公司 …………… 158

二、陇南市金纽带油橄榄科技有限公司 ……………… 160

三、甘肃时光油橄榄科技有限公司 …………………… 163

四、陇南橄榄绿农业开发有限公司 …………………… 165

第二节　四川省重点企业 ···················· 166

　　一、冕宁元升农业科技有限公司 ············ 166

　　二、四川华欧油橄榄产业集团公司 ·········· 167

　　三、凉山州中泽新技术开发有限责任公司 ······ 169

　　四、四川天源油橄榄有限公司 ·············· 172

第三节　其他省（市）重点企业 ·············· 174

　　一、云南油橄榄大健康产业创新研究发展有限公司 ····· 174

　　二、楚雄欣源生物科技有限公司 ············ 175

　　三、重庆江源油橄榄开发有限公司 ·········· 177

　　四、重庆禄丰天润油橄榄开发有限公司 ········ 178

　　五、湖北鑫榄源油橄榄科技有限公司 ·········· 179

第五章

油橄榄产业发展的代表性产品 / 183

第一节　橄榄油 ··························· 184

　　一、橄榄果的营养 ······················ 184

　　二、橄榄油的特点 ······················ 185

　　三、橄榄油分级 ························ 186

第二节　餐用油橄榄 ······················ 187

第三节　副产物产品 ······················ 187

　　一、橄榄酒 ··························· 187

　　二、油橄榄叶茶 ························ 188

　　三、橄榄茶珍 ························· 188

第四节　衍生产品 ························ 188

　　一、功能产品 ························· 188

二、日化产品 ································· 189

三、橄榄油制品 ······························ 190

四、橄榄木制品 ······························ 191

第六章

油橄榄产业发展效益评价 / 193

第一节 行业发展引领 ·························· 194

一、在木本油料行业中的地位 ················· 194

二、对木本油料行业发展的作用 ··············· 195

三、对文旅产业的促进 ······················· 195

四、推动本区域产业创新发展的作用 ··········· 195

第二节 区域经济发展 ·························· 196

一、直接效益 ······························· 196

二、间接效益 ······························· 197

第三节 全面乡村振兴 ·························· 199

一、带动当地就业 ··························· 199

二、带动林农增收 ··························· 199

三、促进乡村振兴 ··························· 200

第四节 促进科技进步 ·························· 200

一、科技奖励情况及效益 ····················· 200

二、科技创新团队 ··························· 203

第五节 总体评价 ····························· 203

第七章

油橄榄产业发展趋势与对策 / 205

第一节　油橄榄产业发展态势 …………………………… 206

一、面临的机遇 …………………………………………… 206

二、遇到的挑战 …………………………………………… 206

三、存在的问题 …………………………………………… 207

第二节　油橄榄产业发展对策和建议 …………………… 208

一、重视选种、育种，实现油橄榄品种中国化、区域化、良种化

………………………………………………………………… 208

二、提高基地化建设水平，提高低产果园的产量 ………… 208

三、加大资金投入，推进产业升级 ……………………… 209

四、持续加强产业科技创新研究，提高产业质效 ……… 209

五、培育龙头企业，提高市场竞争力 …………………… 209

附　录　油橄榄产业发展大事记 ……………………… 210

参考文献 ……………………………………………… 218

后　记 ………………………………………………… 221

绪 论

党的二十大擘画了以中国式现代化全面推进中华民族伟大复兴的宏伟蓝图，对推动高质量发展作出战略部署，要求全面推进乡村振兴，指出要发展乡村特色产业，拓宽农民增收致富渠道。2021年12月，习近平总书记在主持召开中央政治局常委会会议专题研究"三农"工作时强调，要实打实地调整结构，扩种大豆和油料，见到可考核的成效。2022年3月6日，习近平总书记在参加全国政协农业界、社会福利和社会保障界委员联组会时强调，要树立大食物观，向森林要食物。中央一号文件连续5年对油料产能提升工程、支持木本油料发展、保障我国食用植物油供应安全作出重大决策部署。习近平总书记在2022年中央农村工作会议上强调，"产业振兴是乡村振兴的重中之重，要落实产业帮扶政策，做好'土特产'文章"。乡村振兴战略、粮食安全战略、健康中国战略为木本油料产业发展提供了新的发展机遇。发展木本油料产业具有"不与人争粮，不与粮争地"的优势，是增加国内食用油产能的主要潜力所在，大力发展木本油料，"藏油于树"，建造"地上活油库"，是提高我国食用植物油自给率、增加高端优质食用油源的重要举措。

油橄榄作为世界著名的优质木本油料树种，原产于地中海沿岸，具有悠久的栽培历史，与油茶、油棕、椰子并称为世界四大木本油料植物，是关系人民生活与健康的重要战略资源，具有重要的经济、生态和社会价值。其鲜果物理冷榨榨取的果汁油（橄榄油），被誉为"液体黄金""植物油皇后"，是世界上重要的植物食用油，也是酿酒、饮料、医药、日用化工、纺织印染、电子仪表等行业的重要原料、添加剂或润滑剂，用途非常广泛。随着全球健康饮食理念的普及和消费升级，油橄榄产业逐渐受到各国政府的重视和市场的青睐。本蓝皮书旨在全面梳理我国油橄榄产业的发展现状，分析和研究产业技术、政策问题和市场需求与趋势，为产业链的优化和政府扶持政策制定提供全面、深入的信息支持，以期为我国油橄榄产业的健康发展提供决策参考。同时，本书也收集了产业发展实践经验，为企业提供案例借鉴和经验总结。

油橄榄作为优良的经济林树种，其产品主要有橄榄油和餐用橄榄果。地中海沿岸国家是油橄榄的传统种植区，拥有悠久的种植历史和成熟的产业链。随着市场的扩大、科技的进步，油橄榄产业逐渐呈现出全球化的趋势。目前全球欧、亚、（南、北）美、非和大洋洲共有66个国家种植油橄榄，种植面积达到1.727亿亩，每年生产油橄榄鲜果1700万~2200万吨，其中13.39%生产餐用果，86.61%生产橄榄油，产品在179个国家销售。1964年，周恩来总理心系人民健康，把油橄榄从阿尔巴尼亚引入中国，并指示油橄榄要过好成活、生长、开花结实、传宗接代和高产稳产"五关"。在党和政府的高度关注下，油橄榄逐渐成为关乎民族健康的战略资源。60年间，我们历经引种试验、推广发展、巩固提高、衰退低谷和恢复发展5个时期，经历了信息上的匮乏，认识上的误区，实践上的盲目，体制上的制约……60年风雨，一甲子跋涉，我们最终确定了适生区，产量达到地中海国家水平，并建立了相对完整的产业链，生产出优质的特级初榨橄榄油。1998年，国际油橄榄理事会（IOC）发布的《世界油橄榄分布图》首次标注上"中国"，正式确认中国为世界油橄榄分布区，我国由油橄榄引种国转变为生产国，油橄榄成为我国木本油料重要的组成树种之一，已遍及甘肃、四川、云南、重庆、贵州、湖北、湖南、福建、浙江等省（区、市）。截至2023年底，全国油橄榄种植面积已达到203.25万亩，鲜果产量达到9万多吨，橄榄油产量突破1万吨（2023年橄榄油产量为10641.85吨），我国也正在成为新兴的橄榄油生产国、消费国和贸易国。其中，甘肃、四川、云南、重庆和湖北五省（市）依托自然禀赋，开展了规模化种植、产业化开发，推进一二三产业融合，成为有产量、有品牌、有市场的油橄榄生产区，使得"绿水青山就是金山银山"重要思想逐步实现，成为我国油橄榄重点产区。

60年，虽然经历了多次波折，在几代人的坚持努力下，我国加强国际合作与交流，积极派人到原产地参加学习与培训，油橄榄产业发展基础有了长足进步。我们结合自身实际情况，挖掘林地资源，优化产业布局，坚持企业拓市场、业主建基地、农民共参与的发展模式，实现了在白龙江河谷、川西南安宁河谷、滇西北河谷、长江三峡低山河谷适生区等地带成片建基地、布点精加工的产业发展态势。我国已经在甘肃、四川分别建立起油橄榄国家种质资源库，收集保存的种质资源分别达到174份、237份；在引种的基础上开展驯化和良种繁育，筛选培育出适宜我国种植区并通过审（认）定优良品种21个；制定发布了涉及种苗繁育、建园、丰产栽培、病虫害防治、橄榄油加工等油橄榄产业发展的相关的国家、行业、地方标准共37项。此外，在产品的开发方面，科研单位与企业合作（参与油橄榄产业发展的企业达53家，加工生产线已经达65条），采用先进工艺和优质果品，研究开发出特级初榨橄榄油、餐用油橄榄、橄榄酒、橄榄保健油丸、橄榄油日化品等产品，压榨生产的橄榄油参与国际评奖活动，获得欧盟、美国、日本等地的金奖、银奖及优秀奖共122项。甘肃省陇南市祥宇油橄榄开发有限责任公司、四川冕宁元升农业科技有限公司、云南省油橄榄大健康产业创新研究发展有限公司、重庆江源油橄榄开发有限公司和湖北鑫榄源油橄榄科技有限公司等13家重点企业，以其产业规模、卓越的运营管理能力、先进的技术创新能力及敏锐的市场洞察力，成为全国油橄榄产业的领军者。它们在生产、加工、销售环节发挥了关键作用，对当地经济的发展、对林农的增收、对产业的引领及产业链的延伸起到了带头作用，推动了我国油橄榄产业可持续发展。

我国规模引种油橄榄60年间，先后得到了周恩来总理、温家宝总理的倡导和鼓励，得到了国务院相关部委的支持，特别是在油橄榄产业发展最困难的时候，得到宋平同志和国家发改委（原国家计划委员会）雪中送炭般的资助，才有了今天的局面。自2006年起，中央、行业部门及地方政府陆续出台了一系列产业政策，旨在促进油橄榄产业的健康发展。这些政策包括财政资金支持、企业扶持、产业规划等，为油橄榄产业的种植、加工和销售提供了有力保障。此外，政府还加强了油橄榄产业的科技投入和人才培养，提高了产业的整体竞争力，并大力支持和扶持包括油橄榄在内的木本油料产业的发展，提出要提高食用植物油的自给率。近50年来，在国家和当地政府的大力支持下，各级领导干部和适生区广大群众以"咬定橄榄不放松"的精神，依托国家政策，创新机制，采取各种措施，在技术上解决了寻找引种适宜区域、适生品种，提高丰产技术及收获加工技术等主要难题，在产业布局上已经形成了数百万亩种植基地、数十家加工企业以及国家、省、市层面在政策、经济和技术支撑方面的产业发展综合体系，目前已展现出显著的经济、社会和生态效益，推进了油橄榄产业的发展，对精准脱贫、乡村振兴的助推作用显著。最大的主产区甘肃省陇南市通过油橄榄产业助推，油橄榄适生区农民人均纯收入增加到4013元，同比增长17%，产业贡献值平均达到2200元。2023年，甘肃省油橄榄产业种植面积达到104.89万亩，鲜果产量达5.4万吨，综合产值达到40亿元，其中，第一产业产值4.71亿元、第二产业产值33.88亿元、第三产业产值1.41亿元。

　　进入21世纪以来，随着我国人民生活水平的提高，人们更加注重营养和健康，消费者对橄榄油的认知度不断提高，橄榄油成为提高生活品位和生活质量的标志性食用油产品。同时，橄榄油融入国人的日常生活，也是东西方文明融合的范例。这些因素促使我国橄榄油的消费市场持续快速增长。数据显示，2002年我国橄榄油的消费量为9365吨，到2004年首次超过1万吨。此后，国内橄榄油的消费量始终保持稳定快速增长，2011年首次超过2万吨。到2022年我国橄榄油消费量已经达到57500吨。20年间，我国橄榄油消费量增长514%。当前，我国已进入高质量发展的新阶段，新发展格局为油橄榄产业发展带来全新机遇。目前，我国人均国内生产总值超过1万美元，城镇化率超过60%，中等收入群体超过4亿人，健康生活和健康消费已成为时代潮流。随着以国内大循环为主体、国内国际双循环相互促进新格局的构建，国内市场对高端橄榄油产品的需求呈现明显上升态势，为国产橄榄油产业发展提供了新的消费环境和发展机遇。因此，国际油橄榄理事会认为"中国将是世界上最大的橄榄油潜在消费国"，国外橄榄油主产国和生产企业普遍看好中国橄榄油市场这块"全球最后也是最大的蛋糕",通过贸易直销、委托代理、分装贴牌、参加展会等多种贸易形式,加大了培育和拓展中国橄榄油消费市场的力度。虽然国内油橄榄种植面积和产量逐年增加,但仍远不能满足市场需求。2018—2021年,我国橄榄油进口量保持在4.0万~5.0万吨,但我国自产橄榄油在5000~8000吨,2023年才首次突破万吨。这预示着我国具有发展油橄榄产业的市场空间和经济需求,今后相当长的时期仍将是我国油橄榄产业的快速发展阶段,种植范围、栽培面积有望持续扩大,提高产量和单位面积效益,改进优化加工工艺,提高资源利用率将是油橄榄产业发展的主要发力点。

中国的引种、科研和生产实践证明,油橄榄耐干旱瘠薄,在适生区大力发展油橄榄是区域生态治理和生态产品价值实现的重要路径,对维护国家食用植物油安全、优化膳食结构、保障人民健康、巩固脱贫攻坚成果、促进乡村振兴、建设美丽中国均具有重要意义。

中国乡村发展志愿服务促进会认真总结产业帮扶经验,启动实施"乡村特色优势产业培育工程",选择油茶、油橄榄、核桃、杂交构树、酿酒葡萄,青藏高原青稞、牦牛,新疆南疆核桃、红枣这9个特色优势产业进行重点培育,并组织编制产业发展蓝皮书,力求客观、全面、准确地把握产业发展状况、取得的成就、存在的问题、面临的机遇和挑战,为产业健康发展提供对策建议,以促进产业的高质量发展。在《中国油橄榄产业发展蓝皮书(2022)》的基础上,我们召集全国从事油橄榄研究、生产、销售领域的专家,编写完成了《中国油橄榄产业发展蓝皮书(2023)》。本书共分为八部分:绪论;第一章,介绍国外油橄榄产业发展情况、中国引种史及国内油橄榄产业发展基本情况;第二章,从政策环境、技术环境、市场需求等方面分析了我国油橄榄产业发展的外部环境;第三章至第五章,从重点区域、典型企业、代表性产品等方面对我国油橄榄产业进行了多维度的介绍;第六章,从国内行业发展引领、区域经济发展、农民就业增收和促进科技进步等方面对中国油橄榄产业发展带来的效益进行评价;第七章,对我国油橄榄产业存在的主要问题进行分析,提出了对产业发展趋势与对策的思考。

油橄榄产业发展基本情况

油橄榄（*Olea europaea* L.）是木樨科（Oleaceae），木樨榄属（*Olea*）植物，常绿乔木。油橄榄与人类文明有着不解之缘。大约6000年前，新石器时代的人类开始种植油橄榄树，并将其用作食物、燃料、照明工具、药物和化妆品的原料。

一个国际科研团队撰写的发表在《自然植物》（Nature Plants）杂志上的研究论文，揭示了在摩洛哥大西洋海岸的拉巴特–特马拉洞穴（Rabat–Temara caves）中存在10万年前人类食用野生油橄榄、并用橄榄树的木材和果核作为燃料的证据。研究人员写道："这表明，在该地区的阿特里安中石器时代（MSA），野生油橄榄被广泛利用。"

● 拉巴特–特马拉洞穴的地理位置

图1-1　拉巴特–特马拉洞穴的地理位置

油橄榄与人类文明有着不解之缘。大约6000年前，新石器时代的人类开始种植油橄榄树，并将其用作食物、燃料、照明工具、药物和化妆品的原料。

第一节　国外油橄榄产业发展现状

地球表面面积约为5.1亿平方公里,其中29%为陆地,即1.49亿平方公里,其余71%为海洋。在陆地中29%为非生产用地,23%为牧场,34%为森林,3%为建筑物,其余11%(1640万平方公里)为可耕地。也就是说,地球表面约3%适合种植农作物,永久性作物占可耕地的10%,即约160万平方公里,其余为季节性耕作或轮作土地。生产实践证明,木本作物的利润平均是季节性作物的4倍,如果对它们进行灌溉,可能高达10倍。因此,在过去的25年里,棕榈、油橄榄、咖啡、葡萄、杏仁、开心果、鳄梨等木本作物增长了30%以上,同时种植木本作物变得更加技术化和集约化。全球油橄榄树的种植面积约11.5万平方公里,只占永久性作物的7%。

一、产业基本情况

油橄榄作为优良的经济林树种,其产品主要有橄榄油和餐用橄榄果,全球欧、亚、(南、北)美、非和大洋洲共有66个国家种植油橄榄,产品在179个国家销售。

据权威资料 *International Olive Growing*(2018年出版)统计,全球油橄榄种植面积为1151.2万公顷,其中13.39%生产餐用果,86.61%生产橄榄油,其中旱作的占71%,可灌溉的占29%。近些年,全球油橄榄种植面积每年新增16.2万公顷,以满足市场不断增长的需求,其中绝大部分为超集约(super intensive)栽培模式。全球有油橄榄种植园约350万个,平均每个种植园种植面积3.2公顷,每年生产油橄榄鲜果1700万~2200万吨,年营业额为95亿~135亿欧元。从业人员约3500万人,占世界总劳力的1.2%。

据国际油橄榄理事会(IOC)统计,过去的60年,世界橄榄油的产量增加了3倍,而过去30年,产销量同步翻番,主要原因是资源配置的优化和科技的进步,以及消费者对健康和高品质生活的追求。2021/22作物年(2021年10月1日至

2022年9月30日）更是达到了最高纪录的342.25万吨。由于气候原因，2022/23作物年橄榄油产量同比下降了25%，为256.95万吨。2023/24作物年预计同比再次下降6%，为240.7万吨。餐用油橄榄的产量在2022/23作物年为301.45万吨，同比下降3%。2023/24作物年估计为265.35万吨，同比再降12%。全球的消费量也是连降两年。

种植油橄榄不仅能带来良好的经济效益，同时油橄榄树也是抗旱耐瘠薄的优良生态树种。据2017年IOC的研究项目数据统计，全球的油橄榄树每年吸收CO_2 4700万吨，或每年每公顷橄榄园吸收CO_2 4.5吨，换个角度来说，考虑到油橄榄的整个生命周期，每生产1公斤橄榄油可从大气中除去10公斤的CO_2。这凸显出油橄榄树在应对气候变化、减少碳排放上的积极作用。油橄榄产业是可持续发展的绿色产业，是造福子孙的"绿水青山"。

二、种质资源保存与利用

品种是种植业的物质基础，种质资源的保存与利用一直是产业发展的重中之重。IOC作为国际上唯一的以油橄榄为主题的政府间行业组织，已建有3家国际油橄榄种质资源库（Genetic Resources Collection Bank, GRCB）——科尔多瓦（Cordoba，西班牙）、马拉喀什（Marrakech，摩洛哥）和伊兹米尔（Izmir，土耳其）。近期又批准了位于意大利最大的国家油橄榄米尔托克罗西亚和伦代（Mirto Crosia和Rende）为第4家国际油橄榄GRCB，该收集圃位于卡拉布里亚大区（Calabria，位于亚平宁半岛南部），由农业研究和农业经济分析委员会（CREA, Consiglio per la ricerca in agricoltura el "analisi dell" economia agraria）管理，保存有600个油橄榄品种，其中200种是经过认证的，目前是世界上规模第二大的国际油橄榄GRCB，最大的在西班牙。

IOC在建立种质资源库的同时，也注重油橄榄GRCB信息系统网络的建设，该信息系统始建于1994年，由上述3个国际收集圃和19个国家（阿尔巴尼亚、阿尔及利亚、阿根廷、克罗地亚、塞浦路斯、埃及、法国、希腊、伊朗、以色列、约旦、黎巴嫩、利比亚、黑山、巴勒斯坦、葡萄牙、斯洛文尼亚、突尼斯和乌拉圭）

收集圃组成。科学家正在利用它们研究开发具有耐受性或抗病性的基因型，诸如抗苛养木杆菌（Xylella fastidiosa）和黄萎病（Verticillium wilt）等疾病的品种。为使油橄榄种质资源被充分利用（目前只用到5%，另外的95%仍处于"休眠"状态），西班牙科尔多瓦大学主持、欧盟资助的GEN4OLIVE项目正在油橄榄GRCB网络内执行，该项目的主要目标是推动生产应用前期的工作，旨在围绕气候变化、病虫害、生产、质量和现代种植模式5个主题，深入描述700多个全球品种和1000种野生和古代基因型品种，通过友好、智能界面，拉近培育者和最终用户的距离，促进品种选育和新品种推广。

该网络还提供了在面对气候变化和天气温度变化时有关橄榄树的抵抗力和众多属性的宝贵信息，已成为人类共同财富，使科学界和产业界广泛受益。

三、种植模式

虽然种植油橄榄的国家和地区条件各不相同，但主流栽培模式有传统栽培模式、集约栽培模式和超集约栽培模式三种。传统模式定植密度一般不超过180株/公顷（见图1-2），集约模式为180~800株/公顷（见图1-3），超集约模式为800株以上/公顷（见图1-4）。因密度不同，所选择的树体结构、管理方法、采收方式、适宜地形等也存在差别。目前，三种模式在全球总种植面积中的占比依次为73.9%、21.3%、4.8%，集约和超集约模式都要求具有灌溉条件，传统模式则以旱作为主。由此可见，没有灌溉条件的集约和超集约模式无法取得较好的经济效益，决定种植模式不能单凭主观愿望，还应服从客观条件。不论是地中海气候还是其他气候，在油橄榄树生长、结实最需要水的时候提供适量的水，是丰产稳产的前提。一场"及时雨"可以左右市场走向绝非戏言。自2022年以来，世界油橄榄产量的暴跌和产品价格的飙升就是最有说服力的证明。

图1-2　传统栽培模式

图1-3　集约栽培模式

图1-4　超集约栽培模式

四、机械化情况

"二战"结束以来,油橄榄产业内外部发生了深刻的变化,主要有以下三个特点:一是大量人口从农村到城市的迁移,即所谓城镇化;二是尽管与草本作物生产的更便宜的植物油竞争激烈,但橄榄油的消费仍在持续扩大;三是科学技术的进步,使橄榄园的很多管理、采收工作可以被机械替代。

为适应这些变化,新建橄榄园应尽可能适应机械化,以减少对劳力的依赖,提高效率,降低成本,增加市场竞争力。针对那些难以机械化的老园子(如建在陡坡上的橄榄园),IOC曾建议通过挖掘其文化内涵,推陈出新,求得生存。西方农业的机械化起步很早,现在仍在不断进步。下面两个例子就是证明,也给了我们一些启示。

例一:

以西班牙为例,安达卢西亚大区的传统橄榄园占油橄榄种植面积的70%以上,且利润微薄,园主一直期望应用物美价廉的采收机。在官方非营利组织Interprofessional del Aceite de Oliva(简称Interprofessional)的资助下,科尔多瓦大学的研发人员基于美国的柑橘树冠振捣机,于2012年改造出一台全自动化的采收机(见图1-5),一次完成摇落、捕获、除杂和称重等工作,并将鲜果输送到一个漏斗中,采收率达90%以上,填补了传统橄榄园采收机械化、自动化的空白。

图1-5 油橄榄全自动化的采收机

例二：

2017年，科尔多瓦大学科研团队启动了"Innolivar"项目，重点开发与橄榄园机械化、提高可持续性、应对气候变化策略以及开发生物技术和可追溯性技术有关的12项独立技术，以满足产业的迫切需求。其中一项是针对主要产区安达卢西亚葡萄产业的。当地有超过50万公顷的葡萄地平均坡度超过15°，25万公顷的葡萄地平均坡度超过25°，因拖拉机倾翻而死亡的人数很多（估计平均每周一起重大事故），为此开发了一款多用途车辆，这款新车的四个独立车轮上都有铰接接头，在液压缸的帮助下，车辆在斜坡上行走时可以改变轨道宽度和重心。此外，驾驶室是自水平的，拖拉机可以在高达45°的斜坡上工作。另一项是在高密度果园里工作的自行式快速高效采收机。传统的采收团队一般由10人组成，包括机器操作员、帮助移动帆布和收集掉落鲜果的工作人员；而新机器将人数减少到2~3人。该采收机也可用于其他作物，包括柑橘等。

为减少农药的使用，同时为保护油橄榄树免受虫害和病害的侵袭，该团队开发了一种智能喷雾器，它可根据树木的需要在不同的时间施用不同浓度的农药（见图1-6）。该项技术还包括自动检测系统，使用两台三维摄像机或超声波传感器实时扫描树木，并在必要时喷施农药，防治效率提高了35%。

图1-6　智能喷雾器

以上两个例子给我们的启示至少有三点：一是并非地形陡峭就不能搞机

械化,二是政府在促进产业发展上应提供必要支持,三是利用科技支撑产业发展。

五、橄榄油加工

初榨橄榄油的提取方式从以石碾和门框压榨为主的间歇式向以离心分离为主的连续式转变始于20世纪60年代后期。后者以其降低劳动强度、节省劳力、大幅提高加工效率的优势于20世纪80年代成为主流模式,也就是所谓"三相"模式,即将粉碎、融和后的油橄榄果浆用卧式离心机分为水、油、渣三相。随着人们环保意识的加强,加工过程添加的水无形中增加了工厂废弃物的排放量,从而使既能减少排放又能改善质量的"二相"模式应运而生,即卧式离心机只把果浆分为油、水+渣二相,加工过程中几乎不添加水,从而减轻了环保负担。如今,"二相"模式正在逐步取代"三相"模式。但是,利弊总是相伴而生,后续的果渣处理企业不喜欢"二相"模式的高含水率(50%~60%)果渣,因为将其变为干渣需要增加成本。

单就初榨橄榄油的加工而言,国外(不仅是原产地)对整个工艺流程都进行了较为细致的研究,不断有新装置、新技术推出,目的只有一个——保证油品的优质、高效。优质通常指酸度、过氧化值低,有效成分损失得少;高效指加工能力高、能耗低、劳力省。

目前,我国大多数榨油厂不同品种、不同成熟度、一个榨季从头到尾使用一套流程或不变的工艺条件的现状应该改改了。

六、产品市场

IOC组织专业团队制定了橄榄油和餐用油橄榄的标准、检测方法、专用器材标准、理化检测和感官评价实验室的评价系统、榨油厂和分装厂的建设规范等,每年举办一次初榨橄榄油比赛,每年发布9期行业通讯,每年选择有市场潜力的国家开展推广活动,不定期地进行市场研究,常年执行橄榄油与健康的研究计划与宣传。所有这些工作,对拓展橄榄油国际市场发挥了不可替代的积极作用。尽管我国还不是该组织的成员，但也因参加相关活动和交流而受益。

在近30年国际橄榄油产销量翻番的大背景下，利用现代信息技术、人工智能技术服务市场、服务消费者，成为全行业面临的新课题。如IOC在2022年更新的"橄榄油情感分析"报告，分析了1万条包含"橄榄油"一词的英文推文。这些推文中最常用的词意是指地中海饮食中常见的新鲜食物。此外，分析中还发现了"extra"和"virgin"这两个词。"like"和"good"这两个词共被使用了1787次，位居榜首。"健康（health）"词根出现了397次，"健康的（healthy）"词根出现了165次。在提到国家或国籍的推文中，意大利以309次排在第一位，希腊以164次排在第二位，然后是西班牙93次，法国68次，土耳其51次。如果按照情绪状态对他们进行排名，这些推文表明，发文人通常是积极、自信和快乐的。

七、全球产业发展预测

2021年，西班牙哈恩大学教授胡安·维拉（Juan Vilar）对66个种植油橄榄的国家过去40年的数据进行分析，给出了世界油橄榄产业到2050年的发展预测。

到2050年，世界油橄榄的种植面积将达到1526万公顷，比2021年增加32%；种植油橄榄的国家将有80个（1991年是26个，近20年，有15个国家首次亮相，包括英国、德国、加拿大）；传统种植模式的面积占比从1991年的92%，2021年的68%，直降到2050年的约40%。传统种植模式的橄榄园将只生产橄榄油总产量440万吨的23%（约101万吨），剩下的60%（即916万公顷）为集约、超集约现代橄榄园生产，占总产量的77%（约339万吨），而潜在生产能力可达580万吨，且初榨、特级初榨橄榄油的比例更高。

从上面的预测，我们可以明确感到，消费者需要更多质量更好的油橄榄产品。尽管种植油橄榄的国家、总种植面积和产量都将增加，但来自全球人口的不断增长（联合国预测，2037年世界人口将达到90亿，2056年突破100亿）和市场持续拓展的压力，使得种植者不得不更多地采用超集约栽培模式。其好处显而易见，但问题却似暗流涌动。如原有的稳定、平衡的生态系统被不同程度地打破了。频繁的干旱和过度使用地下水导致土壤退化，甚至导致荒漠化。根据西班牙国家科学研究机构（CSIC）干旱地区实验站的研究员德尔巴里奥（Gabriel del Barrio）的说法，这种生产模式对生态系统的影响尚未得到充分了解。荒漠化导致的土地退化几乎是不可逆转的，因为这些地区的生态系统经历了极度简化，对环境的重大变化缺乏适应能力。研究人员正在努力确定这些"不可逆阈值"，以使种植者、科学家和政治家能够在达到临界点之前采取行动。

德尔巴里奥总结道："我们的社会是一个复杂的社会，解决方案必须基于动态平衡，而不是理想的情况。"这是否意味着我们的种植模式应该因地制宜？我国在如何合理配置自然、社会资源以发展油橄榄产业方面的研究还需要加强。

第二节 中国油橄榄引种史

油橄榄别名齐墩树、洋橄榄、橄榄、阿列布等。1959年由原农业部、高教部顾问、全国政协委员邹秉文先生提出了"油橄榄"这一译名，1962年首先由江苏人民出版社发表于《大众农业词典》，现已通用全国。

油橄榄是世界著名的优质木本油料树种，具有悠久的栽培历史，主要产区在地中海沿岸各国，在美洲、亚洲的一些国家也有引种。油橄榄在我国的引种已经成功。在植物学上通常把油橄榄分为两个亚种：野生油橄榄（*Olea europaea* L, ssp.silvestris Rouy）和栽培油橄榄（*Olea europaea* L, ssp.sativa Rouy），在约40种木樨榄属植物中，我国共有13种，主要分布在我国西南和南部。

我国对世界油橄榄遗传资源的收集、保存与利用的工作，大致经历了零星引种、引种驯化、规模引种、区试选育和定向引种五个阶段。

一、零星引种（1956年之前）

我国关于油橄榄最早的记载，见于9世纪初段成式所著的《酉阳杂俎》。书中有"齐暾树（暾又作墩，指油橄榄）出波斯，亦出拂林国，树长二三丈，皮青白，……西域人压为油，以煮饼果……"，记载了产地、植物学性状和用途。清乾隆五十一年（1786年），宜兴编著的8册（卷）《清文补汇》满汉对照书中也有"齐墩果，出波斯国，木皮绿，花白色。此果五月熟，果油可煤（炸）饽饽"的记载。

据调查，在中华人民共和国成立前，我国云南、四川以及台湾各省均有零星栽植。云南省有两株油橄榄树，一株在德钦县燕门乡茨中村天主教堂旁种植，它是法国传教士于1907年带入，虽长期无人管护，仍多次开花结果，其树高8米，胸径25厘米，据云南省林业厅和云南省林学会1995年所著《云南名木古树》一书记载：该树1980年产鲜果9.1公斤，这株油橄榄树一直存活到20世纪90年代末。另一株在蒙自县（今蒙自市）草坝蚕种场，为1940年我国留法学生从法国带回，种植在田间地坎上，长期生长不良，1978年被挖掉。重庆也有法国传教士于20世纪40年代引入的一株油橄榄树，由于气候条件的差异，以及缺乏必要的管理，植株未开花结果，处于自生自灭的状态。

1956年，农业部根据1954年10月14日中国与阿尔巴尼亚两国的科技合作协定，组织了科技合作兼农业考察代表团，原农业部刘瑞龙副部长任团长，在访问结束时，阿政府作为礼物赠送我农业代表团30株油橄榄苗木，根据2018年8月李聚桢编著的《中国油橄榄引种与产业发展》记载，其中有6株贝拉（Berat）品种被送到中国科学院南京中山植物园在室内盆栽，1959年移至室外定植，1961年开始开花，1963年有3株开了1万多朵花，并结了果。其余24株在中国科学院北京植物园等植物园试种，在北京植物园试种的几株油橄榄（盆栽），分别于1961年和1963年先后开花结果。1956年首次由阿尔巴尼亚引进的油橄榄植株，只作为种质资源保存在植物园。

二、引种驯化（1957—1963年）

（一）科研单位引种驯化

1958年中国科学院南京中山植物园向苏联黑海岸边的雅尔塔城尼基特植物园提出拟引种试验油橄榄的愿望。1959年4月，中国科学院北京植物园、南京中山植物园（江苏省植物研究所）、广州植物园同时收到来自苏联尼基特植物园（现位于乌克兰克里米亚半岛雅尔塔）的油橄榄种子，包括'尼一'（NikitaⅠ）、'尼二'（NikitaⅡ）、'阿斯'（Ascolana tenera）、'佛奥'（Frantoio）、'克里'（Crimean）等5个抗寒性较强的油橄榄品种和实生种子，共计24公斤，南京中山植物园获得了实生苗并进行了实生优选。此后，南京中山植物园开始有计划地进行油橄榄引种驯化的研究工作，特别是在实生选择优良品种方面做了大量而有成效的工作，并取得了可喜成果。

（二）政府双边科技合作引种驯化

1959年11月23日，时任农业部高教部顾问，一级教授、全国政协委员邹秉文先生给农业部廖鲁言部长、刘瑞龙副部长、杨显东副部长提案建议"在我国引种试验油橄榄树以增加我国食用油生产"，杨显东副部长批示"我认为这个建议可试行，油橄榄的品种可由阿尔巴尼亚和苏联引进"，刘瑞龙副部长批示"油橄榄引种试验是一件好事。请杨部长召集邹顾问与我部有关局研办"。同年12月初开始，农业部有关部门对国内先期引种试验的中国科学院北京植物园、南京中山植物园、武汉植物园、昆明植物研究所、华南植物园研究所、广西植物研究所及华南热带作物学院等7个科研院所开展了有关油橄榄引种试验和有无野生油橄榄分布等情况的调查研究。1960年1月15日，农业部粮食油料生产局向刘瑞龙副部长和杨显东副部长提交了当前我国油橄榄引种试验情况的报告，提出了引种发展的建议。

1960年1月至1962年3月，通过双边科技合作项目，我国先后由阿尔巴尼亚、苏联分四批次引进油橄榄苗木1767株，穗条202枝，种子60公斤。1960年2月23日，林业部（60）林造济字7号《关于试种油橄榄的通知》发至南方14

省（区）林业厅（局），涉及56个林场（垦殖场）。油橄榄的引种试种，逐渐引起人们的注意。

三、规模引种（1964—1989年）

1963年12月13日至1964年3月1日，周恩来总理对非洲、欧洲和亚洲14国进行了友好访问。1963年12月31日，周总理结束了对阿拉伯联合酋长国（当时由埃及和叙利亚联合而成，以后又分为2个国家）、阿尔及利亚、摩洛哥三国进行友好访问后，第一次来到"山鹰之国"阿尔巴尼亚，开始了为期9天的友好访问。在20多天的四国访问中，郁郁葱葱的油橄榄树和悠久的油橄榄文化，给周总理留下了深刻印象。阿政府为回报中方长期对其的巨大无私援助，决定以部长会议主席谢胡的名义赠送周恩来总理1万株油橄榄树苗。1964年2月17日，装载着油橄榄树苗的"发罗拉"（Virona）号轮船到达广东湛江港。2月18日，林业部副部长荀昌五代表中国政府接受了这一珍贵的礼物，阿尔巴尼亚驻中国大使馆参赞华西尔·斯库洛伏蒂，农业部林业局总工程师伊利亚·纳科、油橄榄种植专家贝特里·罗曼尼，湛江专署专员莫怀、湛江市副市长李重民以及林业部国营林场管理总局副总局长刘琨和中国林业科学研究院林业科学研究所副所长徐纬英参加交接仪式。阿方赠送的油橄榄苗木为4年生嫁接苗，且根部带宿土，共5个品种，10680株，其中，栽植10196株，检疫烧毁484株，品种分别为'米扎''佛奥''爱桑''卡林'和'贝拉'。2月22日，广西壮族自治区柳州国营三门江林场举行了隆重的油橄榄栽植仪式。

为做好迎接油橄榄苗木的准备工作，林业部有关司（局）进行调查研究，并组织编写了油橄榄栽培技术管理的技术资料。1964年1月23日，《林业部关于安排引种油橄榄的通知》（64）林国苗第3号文件发送到广西、云南、贵州、四川、浙江、湖北省（自治区）林业厅（局）和各引种场（站）。同年2月13日至15日，湛江市举办了油橄榄栽培技术培训班。根据油橄榄生物学特性和生态适应性，按照适当集中、便于管理等要求，种植点选择昆明海口林场、重庆歌乐山林试场、贵州独山林场、柳州三门江林场、桂林林业试验站等5个国营单位进行生产性的引种试验，并将少量苗木分配给中国科学院南京中山植物园（江苏省植物研究所）、湖北省林科所、云南省林科所、浙江富阳亚热带林业试验站、广东湛江地区林科所、中国科学院昆明植物研究所等7个科研单位，共计8个省（自治区）的12个引种点。

1964年3月3日，周恩来总理在昆明海口林场与阿尔巴尼亚两位专家和少先队员们共同栽下一株中阿友谊树——油橄榄。周总理说："现在在这里种植油橄榄有几个问题值得研究：第一，树能不能长成？第二，到时候能不能结果？第三，能不能培育出第二代？第四，第二代能不能成长、结果？这些问题现在都不能解决。"这些，就是后来人们经常提到的油橄榄要过好"五关"。

周恩来总理的这次提倡引种油橄榄可以说是当时世界上规模最大、最有科学意义与生产意义的引种，开创了大规模引种的新局面。

1964年引种的这批油橄榄于1965年分别有24株开花，其中，昆明海口林场2株，湖北省林科所18株，桂林林业试验站2株，浙江富阳亚热带林业试验站1株，贵州独山林场1株。1966年有6个引种点94株开花，22株结果，其中，昆明海口林场21株，产鲜果192粒，湖北省林科所1株，产鲜果3粒，总产量1公斤。

自此油橄榄的引种驯化进入了一个新阶段，逐步形成了一个引种试种的热潮，在中亚热带和北亚热带的各省、区都大力引种栽培油橄榄。农业部、林业部和中国林业科学研究院等单位相继从国外引种，包括种子、苗木、接穗等。中国油橄榄的引种工作是通过多方面、多地区的科学试验进行的。从1973年开始，在已证实为适宜栽培的区域，我国有计划地推广生产，并研究出一套适于我国条件的油橄榄栽培技术。各地引种的油橄榄陆续进入结实期，高产和单位面积高产纪录不断出现。如陕西城固县柑橘育苗场，连续6年的平均亩产量为420公斤；云南林科所最高单株产量143.5公斤；连云港墟沟林场0.49亩试种园最高年产315公斤；甘肃省武都汉王乡林场1978年引进栽植6年的油橄榄树平均株产鲜果5.37公斤，8～11年生树平均株产29.5公斤，达到地中海沿岸国家的中产水平，1989年平均株产52.9公斤。油橄榄的引种获得初步成功。

1973年10月20—26日，农林部林业局在广西柳州召开了"十四省、市、区油橄榄经验交流现场会"，会议着重总结交流了引种油橄榄的经验，讨论了今后如何多快好省地发展油橄榄的规划，以使油橄榄由小范围的引种试验阶段，走向大面积的推广发展阶段。会议同时建议统一油橄榄中文译名。1973年12月25日，农林部林业局（73）发布农林（林造便）字第97号《关于统一油橄榄品种译名的函》。截至1973年10月，全国油橄榄定植总株数达到7万余株，苗圃存苗总株数为47万余株，1974年可出圃苗木为11.5万株。

1976年3月，财政部、农林部、商业部联合发出《关于分配一九七六年木本油料生产补助费指标的通知》，决定从1976年开始，每年无偿提供油茶、油橄榄造林补助费1500万元。当时在14个省、市、区共建111个县油橄榄基地。到1979年初，全国定植的油橄榄总数达到1200万株以上，分布在川、鄂、黔、陕、桂、滇、湘、赣、闽、皖、苏、浙、沪、甘、粤、台等16个省（区、市），以四川、湖北、贵州、陕西较多。到1980年初，我国迎来了油橄榄引种发展的高峰期，全国定植油橄榄株数达到2300万株，分布在四川、湖北、江西、贵州、陕西、湖南、云南、福建、广西、江苏、浙江、安徽、上海、广东、河南、甘肃等16个省（区、市），其中，四川1100万株，湖北720万株，江西213万株，贵州103万株，陕西80万株。为此，1979年10月，林业部在武汉举办的油橄榄技术培训班上正式提出：今后我国油橄榄的经营方针是"调整、巩固、提高"。

1985年11月，林业部造林经营司和中国林业科学研究院林业研究所联合在四川省重庆市（当时属四川）南川县（今南川区）召开了"油橄榄适生区讨论会"。参加会议的有四川、云南、贵州、湖北、陕西、湖南、江苏、江西、甘肃9个重点省和三峡省筹备组的代表，会议还邀请了联合国粮农组织和意大利政府油橄榄项目总顾问布代尔先生，中国粮油食品进出口总公司、北京农业大学、云南大学，昆明、武汉和江苏省植物研究所等单位代表参加会议。会议讨论了我国油橄榄发展的方向，论证了油橄榄的适生区范围，研究了油橄榄加工、销售等问题。

到上世纪80年代末期，由于国家经济体制转型，农村推行联产承包制，加之选地不当、认识不足、经营管理不善、政策支持不到位等因素,油橄榄产量低、效益差,致使全国油橄榄被大量砍伐,转种其他作物,全国保存株数锐减到不足10万株,油橄榄进入了衰退低谷时期。

我国从1956年开始陆续引种,到1987年10月,我国引进登记的油橄榄品种有156个。

四、区试选育(1990—2010年)

中国林业科学研究院油橄榄资深专家邓明全于1977—1988年在湖北省江夏区(原武昌县)、陕西省城固县油橄榄场蹲点搞引种试验,发现甘肃省陇南市武都区(原陇南地区武都县)引种的油橄榄生长和结果比全国其他省区引种的油橄榄好得多。特别是1986年11月,武都油橄榄在陕西城固榨油,油橄榄的果实大小、色泽良好,无病虫害,含油率高,比汉中地区的油橄榄果实生长得还要好。甘肃武都油橄榄的这一信息,让老一辈油橄榄科技工作者非常高兴,看到了油橄榄的新生和希望。

在徐纬英、邓明全、张崇礼、淡克德等专家反复实地考察调研的基础上,最终确定武都地区白龙江沿岸海拔1300米以下的河谷山腰地带为全国油橄榄的最佳适生区。专家组一致认为:我们要在武都这块沃土上重新建起油橄榄丰产样板林,让它照亮祖国大地的每一块适宜安放发展油橄榄的地方。

1989年,在时任中共中央政治局常委宋平同志的倡导和关心下,国家计委农经司批准立项"发展甘肃武都油橄榄生产"(国计农经〔1989〕1365号),主要内容是建油橄榄丰产示范园,并建议由中国林业科学研究院油橄榄专家协助项目规划实施和种植、橄榄油加工和技术培训。项目技术负责人是徐纬英,专家组成员有中国林业科学研究院林业研究所邓明全、俞宁,湖北省林业科学研究科院彭雪梅,中国农业大学食品工程系崔大同等。项目组成员从1990年起与武都区油橄榄产业开发办公室(原武都县油橄榄工作站、武都区大湾沟油橄榄示范园)的同志在缺水、土壤条件非常差的泥石流冲积扇上,从湖北省林科所引种油橄榄扦插生根苗,建立了武都大湾沟油橄榄示范园,占地104

亩。从湖北引种的扦插生根苗共14个品种，分别是：'佛奥'（1176株）、'莱星'（639株）、'皮削利'（1500株）、'阿斯'（178株）、'配多灵'（219株）、'戈达尔'（393株）、'科拉蒂'（620株）、'格洛桑'（204株）、'鄂植8号'（2614株）、'九峰6号'（874株）、'九峰7号'（816株）、'中山24'（532株），'九峰1号'和'九峰4号'。

这些品种在湖北武昌县九峰镇种植后生理落叶重，生长和开花结果不稳定，产量很低，而引种到武都大湾沟示范园后却生长好，开花结果早，产量高。例如，'皮削利'1979年从法国引种到武昌县九峰镇，至1989年10年未见开花结果，而1992年春季在武都大湾沟栽植的14个月生的扦插苗木，1994年开花，1995年结果，1998年平均株产果10.7公斤（98株），单株最高产量46公斤。

1992—1993年定植10个优良品种共1500株，到1995年定植后3~4年的油橄榄树有60%开花结果，平均株产1公斤，高产树每株结果6~7公斤。1998年定植后6年的树平均株产果13.8公斤，总产鲜果3000公斤，其中：品种'莱星'平均株产13.8公斤，品种'皮削利'平均株产10公斤，进入结果期的株数达到80%以上。1998—2005年8年间全园平均年产果量1584公斤/公顷；2006—2009年4年平均年产果量1968公斤/公顷，已达到地中海地区的一般产量水平。示范园中年平均单株最高产量达10公斤以上的优良品种有：'科拉蒂'6株，2000年总产量79.5公斤，平均株产13.3公斤；'鄂植8号'132株，2002年总产量2074.3公斤，平均株产15.7公斤；'九峰6号'65株，2000年总产量838.7公斤，平均株产12.9公斤；'皮瓜尔'103株，2000年总产量1593.6公斤，平均株产15.5公斤；'配多灵'4株，2000年总产量43.0公斤，平均株产10.8公斤。

武都大湾沟示范园采用科学的区试选育方法，合理施肥、灌水，适时修剪，为我国油橄榄园的引种作出了榜样。据调查，该园油橄榄在生长、产果量等指标方面都位居国内之首，有的接近或超过了地中海原产地水平。

武都大湾沟油橄榄的区试选育品种表现出生长好、结果早、产量高等特点，充分证明，武都白龙江河谷区的气候和土壤条件最适宜油橄榄生长发育，引种的许多品种，都表现出开花、结果良好，是油橄榄的最佳适宜种植区。经过油橄榄工作者的艰苦探索和各地长期引种试验，最终，中国林业科学研究院确定了我国油橄榄的适生区，产量达到地中海国家水平。1998年，徐纬英等撰写的论文《油橄榄在中国的适生区的研究》在国际油橄榄理事会的官方刊物 *OLIVEA*（No.70, 1998）上发表，引起国际同行的关注。在国际橄榄油理事会出版的 *The IOOC on The Eve of The Year 2000* 一书中绘制的《世界油橄榄分布图》上，首次标注上了中国油橄榄分布点，正式确认中国为世界油橄榄分布区，我国由油橄榄引种国转变为生产国。

油橄榄在武都大湾沟的引种区试选育成功，是中国油橄榄引种史上的关键转折点，挽救了中国油橄榄，纠正了中国不能发展油橄榄的谬误。我国油橄榄产业发展的影响非常之大，打开了中国引种发展油橄榄的新格局，是中国油橄榄走向成功的里程碑。

2002年12月，凉山州林业科学研究所先后引种试验的油橄榄品种有108个，其中引进国外品种63个。

五、定向引种（2011年之后）

（一）四川省

1. 冕宁元升农业科技有限公司与美国NURSTECH INC 公司合作引进以早实、丰产、含油率高、油质好的'豆果'（Arbequina）、'阿尔波萨拉'（Arbosana）和'柯基'（Koroneiki）为主的油橄榄品种进行产业化种植。2011年8月至2011年10月分4批次从美国南加州引进油橄榄苗木18个品种，共104287株，其中：'Arbequina' 69984株、'Arbosana' 23760株、'Koroneiki' 4968株、'Barnea' 500株、'Chemlali' 150株、'Coratina' 500株、'Frantoio' 500株、'Hojiblanca' 22株、'Leccino' 142株、'Tosca' 500株、'Manzinillo' 500株、'Maurino' 121株、'Mission' 500株、'Moraiolo' 500株、'Nevadillo' 500株、'Pendolino' 500株、'Picual' 500株、'Picudo' 140株。栽植地点为四川省冕宁县宏模乡优胜村。

2. 2011年12月广元市林业科学研究院（原四川省广元市油橄榄研究所）

从西班牙科尔多瓦引进早实、丰产的油橄榄苗木品种3个，共计3000株，其中：'豆果'（Arbequina）2000株、'皮瓜尔'（Picual）500株、'Empeltre'500株。栽植地点位于广元市利州区大石镇五一村，主要以培养穗条用于品种改良，截至2022年底，利用引种油橄榄培育的接穗改良面积达到20000亩。

（二）甘肃省

2015年至2019年甘肃省林业科学研究院分三批次从希腊、意大利和土耳其引进油橄榄41个品种：2015年3月希腊哈尼亚油橄榄及亚热带植物研究所Konstantinos Chartzoulakis和Ioannis Metzidakis教授来华，赠予甘肃省林业科学研究院'Chalkidikis'和'Mastoidis'2个抗寒油橄榄品种种子500克，6个品种（'San Rancesco' 'Sevillano' 'Valanolia' 'Frantoio' 'Psylia' 'Verilikada'）接穗12条。2018年7月，甘肃省林业科学研究院以贸易采购方式从意大利百夏种苗协会引进油橄榄品种23个，690株苗木，品种分别为'Ascolana' 'Bianca' 'Casaliva' 'Coratina' 'Chietina' 'Bersan' 'Aitana' 'Leccino' 'Ottobratica' 'Caprigna' 'Kanine' 'Achamlal' 'Grozdaka' 'Beruguette' 'Redounan' 'Groussan' 'Chalkidiki' 'Anphissis' 'Mastoidis' 'Bathni' 'Beldi' 'Iznik Celebi' 'Memecik'。2019年，甘肃省林业科学研究院以贸易采购方式从土耳其伊兹密尔橄榄中心引进油橄榄品种10个，300株，品种分别为'Domat' 'Odemis' 'Yamalaksarisi' 'Memecik' 'Ayvalik' 'Cekiste' 'Gemlik' 'Iznik Celebi' 'AsIyeli' 'Esek'。这些种质资源均保存在该院管理的位于甘肃省陇南市武都区两水镇的陇南市油橄榄国家林木种质资源库内。

第三节　种植情况

一、种植区域分布

（一）全国适生区划分

为了探索中国油橄榄的适生区，中国林业科技工作者进行了50多年的引种试验,并用气候因素"分布滑移相似法计算""气候因素聚类分析""模糊相似优先比法""生态因子的对比分析法"等进行了研究。

试验范围遍布了中国的亚热带地区。从东边黄海和东海之滨的江苏连云港,到甘肃武都、四川西昌、云南永胜和宾川,跨经度19°左右。试验点的北界,是西起武都,经陕西秦岭南麓汉水流域的汉中地区的城固县、河南郑州,到湖北东北部武昌。试验点的南界是从云南的元江、四川的渡口(现攀枝花)、广西柳州到福建的福州。引种点涉及15个省(区、市),数百个引种试验点,分属于3个气候大区12个小区。最终主要根据气候、土壤和产量条件而综合界定中国油橄榄适生区。

通过对油橄榄生态学和生物学的研究,油橄榄适生区应满足表1-1的气象条件。

表1-1　油橄榄适生区气象要素值

气象要素	适宜区	次适宜区
年平均气温	14～18℃	14～18℃
1月平均气温	9～13℃	9～13℃
极端最低温	-9～-7℃	-9～-7℃
年积温	≥5000℃	≥5000℃
年降水量	400～1000毫米	700～1200毫米
年平均相对湿度	60%～70%	≤80%
日照时数	≥1800小时	1500～1800小时

根据以上气象要素,可将油橄榄的适生区具体划分为6个大带,即①金沙江干热(冬凉)河谷地带,②西秦岭南坡白龙江低山河谷地带,③西秦岭南坡汉水流域上游带,④四川盆地大巴山南坡,嘉陵江河谷地带,⑤长江三峡低山河谷地带,⑥以昆明为中心的滇中地带(见表1-2)。

表1-2　油橄榄适生区

适生级别	适生区域		代表地点
适宜区	金沙江干热(冬凉)河谷区	云南	宾川、永仁、永胜等县
		四川	西昌、德昌、米易、冕宁等县
	西秦岭南坡白龙江低山河谷适生区	甘肃	武都、文县、宕昌、康县等
	长江三峡低山河谷适生区	湖北	宜昌、秭归、巴东
		重庆	巫山、奉节、万县
次适宜区	西秦岭南坡汉水流域上游及嘉陵江地区	陕西	汉中、城固、安康
		四川	广元
		湖北	郧县
	大巴山南坡,四川盆地边缘地区	四川	达县、南充、绵阳等地区的盐亭、广元、三台、梓潼、南江、射洪、剑阁、间中、巴中、德阳等县
	以昆明为中心的滇中地区	云南	昆明、晋宁、江川、宜良、巧家等县
	长江中下游亚热带区	湖北	宜昌到武昌一带
		湖南	零陵

（二）各省适生区划分

在全国大区划的基础上,各省根据本省品种情况和引种栽培经验进行了本省生态适宜区区划。

1.甘肃省适生区划分

2023年甘肃省林业科学研究院根据油橄榄的生物学、生态学特性,综合油橄榄在甘肃乃至全国的种植实践、种质资源保护和品种选育进展,考虑极端低温、年日照时数、年平均相对空气湿度、年平均气温4项指标(见表1-3),兼顾地理单元连续性、气候特征和水资源时空分布,打破行政区域界线,划定油橄榄种植适生区。依据种植适生区划定结果,在"三江一水"的陇南市1区7县和甘南州舟曲县的89个乡(镇)范围内,开展油橄榄种植区划(见图1-7),并与"三区三线"划定成果和国土变更调查结果有效衔接,确定分区种植范围和培育重点。严格落实耕地进出平衡等国土空间管控要求,严禁违规占用耕地和永久基本农田种植油橄榄。

表1-3 油橄榄种植适生区划定气象指标

气候因子	极端低温（℃）	年日照时数（h）	年平均相对空气湿度（%）	年平均气温（℃）
一级适生区	≥-9	≥1800	60~70	≥13
二级适生区	-13~-9	≥1400	60~80	≥12

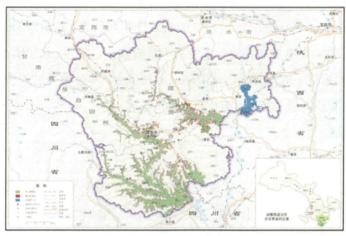

图1-7 甘肃油橄榄种植区划

（1）核心种植区

包括极端低温≥-9℃、年日照时数≥1800小时、年平均相对空气湿度在60%~70%之间、年平均气温≥13℃的区域，为一级适生区。主要分布在海拔1500米及以下的白龙江（含白水江）干热河谷川坝及半山干旱区、海拔1300米以下的西汉水中下游的干热河谷低山地带。本区域是全省主要的油橄榄种植区和橄榄油产区，也是全国油橄榄种植的最佳适生区之一。当地通过大力推广优良品种和丰产栽培技术，科学配置早、中、晚实品种，优化种植结构，发展规模化种植基地，建设高质量油橄榄丰产园。

（2）重点扩面区

包括极端低温在-13~-9℃、年日照时数≥1400小时、年平均相对空气湿度在60%~80%之间、年平均气温≥12℃之间的区域，为二级适生区。主要分布在海拔1500~1600米的白龙江（含白水江）干热半山区、海拔1300~1400米的西汉水流域的低半山地带。本区域自然条件适宜油橄榄栽培，扩面潜力较大。当地注重发挥油橄榄的生态功能,加大耐湿、耐寒、短日照时数、抗病性强品种的引进、选育和推广,推进适度规模栽植,持续扩大油橄榄种植面积,建设经济型防护林。

（3）试验推广区

地处嘉陵江上游的徽县、两当县大部分地区年平均气温在10~11℃,雨量充沛、气候湿润。该区域油橄榄种植的适宜性相对较差,栽植面积少,仍处于驯化试验阶段。当地规划将地处嘉陵江干流的徽县嘉陵镇、永宁镇、虞关乡,海拔在1300米以下的河谷低山地带纳入种植区划。本区域通过加快建设驯化试验基地,积极开展抗寒、耐湿优良品种的选育、驯化、试验和推广,稳步推进适生品种栽培。

2.四川省适生区划分

四川油橄榄区划标准主要是在通过总结引种50余年、近百个县的引种实践经验基础上提出的。四川地域广阔,主要考虑了气候（主要包含年日照时数、极端低温、湿度、光照强度、1月均温等）、土壤（类型、pH值、肥力等）、地形（坡向、坡度等）等环境因素。区划主要采用主导因子控制、引种试验佐证、定量定性结合、科学适度发展、产业化发展等原则,并将四川油橄榄产业发展区划分为三类。

（1）适生区

该区域气候条件适宜,立地条件良好,是四川油橄榄发展的最佳种植区,位于川西南山地的河谷区,包括凉山州西昌中部及东部、冕宁南部、德昌北部、盐边中部、普格南部、会东中部、会理南部、宁南西部等地。

（2）次适生区

可以分为西南山地适生片、川北山地丘陵次适生片和川中川南低山丘陵适生片。

西南山地适生片:位于适生区向外围扩展及向北沿大渡河延伸的地区,涉及安宁河流域及雅砻江下游、大渡河中游等河谷及低山地段,行政区域包括金川南部、小金西南部、丹巴东部、康定东北部、泸定东部、石棉、汉源、甘洛、越西中部及北部、冕宁北部、西昌西部、普格中部、宁南南部、米易、盐边南部与北部、会东东部与西部、会理北部等部分地带。

川北山地丘陵次适生片：位于四川盆地北部丘陵至大巴山南麓的低山区，涉及盆周北缘山地及盆地北部的低山丘陵区，行政区域包括平武南部、青川中部及南部、广元市中区南部及北部、元坝、旺苍西部与南部、南江、通江、万源西南部、北川东部、巴中、仪陇、江油、梓潼、苍溪、剑阁、平昌、宣汉、达州、开江、营山南部、蓬安北部、嘉陵、西充、盐亭、三台中部与北部、中江东北部、射洪北部、涪城、游仙等县（市、区）的全部或部分地带。

川中川南低山丘陵次适生片：指龙泉山—荣威穹窿山地向南延伸至赤水河流域，行政区域包括金堂南部、简阳、仁寿东部、资阳西部、资中西部、荣县东部、威远、贡井、大安、富顺、隆昌西部、泸州、纳溪、叙永东部与南部及古蔺等地。

（3）不适生区

主要为四川西部甘孜、阿坝以及盆周西缘的邛崃山山地、成都平原区及其他不适生区。四川西部主要限制因子是冬季低温冻害造成油橄榄死亡；在局部气候温和、阳光充足的河谷地段亦可适度种植油橄榄。盆周西缘及成都平原区等不适生区，处于我国著名的华西雨屏区，主要的限制因子是严重的光照不足。

3. 云南省适生区划分

根据油橄榄的生态学、生物学特性，种植油橄榄必须考虑适合油橄榄生长的气候、地形地势、土壤等，根据油橄榄的生物学特性，选取年平均气温、最低月平均气温（1月）、极端最低气温、年平均降水量、年日照时数5个因素，将云南省11个地（州、市）、32个县（市）的气候因子与原产地的气候因子作相似优先比，构造模糊相关矩阵，然后使用λ截距概念，比较引种试验成功区和将引入区相似性，判断引入区适宜性。

（1）最适宜区

香格里拉、德钦、永胜、永仁、大姚、华坪、祥云等县海拔1400~2100米的广大金沙江干暖河谷地区，均适宜油橄榄的发展。此区气候与地中海主产区的气候相似，特点是气温高、热量多，有效积温高，晴天多，光照充足，雨水少，大气相对湿度低，油橄榄生长快，结果多，病虫少，产量高，产量可以达到国际橄榄油协会提供的丰产园产量。

（2）适宜区

主要分布在滇中、滇东南等地区，包括宜良、呈贡、富民、东川、禄劝、姚安、牟定、元谋、陆良、峨山、江川、华宁、易门、丘北、砚山、广南、泸西、石林、宣威、沾益、建水、石屏、巧家、隆阳及昌宁等县的部分地区。

滇中地区年平均温度为14~16℃，1月平均温度在6~9℃之间，极端最低温度-8~-5℃，≥10℃活动积温在4000~5000℃，年平均降雨量800~1300毫米，年日照时数2000~2500小时。该区与地中海主产国中热区气候较为相似，其特点是雨热同季、干冷同季、雨水多、年日照时数多，油橄榄在此区生长快、结实多，但冬春需要灌水，夏季需要防治孔雀斑病。此区试验结果显示，17年生油橄榄树一般株产50公斤，最高株产达到213公斤（全国株产第一）。该区株产量达到国际橄榄油协会提供的种植油橄榄具有经济效益的产量指标。

滇东南地区年平均温度为16~17℃，最低月平均温度6~8℃，极端最低温度-8~-5℃，年降雨量900~1400毫米，年日照时数1900~2100小时。此区雨水多，雨热同季，干冷同季，土壤多为石灰岩发育的红壤，pH值在6.5~7.0之间，这种土壤比较适合油橄榄生长。

4. 湖北省适生区划分

以全国油橄榄区划为蓝本，根据我国油橄榄适栽区的划分指标和湖北省油橄榄生物气候区的实际情况，以湖北省油橄榄生态区划为主要依据，可以结合栽培区的适宜程度来划分。冬季低温和雨量是两个主导因子，海拔600米以下的低山、丘陵、坡地，土壤条件作为划分等级的参考，同时，还应考虑各地的社会经济、技术条件的保证作用。

（1）最适宜栽培区

包括长江三峡河谷区（包括与它邻近的低山河谷区）及鄂西低山丘陵。

长江三峡河谷区：本区包括巴东、秭归、兴山、宜昌，是湖北省发展油橄榄的最好区域，是湖北省无冻害区域。气温条件不仅能充分满足油橄榄生长发育的要求，而且能充分满足开花结实和果实发育对温度的要求。引种栽培表明，该区油橄榄生长健壮，开花结果早，产量高，年均温16.9~18.0℃，最冷月均温4.4~5.9℃，年降雨量1000~1200毫米，年平均相对湿度72%~77%，年日照时数1624.9~1684.3小时，海拔200~600米，土壤为黄棕壤、紫色土、黄褐土。

鄂西低山丘陵：本区包括宜昌市等，位于山区与平原的过渡地带，是鄂西山地东部边缘地域，热量资源不及长江三峡河谷区丰富。本区年均温16.5~16.9℃，年降雨量1124.2~1339.7毫米，年平均相对湿度77%~80%，年日照时数1684~1857小时，地势较为平缓，生态条件优越，土壤多为黄壤，土层一般深厚，但土质较黏重，土壤肥力中等。宜昌地区林科所（宜昌金垦岗）是引种油橄榄成功的地点之一，是高产的典型，有丰富的栽培经验和科技基础，处于交通要道，并有油橄榄的进口加工成套设备。

（2）适宜栽培区

汉江中游低山河谷（汉水两侧的坡地）：包括丹江口市、郧县（今郧阳区）、竹山、竹溪、十堰市等县市，北有秦岭，挡住寒流，南有大巴山、武当山，挡住热风，形成秦巴河谷地带，汉水、河谷气候暖和，无严重冻害。境内又有全国面积最大的丹江水库调温，故形成了许多特殊的小气候，年均温15.4~16.0℃，年降雨量789.1~931.6毫米，年平均相对湿度70%~73%，年日照时数1680~1995.4小时，气温和极端低温偏低，冬季多西北风，土壤质地多属壤土和沙质壤土，土壤多呈中性至微碱性，盐基饱和度较高，土壤种类为黄棕壤、棕色石灰土、石渣子土，一般土层较深，但肥力较低，黄棕壤是在泥质岩类的堆积物和残积物上发育而成。

该区与汉中盆地相连，气候条件略优于汉中，海拔500米以下是发展油橄榄较好的区域，为全国适宜区域。郧阳区栽培面积大，保存数量多，适宜发展油橄榄生产。

（3）次适宜栽培区

包括鄂西河谷盆地、鄂东南沿江滨湖区、鄂中低山丘陵。

鄂西河谷盆地：包括来凤、宣恩、恩施、建始等县（市）的低山河谷盆地，东部的清江河谷区，自然条件与长江三峡河谷区相似，适合发展油橄榄。西南部的广大低山地带雨日及雨量较多，湿度大，日照百分率和有效积温（≥10℃）偏低，年均温15.8～16.3℃，年降雨量1391.1～1899.0毫米，年均相对湿度80%～82%，年日照时数1168.4～1406.6小时。土壤多为红壤、黄壤、紫色土等。油橄榄分布在海拔600米以下，但不利因素较多，应注意选择适宜的小区，局部栽植。由于技术力量薄弱，应加强对科技人员的培训及栽培技术的普及工作。

鄂东南沿江滨湖区：自武汉以东，沿长江两岸的滨湖地带都属本区域，包括鄂州、黄州、黄石、蕲春、武穴、黄梅、阳新等县（市）。本区冬季较温暖，水热资源较丰富，年均温16.4～17.0℃，年降雨量1182.5～1557.4毫米，年平均相对湿度76%～81%，年日照时数1735～2041小时。土壤为黄壤、红壤、紫色土等，土层一般较深厚，淋溶较严重，pH值低，呈酸性或微酸性，少部分呈中性或微偏碱性，有机质含量低，钙、磷、钾均较缺乏。黄州、武穴、黄石等县（市）曾有过好的产量和高产单株。黄石市黄石湾林场的油橄榄园的土壤为坡积，黄红壤钙质土，土层深厚，通气性较好，土壤物理条件适合油橄榄生长。1975年栽植的560株油橄榄，1989年收鲜果2000公斤，平均单株产量7公斤，最高单株产量90公斤（'佛奥'品种）。如果选择适宜的小区，采用集约经营的栽培方式，产量将会提高。

鄂中低山丘陵：包括武汉、当阳、安陆、京山等地。这里有周期性严重冻害，其频率大于5%小于10%，安全频率较适宜区域低。冻害虽不是该区的限制因子，但存在有的年份雨量过多或光照不足等问题。武汉1980年6—8月高温期降雨量为1002.7毫米，易引起油橄榄烂根，生理落叶，次年无产量。该区年均温16.4～16.7℃，年降雨量1245.1～1544毫米，年平均相对湿度约76%，年日照时数1875.2～1882.5小时，土壤为酸性基岩发育的红黄壤，土壤理化性质较差，黏重偏酸。

京山钱场、武昌豹解顶峰村、省林科院试验林场（武昌九峰）经栽培措施的改良，曾有过高产。省林科院试验林场是我国最早油橄榄的引种点之一。现保存的油橄榄品种（品系）可供选种、育种试验，油橄榄品种资源比较丰富，具有继续进行油橄榄引种驯化研究的良好基础。

（4）试栽区和不适宜栽培区

包括江汉平原、鄂北岗地、丘陵区、鄂东南低山丘陵区以及大别山，也包括有冻害的部分区域，还包括冻害虽不突出，但雨水多、湿度大、日照不足、生长开花结实不好的区域。后者并非完全不能生长，但从经济效益考虑，不大适宜种植油橄榄。

江汉平原是农业产区，是粮棉油的商品基地，是湖北省绝对低温最低的区域。鄂北岗地为南下寒流的通道，冬季绝对低温为–19.6～–17℃。鄂南低山，气温较高，冬夏温差大，冬季来自江汉平原的寒流停留此区，出现冻害的频率较高，绝对最低温度为–15～–14℃，威胁油橄榄生存。这里红壤面积较大，土壤黏重、肥力低，对油橄榄生长发育不利，但可利用水库周围的水体效应，选择小块地进行丰产栽培试验。大别山区，冬季绝对低温低，且温差大，油橄榄冻害严重，罗田、红安、英山等山区县，历年受冻损失较大，无栽培经济价值。

（三）全国油橄榄栽培产业规模

进入21世纪，随着我国改革开放的深入发展，广大人民生活水平不断提高，人民的保健意识增强，橄榄油越来越被人们所接受。特别是近几年来，受国家政策和市场需求的驱动，油橄榄产业在我国又掀起了新的发展热潮。近些年，由于广适及抗逆（寒、旱、酸性土壤等）品种的成功选育和推广应用，我国的油橄榄产区已逐渐拓展和扩大，2023年全国新增油橄榄面积18.83万亩，其中甘肃省新增13.31万亩。

根据气候条件，我国油橄榄主产区在甘肃省陇南市，四川省凉山州、广元市、达州市、绵阳市和云南省楚雄州、丽江市等地。具体分为以下几个区域。

①西秦岭南坡白龙江低山河谷地带。主要包括白龙江流域低山河谷地带的陇南市武都区、文县、宕昌和西汉水流域低山河谷地带的礼县、康县、西和、

成县。

②金沙江干热河谷地带。主要包括楚雄州永仁县，丽江市玉龙县、永胜县，迪庆州香格里拉市、德钦县，玉溪市易门县、峨山县，凉山州西昌市、冕宁县、会东县、会理市。

③长江三峡低山河谷区域。主要包括重庆市万州、奉节县、云阳县、巫山县、合川区，湖北省宜昌市巴东县、秭归县、兴山县及临近的低山河谷。

④四川东部嘉陵江、涪江及沱江流域的紫色土低山丘陵区。主要包括嘉陵江流域的广元市利州区、青川县、剑阁县，南充市阆中市、营山县，达州市开江县、宣汉县等；涪江流域的绵阳市游仙区、三台县；沱江流域的成都市金堂县，资阳市乐至县，眉山市仁寿县，泸州市泸县等地。

根据近年来的最新研究与品种试验，我国具有较上述地区更丰富的多样化适宜发展之地。如浙江、福建、广东、贵州、陕西和湖南等省也开始发展油橄榄，正在进行引种及良种选育工作，将来有可能成为油橄榄新兴发展区。

全国油橄榄面积从2018年的135.45万亩到2023年末的203.30万亩（见图1-8），鲜果产量从2018年的49089吨增长到2023年底的90359吨（见图1-9），橄榄油产量由2018年的5625吨增长到了2023年底的10642吨（见图1-10）。

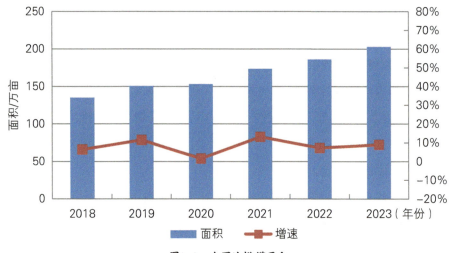

图1-8　全国油橄榄面积

注：数据来源于各省调度数据。

从鲜果产量上看，5年间全国面积增加了4.1万吨，增幅为84.07%。2019年增产幅度最大，达到了28.25%，2018年和2020年增产为负值，幅度分别达到-20.7%和-7.2%，主要原因为2017年和2019年是油橄榄生产大年，使得2018年和2020年出现了结果小年，同时2018年春主产区的甘肃陇南遭遇百年不遇的冻害，云南出现了大旱天气。油橄榄的大小年结果是一种普遍现象，品种特性、环境条件、树体营养状况和栽培管理技术，都是影响大小年结果的主要原因。

从面积上看，5年间全国面积增加了67.80万亩，增幅为50.01%，除了2020年增幅较小外（1.64%），其余各年增幅在10%左右。从各省面积增加量来看，甘肃增加最大，全国面积的增加主要源于甘肃省油橄榄产业面积的迅速扩展，近三年平均每年新增橄榄园在14万亩。

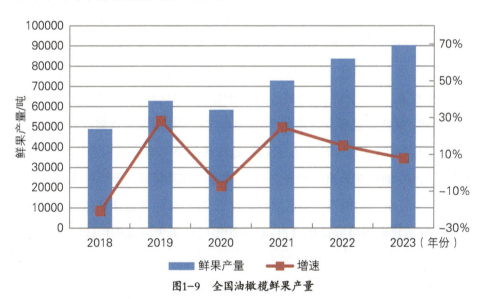

图1-9 全国油橄榄鲜果产量

注：2018—2022年数据来自于林业统计年鉴，2023年数据为各省调度数据。

从橄榄油产量上看，5年间全国面积增加了5017吨，增幅为89.20%，它的年际间变化规律和鲜果产量基本一致。2023年全国橄榄油产量达到10641.85吨，首次突破了万吨。

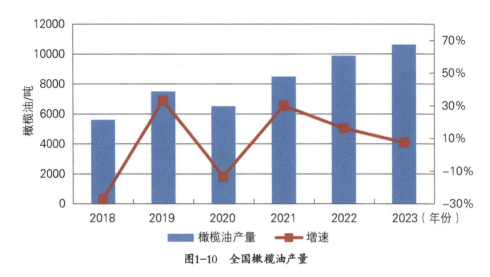

图1-10　全国橄榄油产量

注：数据根据图1-10鲜果产量，结合当地多年平均出油率计算所得。

　　甘肃省是我国油橄榄的最佳适生区，也是全国最大的产区。习近平总书记视察甘肃时指出："甘肃光照充足、气候干燥，昼夜温差大，非常适合发展现代特色农业，要在规模化、集约化、产业化方面下功夫，发展高附加值的节水农业、旱作农业、设施农业。"为深入贯彻落实习近平总书记关于"三农"工作的重要论述、对甘肃重要讲话和指示精神，切实巩固拓展脱贫攻坚成果，全面实施乡村振兴战略。2021年，甘肃启动实施现代丝路寒旱农业优势特色产业三年倍增行动，油橄榄是重点产业之一，其重点工作是扩面提质强产业，2023年是收官之年，全省油橄榄三年倍增行动计划全面完成，栽培面积达到104.89万亩，3年间栽培面积净增42.03万亩，较2020年增长66.9%（见图1-11）。

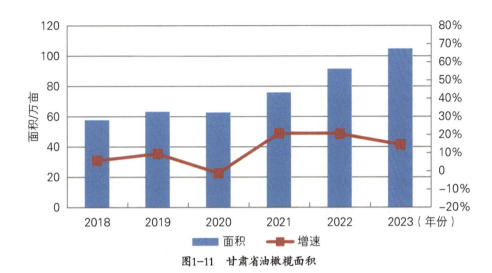

图1-11 甘肃省油橄榄面积

注：数据来源于甘肃省林业和草原局调度数据。

二、品种引进与选育

（一）种质资源收集与保护

优良品种是确保农业高产、稳产、优质的重要基础，而种质资源是良种选育的原始材料，是国家的重要战略资源，也是遗传多样性和物种多样性的基础。国家重视对种质资源的收集、保护、研究、利用工作，为此启动了国家林木种质资源库认定和建设项目，旨在将其建成为林木种质资源的收集保存基地、林木良种的选育研发中心、科学研究的合作交流平台和科普教育的展示窗口，为实现我国林木种质资源科学保护和评价利用作出更大贡献。

2016年，国家林业局公布了第二批国家林木种质资源库，甘肃省的陇南市油橄榄国家林木种质资源库和四川省的西昌市油橄榄国家林木种质资源库被确定为国家级林木种质资源库。陇南市油橄榄国家林木种质资源库依托甘肃省林业科学研究院建设面积105亩，共收集国内外油橄榄种质资源174份，于2023年12月通过验收。西昌市油橄榄国家林木种质资源库由凉山州中泽新技术开发有限责任公司建设，建设面积550亩，共收集国内外油橄榄品种237个，栽植油橄榄苗木11850株，于2023年9月通过验收。另外，云南省林业和草原科学院在云南省楚雄州永仁县建立油橄榄种质资源圃，收集国内外引进、自主杂交以及实生选择的种质资源154份；甘肃省陇南市经济林研究院油橄榄研究所建成了大堡及大湾沟油橄榄种质资源库。除此以外，各大研究机构和企业也不断加强油橄榄的种质资源收集工作。

（二）品种选育及推广

全国科研单位通过引种驯化、实生选择、人工杂交等方式，选育出了良种，促进了油橄榄产业的良种化。截至2023年底，全国现行有效的良种共有21个，其中，国家级7个，省级14个，见表1-4。

表1-4　油橄榄良种

序号	品种名	良种证编号	来源	选育单位	备注
1	佛奥（Franroio）	①国S-ETS-0E-027-2012 ②云S-ETS-0E-008-2011	原产意大利	①云南省林业和草原科学院 ②云南省林业和草原科学院	
2	皮瓜尔（Picual）	①国S-ETS-OE-006-2020 ②云S-ETS-0E-020-2016 ③川S-ETS-OE-006-2023	原产西班牙	①云南省林业和草原科学院 ②云南省林业和草原科学院 ③凉山州中泽新技术开发有限责任公司	
3	科拉蒂（Coratina）	①国S-ETS-OE-006-2020 ②甘S-ETS-C-019-2011 ③川S-SC-OE-005-2015 ④云S-ETS-0E-004-2017 ⑤川S-SV-OE-001-2020	原产意大利	①甘肃省林业科学研究院 ②甘肃省林业科学研究院 ③凉山州中泽新技术开发有限责任公司、广元市油橄榄研究所 ④云南省林业和草原科学院 ⑤凉山州林业种子种苗管理站、凉山州中泽新技术开发有限责任公司、四川农业大学、西昌学院农业科学学院	③四川审定名为'西油1号'

续表

序号	品种名	良种证编号	来源	选育单位	备注
4	豆果 (Arbequina)	①国R-ETS-OE-004-2018 ②云S-ETS-0E-001-2012 ③川S-SC-OE-003-2015 ④渝S-ETS-OE-002-2023	原产西班牙	①中国林业科学研究院林业研究所 ②云南省林业和草原科学院 ③四川西中油橄榄有限责任公司、成都市农林科学院 ④重庆市林业科学研究院、重庆市林业投资开发有限责任公司、重庆禄丰天润油橄榄开发有限公司	①有效期至2024年3月28日 ③四川审定名为'阿贝基娜'
5	柯基 (Koroneiki)	①国R-ETS-OE-005-2018 ②甘S-ETS-K-022-2011 ③川S-SC-OE-002-2015 ④云-S-ETS-OE-004-2018	原产希腊	①中国林业科学研究院林业研究所 ②陇南市经济林研究院油橄榄研究所 ③凉山州中泽新技术开发有限责任公司 ④云南省林业和草原科学院	①国家认定名为'科罗莱卡',有效期至2024年3月28日 ②甘肃审定名'奇迹' ③四川审定名为'中泽6号(克罗莱卡)'
6	莱星 (Leccino)	①国S-ETS-OE-015-2023 ②甘S-ETS-L-017-2011 ③云S-ETS-0E-013-2013 ④渝S-ETS-OE-007-2019 ⑤川S-ETS-OE-003-2022	原产意大利	①甘肃省林业科学研究院、陇南市武都区油橄榄产业开发办公室、湖北省林业科学研究院、重庆市林业科学研究院 ②甘肃省林业科学研究院、陇南市经济林研究院油橄榄研究所 ③云南省林业和草原科学院 ④重庆市林业科学研究院、重庆久源木本粮油科技开发有限公司、重庆江源油橄榄开发有限公司 ⑤凉山州中泽新技术开发有限责任公司、西昌学院、凉山州林业种子种苗管理站	

续表

序号	品种名	良种证编号	来源	选育单位	备注
7	钟山24（Zhongshan 24）	国R-SV-OE-005-2022	国内实生选育优株	甘肃省林业科学研究院、陇南市武都区油橄榄产业开发办公室、江苏省植物研究所、湖北省林业科学研究院、云南省林业和草原科学院	有效期至2026年12月25日
8	软阿斯（Ascolano Tenera）	①甘S-ETS-AT-021-2011 ②云S-ETS-0E-003-2017	原产意大利	①陇南市经济林研究院油橄榄研究所 ②云南省林业和草原科学院	
9	皮削利（Picholine）	甘S-ETS-Oe-004-2015	原产法国	陇南市经济林研究院油橄榄研究所	
10	阿尔波萨纳（Arbosana）	①川S-SC-OE-007-2021 ②云R-ETS-OE-31-2018	原产西班牙	①厅州共建攀西特色作物研究与利用四川省重点实验室、冕宁元升农业科技有限公司、凉山州中泽新技术开发有限责任公司、冕宁县林业和草原局 ②丽江市林业科学研究所	①四川审定名为'澳利欧2号（阿布桑娜）' ②云南良种有效期至2023年12月31日
11	巴尼娅（Barnea）	川S-ETS-OE-003-2016	原产以色列	凉山州中泽新技术开发有限责任公司、四川农业大学	四川审定名为'西蒙1号（白橄榄）'
12	科新佛奥（Frantoio de corsini）	川S-ETS- OE-004- 2016	原产意大利	凉山州中泽新技术开发有限公司、四川农业大学	四川审定名为'中泽9号'
13	小苹果（Mlanzanilla）	①云R-ETS-0E-029-2018 ②川S-ETS-OE-005-2023	原产西班牙	①丽江市林业科学研究所 ②凉山州中泽新技术开发有限责任公司、西昌学院、四川农业大学	云南良种有效期至2023年12月31日
14	坦彩（Tanche）	云R-ETS-0E-030-2018	原产法国	丽江市林业科学研究所	良种有效期至2023年12月31日
15	贝拉（Berat）	云S-ETS-0E-006-2019	原产阿尔巴尼亚	丽江市林业科学研究所	

续表

序号	品种名	良种证编号	来源	选育单位	备注
16	配多灵（Pendolino）	川S-ETS-OE-004-2022	原产法国	凉山州中泽新技术开发有限责任公司、西昌学院、凉山州林业种子种苗管理站	
17	鄂植8号（Ezhi 8）	①国S-SV-OE-011-2021 ②甘S-ETS-EZ-018-2011 ③川S-SC-OE-004-2015 ④云S-ETS-0E-021-2016 ⑤渝S-ETS-OE-006-2019	国内实生选育优株	①湖北省林业科学研究院 ②甘肃省林业科学研究院、陇南市经济林研究院油橄榄研究所 ③凉山州中泽新技术开发有限责任公司 ④云南省林业和草原科学院 ⑤重庆市林业科学研究院、重庆江源油橄榄开发有限公司、重庆久源木本粮油科技开发有限公司	四川审定名为'中泽10号'
18	城固32（Chenggu 32）	甘S-ETS-CG-020-2011	国内实生选育优株	陇南市经济林研究院油橄榄研究所	
19	云台（Yuntai）	川R-ETS-OE-006-2017	国内实生选育优株	凉山州中泽新技术开发有限责任公司	良种有效期至2023年
20	田园1号油橄榄砧木优良无性系	云R-SC-OE-042-2019	国内实生选育优株	云南省林业和草原科学院	有效期至2024年12月31日
21	金叶佛樨榄（Jinyefoxilan）	云R-SV-OE-046-2022	国内实生选育优株	云南省林业和草原科学院	有效期至2027年12月31日

注：同一品种下①②③④⑤等表示不同审定单位对该品种的审（认）定的情况。

近些年，各省（市）逐步重视良种的使用，各省（市）主要推广良种情况见表1–5。

表1-5　重点产区主要推广的良种

序号	省（市）	品种名	种植区域	备注
1	甘肃省	莱星	陇南、甘南	
		科拉蒂	陇南、甘南	
		鄂植8号	陇南、甘南	
		豆果	陇南市武都区、文县、宕昌等	
		柯基（奇迹）	陇南市武都区、文县、宕昌等	
		皮瓜尔	陇南、甘南	
2	四川省	阿贝基娜	成都、凉山、广元、达州、绵阳等	
		阿布桑娜	成都、凉山、广元、达州、绵阳等	
		克罗莱卡	成都、凉山、广元、达州、绵阳等	
		科新佛奥	成都、凉山、广元、达州、绵阳等	
		科拉蒂	广元、成都	
		莱星	成都、绵阳	
		云台	凉山	
		鄂植8号	广元、凉山	
		白橄榄	凉山	
3	云南省	佛奥	香格里拉市、德钦	
		豆果	玉龙、永胜、永仁	
		柯基	玉龙、永胜、永仁	
		皮瓜尔	玉龙、永胜、永仁	
		科拉蒂	玉龙、永胜、永仁	
4	重庆市	豆果	合川、万州、奉节	
		奇迹	合川、万州	
		鄂植8号	奉节、合川	
		莱星	奉节、合川	
		科拉蒂	奉节、万州	
5	湖北省	莱星	十堰	
		鄂植8号	十堰	
		皮瓜尔	十堰	
		科拉蒂	十堰	

三、种植模式

我国油橄榄适生区大多数在山区，受地形影响，大部分油橄榄园多采用集约栽培模式，早期种植的株行距多为4米×5米。由于我国雨热同季下油橄榄生长速度较快，这个密度下油橄榄园容易郁闭，造成园地内光线不足，影响开花结果和果品品质，尤其是在低光照地区。近些年，在生产上主要推广5米×6米、6米×8米等及以上的株行距，保证每亩橄榄树不超过22株（见图1-12）。

近些年，一些地势相对平坦的地方，也尝试超集约栽培模式，但在全国总体所占比例不大，最大的为四川凉山州冕宁的元升农业科技有限公司基地，面积约有2.5万亩（见图1-13）。

图1-12　甘肃省山地栽培模式

图1-13　四川省元升农业科技有限公司超集约栽培模式

油橄榄多在干热河谷区，冬春季节性缺水，但目前有灌溉条件的不足70%，这也是制约我国油橄榄高质量发展的因素之一。

四、土肥水管理

（一）整地

种植油橄榄是为了收获果实,果实的产量和质量依赖于健壮生长的根系。选择适宜的气候、地形和土壤建园是最基本的,一旦园地选定之后,就必须对园地的土壤进行精细的整治,才能符合种植的要求。整地是为油橄榄根系生长构造良好的生态环境——土层深厚,通透性好,有足够的生长空间和养分供应。整地是油橄榄建园的基础工程,它比种植后的果园栽培管理更重要。

研究表明,油橄榄根系生长最忌土壤紧实、板结、不通气,油橄榄根系生长需氧量大,要求土壤通气孔隙度为20%~30%,渗透性80~150毫米/小时。中性和微碱性的钙质土壤最适合油橄榄根系生长。土壤结构和质地等物理性质,直接影响土壤的保水、保肥能力和通气透水性能,也影响土壤微生物活动和根系的生长。根系在土壤中的分布空间随土层深度、松紧度和通气状况而变化。在过去的栽培中,我们不太重视整地,有苗随便刨个坑就栽,油橄榄树体容易早衰,结实不良。近些年,随着技术的传播和经验的总结,人们越来越重视栽

图1-14　山坡地水平条（台）整地

前土地整理工作。在相对平缓的地区，人们基本都采用机械整地；立地条件差的地方，采用人工挖水平台或鱼鳞坑整地，并在此基础上挖大坑（60厘米×60厘米×60厘米），保证了油橄榄园的建设质量（见图1-14）。

（二）土壤管理

土壤的形成与演变受母质、地形、气候、植被和时间等条件的控制，其中，土壤的生态因子与油橄榄生长发育最密切。土壤生态因子包括物理性质、化学性质和土壤微生物等。对种植油橄榄有重要作用的是土壤的物理性质和化学性质。我国油橄榄产区多地土壤黏重、容易板结，造成生长不良，树体早衰，因此近些年土壤对油橄榄生长的影响越来越得到人们的重视。

扩穴培土技术近些年在油橄榄生产上逐步被接受和使用。油橄榄为肉质根树种，需氧量大，在黏重、板结、通透性能差的地块种植油橄榄，会对油橄榄生长发育造成严重危害。因此在定植后每年秋冬季采果后，进行一次扩穴，扩穴深度30~40厘米，穴沟宽30~40厘米。扩穴范围在定植坑以外，或树冠投影外围。同时，油橄榄根系有向地表生长的趋势，在黏性质地的地块栽植的油橄榄，必须做好树穴周围的培土工作，使根系保持适当的入土深度，不至于露于地面。培土时间可在每年的春季或秋季进行。培土厚度可根据土壤类型和根系深浅而定。根系距地表越浅，培土应越厚；反之，则薄。一般应保持根系在地表下20厘米左右为宜。培土范围以树冠为准，树冠内部靠近树干的地方略高一点，树冠周围可低一点。

（三）施肥管理

引种到我国的油橄榄在部分地区表现为生长良好，结果早，产量高且易于繁殖。但是，都是在幼树生长期到结果初期阶段表现较好，可进入结果期后不久（一般都在10~15年）就出现生长逐年衰退现象，果实产量逐年降低甚至不结果。一般认为栽培管理不够、土壤肥力减退和树体营养不足是影响生长和产量的主要因素。因此，要合理供给果树所需要的各种元素，就必须进行科学施肥。为此，科研单位和基层生产单位针对这些问题进行了试验探索——不同栽培区域根据本地土壤和经营管理情况做了一些施肥试验，获得了一些对油橄榄生长、结实和产量等提高有帮助的施肥方案。但这些方案仅是针对试验地块，对其他的区域只能是借鉴。

油橄榄的施肥原则，应以有机肥为主，化肥为辅，氮、磷、钾综合平衡，微量元素和微生物肥结合施用，防止长期单一施用一种肥料。施肥时间应根据油橄榄需肥特性和当地气候条件及肥料种类来决定。从油橄榄需肥特性来说，一般萌芽开花期（3—4月）和果核硬化期、油脂转化期（7—8月）最需要营养。因此每年3—4月和7—8月是油橄榄追肥的最佳时间。各地气候不同，萌芽、开花和果核硬化、油脂转化的具体时间也有所不同。加之降雨、干旱等方面的因素，施肥时间也应有所差异。各地可以根据上述原则灵活掌握，但每年最后一次追肥不宜太晚，特别是冬季有冻害的地区。用氮素肥料作追肥时间过晚（9月中旬以后施肥），冬季容易产生冻害。根据油橄榄需肥特性、生长发育习性、气候土壤特点及肥源情况，一般施一次基肥两次追肥，也有施一次基肥3～4次追肥。基肥应在每年采果后的11—12月施入，并结合扩盘改土进行，以有机肥为主。施肥后，在冬前这段时间果树可通过根系吸收，恢复树势，为第二年生长发育储备充足的营养物质。同时，施肥还有改善土壤结构、提高地温、减少冬害的作用。追肥一般应施2次，第一次在3—4月施入，以速效氮肥为主。此期正值花芽分化和叶芽萌发阶段，需肥量较大，这时施肥能满足油橄榄开花、抽条生长对养分的需求，可以提高完全花比例，有利于春梢抽生和提高受精坐果率，减少落花落果，提高产量。第二次追肥应在7—8月进行，肥料种类以氮、磷、钾复合肥为主。此期正值夏梢抽生和果实膨大、油脂积累转化阶段，施肥后能满足抽梢、果实生长、油脂积累对养分的需求，能减少落果，提高果实质量和重量，提高果实含油率，也有利于夏梢的抽生。追肥的次数还应根据树体状况和土壤质地及肥源情况而定，前面所讲的"一基二追"3次施肥，是在保水保肥性能好的壤土或轻黏土及肥源光足的情况下正常施肥的次数。在水肥流失严重的沙壤土或沙地，应坚持少量多次施肥。一般在同等施肥的情况下，追肥次数可增加到3～4次，每次的施肥量又可分两次进行。这样少量多次施肥，可以减少肥料流失，有利于提高肥料利用率。另外，在结果多、树势弱的油橄榄园，可以增加1~2次追肥。有的橄榄园,因经济力量有限,无法备足所需肥料,当然不能按实际需要完成应该施肥的次数。人为造成的少施,势必影响到油橄榄的生长和结实,也会影响到油橄榄的经济效益和寿命。俗话讲"庄稼一枝花,全靠肥当家"。肥料是油橄榄的食粮和能源,我们应尽可能避免人为造成的少施或不施肥的现象。

目前,油橄榄已成为中西部亚热带干热区的特色产业,在促进山区区域经济发展、促进农民脱贫致富方面发挥着越来越重要的作用。但当前油橄榄生产仍普遍存在低产、不稳产甚至持续数年低产的问题,除品种因素外,树体营养失调是油橄榄低产的重要原因之一。营养是果树生长发育、产量和品质提高的基础,矿物质营养元素是构成果实的重要成分,也是影响果实产量和质量的重要因素之一。进行叶片营养分析与诊断是对植物营养状况评价的重要手段之一。油橄榄主产国西班牙、希腊、意大利等国均确立了叶片营养诊断标准,作为引种国的美国也根据叶片营养与产量的关系确立了本国油橄榄叶片营养诊断标准。

2022年甘肃省林业科学研究院油橄榄团队通过对白龙江河谷地带的66个代表性橄榄园叶片营养的动态变化、营养与产量的关系的分析,确定了我国油橄榄叶片营养诊断的采样方法,并采用DRIS方法首次确立了我国油橄榄氮、磷、钾、钙和镁元素的叶片营养诊断标准,各元素叶片含量的最适宜值:氮为1.6%~1.9%,磷为0.10%~0.14%,钾为0.6%~0.8%,钙为1.1%~1.22%,镁为0.08%~0.10%。该适宜值与希腊、西班牙和美国的标准大体一致,氮、磷、钾和钙元素4项指标基本都在希腊、西班牙和美国诊断标准的适宜值区间内,而镁元素指标明显低于其他国家的标准,这与前面得出高产组镁指数的负值所占比例最大、整体样本表现镁元素不足有关。

(四)水分管理

影响我国油橄榄产业提质增效的客观制约因素之一是"水",这与油橄榄原产地——地中海沿岸的情形颇为相似。所不同的是,原产地淡水资源匮乏,西班牙可灌溉的橄榄园只占总面积的32%。而我国,特别是白龙江低山河谷区、金沙江干热河谷区的油橄榄集中种植片区水资源相对充沛，但可灌溉橄榄园的占比很低，缺的是配套小流域引水工程。如果橄榄园得不到适时灌溉，会严重影响油橄榄树的结实率、发展规模和产量的提高。在西班牙，一场"及时雨"可以影响油橄榄的市场价格走向。其实，水对我国上述地区的其他经济作物也是同样重要的。

油橄榄的主要需水时段为花芽分化期、开花期和果实膨大期，都要求有充足的水分，才有利于花芽分化，促进春梢生长，保证正常开花坐果，减少落果，提高产量，油橄榄的原产地气候类型属于地中海气候，冬季多雨，夏季炎热干旱，在油橄榄花芽分化时能保证充足的水分，而我国为大陆性季风气候，油橄榄产区降水量在470~1200毫米，但分布很不均匀，多集中在夏秋两季，冬春季少雨干旱，夏秋季多雨潮湿，对花芽分化和开花结果非常不利，因此根据土壤墒情和树体水分状况决定灌水的时期和次数，一般要在冬春季灌溉，夏秋季排水。在秋冬季土壤结冻前、早春土壤解冻后应各灌饱水，在易产生积水的园区，应设置排水系统及时排水。

灌溉不仅促进油橄榄的生长发育，而且对于提高油橄榄的产量和橄榄油的品质十分必要。因此，各国研究人员围绕灌溉管理需要解决的三个关键问题是灌溉量、灌溉时机和如何灌溉。国外主要生产国在研究了油橄榄需水量、土壤水分状况、大气的蒸发或作物蒸腾等的基础上制定了相应的灌溉制度。我国科技工作者虽然研究了不同灌溉条件下对油橄榄生长、果实发育和品质的影响，但对相应的灌溉制度的研究比较滞后。2020年，甘肃省林业科学研究院对陇南地区油橄榄树的蒸腾耗水做了初步的研究，通过分析油橄榄茎流速率与气象因子之间的关系，构建了多元线性回归模型，生产上可根据此模型推导出油橄榄树的潜在茎流量，并以此为依据根据降水提出合理的节水补灌制度，为我国建立相应的灌溉制度迈出了第一步。

（五）行间土壤管理

油橄榄多为大行距栽植，行间面积大，其行间土壤直到植株生长后期才能被根系利用。前期行间土壤管理的主要任务是培肥地力，增厚活土层，增加土壤有效养分，改善土壤理化性质，增强土壤通透性能。有以下两种管理办法：一是深翻改土，根据土质和气候情况，每年进行一次行间深翻，深度可达20~40厘米，深翻时间一般在春季或冬前均可。春季深翻的土壤，经过夏季高温，有利于土壤微生物的繁殖，对增加土壤养分、改善土壤结构有一定的好处。但夏季雨水多，杂草容易滋生，应做好中耕除草工作。冬前深翻的土壤，经过冬季冻墒，可以形成较好的土壤结构。深翻的土壤，空隙度大，有利于提高地温，对油橄榄的提早发芽生长有一定的好处。雨季明显的地区，深翻工作应在雨季过后进行，这样不至于因深翻空隙度大造成林地积水，影响深翻效果。二是生草间作，培肥地力。在国外，有在油橄榄行间采取生草法或间种作物提高土壤肥力的做法。生草法就是种植或保留油橄榄行间自然生长的草本植物，待生长旺盛后，用割草机割掉，再用深耕机翻埋在20厘米以下土层。这种做法虽然要消耗一部分土壤养分，但它可以减少地面辐射热量，防止水土流失。杂草翻压后，有利于增加土壤有机质，提高土壤肥力，改善土壤结构。生草法管理简便，省工省时，成本费用低，其增加的土壤养分比自身消耗的多得多。在劳力价格较高，间种其他作物效益低的情况下，选用生草法更为合算。另外也有在行间间种粮油作物和其他经济作物及种植绿肥的做法。间作能充分利用土地和光能，增加油橄榄园的经济效益，但容易形成间种作物与油橄榄争夺水分、养分的矛盾。特别是种植高秆作物还会影响到油橄榄对光能的利用。

（六）树体管理

树体管理主要是指打造有利于结果的树形，树形即树冠的形状。整形的目标是建立一个强壮的树冠结构，维持植株生长和结果平衡，旨在不违背植物的自然生长规律，使幼树生长期短，进入结果期早，有效延长结果期。在地中海地区，油橄榄树形有两类，即传统栽培树形和集约栽培树形。传统栽培树形有多干形和单干形两种。集约栽培所要求的树形和整形方式与传统的完全不同，它要求树形简化，整形容易，经济实用性强，一般为单干形。适宜集约栽培的单干形有两种，即自然开心形和单圆锥形。

我国对油橄榄整形与修剪方面的研究较少，基本借鉴了国外的油橄榄树整形与修剪技术。我国在苗期管理上存在欠缺，对扦插苗没有进行修枝，任其自然生长，出圃的苗木形态多样，造成造林后树形也多样，有自然开心形、丫形、圆头形、圆锥形、自然偏冠形等。同时，我国油橄榄产区的气候特点是雨热同季，造成枝条生长量比地中海国家大，因此，国外的整形与修剪技术不能完全适应于我国的树体管理，如何调势促花将是未来研究的重点。同时，我国大部分适生区光照条件比原产地差，对树形的选择尤为重要。甘肃省近些年逐步重视对树形的研究，开展了不同栽培树形对油橄榄树体内光照、果实产量的效应研究。研究表明，在低光照地区采用开心形比圆锥形可以取得较高的单株产量，并且随着树龄增长，差异和优势逐步凸显出来。

五、病虫害防控

（一）病虫害种类

国内油橄榄病虫害时有发生，尤其是在经营管理不到位的橄榄园，如果防治不及时，将对果实产量和品质产生较大影响。

植物病虫害发生的种类与植物种植环境和栽培管理方式密切相关。全球已报告的危害油橄榄的害虫有50种，橄榄病害21种。国内油橄榄各主要产区病虫害种类不一（见表1-6），但病害以孔雀斑病和炭疽病为害最为显著和广泛，虫害以大粒横沟象和云斑天牛两个蛀干害虫为害最为显著和广泛，主要表现形式为幼虫啃食植株主干，尤其是大粒横沟象虫害近些年在各产区陆续发生，为害后果严重，已成为当前的重点防控对象。

表1-6 重点产区主要病虫害

序号	省（市）	主要病害	主要虫害
1	甘肃	病害6种：油橄榄叶枯病、孔雀斑病、炭疽病、青枯病、煤污病、生理性黄化病	虫害60种：大粒横沟象、橄榄片盾蚧、白蜡绢须野螟、吹绵蚧、斑衣蜡蝉、中华彩丽金龟、桃蛀野螟、光泽上华蜗牛、小囊杂斑螺、双束巴蜗牛等
2	四川	病害8种：孔雀斑病、炭疽病、根腐病、根结线虫病、丛枝病、干腐病、青枯病、烟煤病	虫害7种：大粒横沟象、云斑天牛、豹蠹蛾、木蠹蛾、金龟子、蜡蚧、蜗牛

序号	省（市）	主要病害	主要虫害
3	云南	病害13种：孔雀斑病、叶点病、叶穿孔病、黑霉病、烟煤病、叶斑病、炭疽病、枝干溃疡病、干腐病、肿瘤病、幼苗立枯病、疮痂病、根线虫病	虫害13种：芳香木蠹蛾、油橄榄蜡蚧、双斑盾叶甲、大粒横沟象、长盾蜡、金龟子、油橄榄巢蛾、矢尖盾蚧、黄圆蹄盾蚧、长蛎盾蚧、山茶黄蚧、榆牡蛎蚧、云斑天牛
4	重庆	病害7种：丛枝病、黄萎病、煤污病、孔雀斑病、缺铁症、炭疽病、根腐病	虫害10种：顶芽卷叶蛾、瓢虫、矢尖蚧、叶甲、麻皮蝽、螽斯、蚱蝉、天牛、桃蛀螟、大粒横沟象
5	湖北	病害11种：孔雀斑病、炭疽病、青枯病、干腐病、肿瘤病、根结线虫病、煤污病、叶斑病、黑斑病、褐斑病、灰斑病	虫害4种：云斑天牛、大粒横沟象、金龟子、蜗牛

（二）主要病虫害防控技术

近些年，油橄榄产区的病虫逐渐增多，科技工作者针对主要病害防控技术进行了研究，主要病虫害基本可防可控。近些年在各产区危害比较严重的为"二病二虫"。

1. 油橄榄孔雀斑病（*Cycloconium oleaginum* Cast）

（1）症状

油橄榄的主要病害之一。叶片表面病斑开始出现时，为煤烟状的黑色圆斑，随着病斑的扩大，中间变为灰褐色，有光泽，周围为黑褐色，有时病斑周围有一黄色圆圈，似孔雀的眼睛，故名孔雀斑病（见图1-15）。孔雀斑病主要危害油橄榄的叶片，也能侵染果实及嫩枝，严重者会造成大量落叶及严重减产。果

图1-15　孔雀斑病为害状

实在成熟期较易感病，病斑呈圆形、褐色，稍下陷。枝条上的病斑不容易发现。

（2）发病条件及规律

孔雀斑病多发生在春、秋两季，凉而多雨的季节有利于病害发生、发展。随着雨季的到来，该病危害进入盛发期。降水偏多、种植过密、通风不良是本病发生的主要因素。孔雀斑病在陇南地区的第1个高峰期为4月上旬至6月上旬，10月中旬进入第2个发病高峰期，病情发展快。西昌地区一般在7—9月。昆明地区每年6月雨季到来之后开始发病，8—9月病害发展蔓延较快，10月以后植株大量落叶，严重的植株叶片几乎落光，来年不能开花结实。

（3）防治方法

农业措施：加强综合性栽培管理措施，增强树势，提高树体抗病能力；适时清除、烧毁病枝、病叶、病果，消灭越冬病源。

化学防治：在雨季来临前2个月，以1∶2∶200波尔多液或绿乳铜乳剂600~1000倍液进行预防。发病期每隔7~10天喷洒1∶2∶200波尔多液，或50%多菌灵可湿性粉剂500~800倍液，或60%苯来特1000~1500倍液进行防治。

2.油橄榄炭疽病（*Colletotrichurm gloeosparioides* Penz）

（1）症状

主要危害油橄榄嫩枝、嫩叶、嫩梢、花序梗以及果实，但以危害果实最为严重。叶片感病起初多发生在叶缘和叶尖。病斑最初为一个褐色小圆点，后扩散至全叶，病斑中心略下凹，呈灰白色，周围形成白色环圈，呈纶纹状排列。病斑中心出现许多黑色颗粒点，即为病菌分生孢子盘。感病叶片，叶尖由绿逐渐变干呈浅灰色，并向上卷缩呈钩状。枝梢感病始于叶柄腋芽处，病斑呈褐色圆点，进一步扩散感染使整个嫩枝变为浅灰色，枝条死亡，叶片脱落，枝上散生黑色颗粒为病菌分生孢子盘。果实发病较枝叶晚。幼果形成后受病菌危害时，由于发病期气候条件不同，果实的危害形状亦不同。感病果实发生在气候干燥的条件下，病部斑点呈灰褐色或暗褐色，果肉失水干缩，呈干僵果挂于枝条上。感病果实发生在空气湿度大、多雨季节，病斑在果实上蔓延很快，呈暗褐色，病部凹陷腐烂，由局部发展到全果（见图1-16）。

图1-16　炭疽病为害状

（2）发病条件及规律

发病最适温度为20~25℃，最适湿度80%以上。病菌以菌丝体或分生孢子潜伏在枝、叶、果病残体组织中越冬。翌年，春季气温回升、春雨来临，温湿度气候条件适合时，病斑上会产生大量分生孢子，形成传染源，借助风雨和其他昆虫媒体传播。炭疽病在甘肃武都地区多发生于5月下旬雨季来临时节，其时温度、湿度适合病原菌生长，发病率增高，至1月中旬以后发病率减至最低。西昌地区一般高发于7—9月。昆明一般主要是在8—11月发病，果实色泽还保持绿色时出现病斑，常引起落果。

（3）防治方法

农业措施：及时观察树情，发现病株。当枝梢顶端有枯死现象或果实出现病斑时，应及早摘除病果和剪除病枝，清理园地；注意排水，适当修剪，通风透光。

化学防治：秋收采果后，全园喷一次0.3~0.5波美度石硫合剂。在春季新梢生长至花期，喷施1∶2∶200波尔多液2~3次预防，果实发病期用40%多菌灵可湿性500~800倍液可以控制病害蔓延。

3. 大粒横沟象（*Dyscerus cribripennis Matsumura* et Kono）

（1）症状

大粒横沟象属鞘翅目（*Coleoptera*）象甲科（Curculionidae），又称油橄榄象鼻虫。大粒横沟象的成虫和幼虫均能为害，成虫主要取食油橄榄的嫩枝、树皮；幼虫主要横向危害油橄榄主干30厘米以下韧皮部并侵入边材，致使输导组织受到破坏，从而妨碍树木体内养分和水分的输导和再分配，导致树势衰弱，危害严重的油橄榄会整株死亡。

（2）形态特征

成虫：长椭圆形，体长12.2~14.5毫米，全身黑褐色有光泽，并密布灰褐色鳞片。头部前端延长呈象鼻状，喙弯曲，密布刻点，前端两侧具有1对膝状触角10节，赤褐色。鞘翅有两条明显的条状隆起，翅末端有两个尖角。胸足1对，腹足2对，腿节粗长，有5节附足，第4节极小，腹部5节，被鞘翅紧包。卵乳白色，椭圆形，长约1.4毫米，宽约1.0毫米。

幼虫：乳白色，全体疏生黄色短毛。体长1~17毫米，咀嚼式口器。头部黄褐色，上颚黑褐色，下颚及下唇须黄褐色。腹部10节，两边各有4对气孔，足退化。

蛹：裸蛹；其体形、大小与成虫相同，仅体色不同，刚化蛹时为乳白色（见图1-17）。

图1-17　大粒横沟象幼虫及成虫

（3）生活习性

大粒横沟象在陇南地区1年发生2代，以老熟幼虫在枝干中越冬。翌年4月上旬成虫开始活动，4月中旬为成虫活动盛期，雌雄虫体进行交配、产卵。产卵时成虫将树皮咬成刻槽，每个槽内产卵1~2粒，最多3粒，卵经7~8天可孵化出幼虫。幼虫取食进入韧皮部，随着虫体增长，取食量增加，5月下旬至7月上旬为幼虫危害盛期，7月下旬至8月上旬为化蛹期，待1~2周后开始羽化，8月中旬至下旬为成虫第2次活动高峰期。经2~3周后孵化成幼虫，部分后期产的卵不孵化，翌年4月上旬开始孵化，有世代重叠现象。成虫行动迟钝，飞行力弱，有假死习性,喜在树冠下部阴面活动,阴湿天气喜在树枝分杈处栖息,是进行人工捕杀成虫的良好机会。

（4）防治方法

农业措施:可利用成虫的假死习性,在树下铺网,清晨振动树枝,成虫受惊落入网中,集中处理。成虫越冬期,可结合果园施肥,在树干周围刨土捕杀越冬的成虫。

化学防治:成虫防治方法:将绿色威雷400倍液或2%噻虫啉微胶囊悬浮剂1000倍液,以背负式超低容量喷雾器在树干下部距地面50厘米以下部位及树根周围直径1米范围内喷雾,喷湿树干及地面稍湿润药液开始滴流即可,用量1公斤/株药液。幼虫防治方法:选用1.5亿孢子/克球孢白僵菌可湿性粉剂采取地面浇灌或涂抹,地面浇灌以400~500倍液浇灌树根周围直径60厘米范围内,用量3公斤/株药液;或使用黄土、牛粪、1.5亿孢子/克球孢白僵菌可湿性粉剂加水拌成泥,涂抹树干下部50厘米至根颈部,而后用地膜包裹,黄土、牛粪、白僵菌可湿性粉剂与水的重量配比为3000∶3000∶20∶2000。

4. 云斑天牛（*Batocera horsfieldi* Hope）

（1）症状

又名云斑白条天牛。全国油橄榄栽培区均有不同程度的发生。云斑天牛属杂食性害虫,能危害多种经济树种。成虫啃食枝条嫩皮,有时啃成环状通道造成树体枯死。幼虫钻入木质部蛀食,造成多条通道,以致树势衰弱,产量下降,严重时全株枯死。

（2）形态特征

成虫雌虫体长40~60毫米,宽10~15毫米,触角比体略长;雄虫触角超过体长1/3,体色黑色或黑褐色,密被绒毛。鞘翅上有2~3行白色云片状斑纹,其头、胸、腹两侧各有一条白带,为识别特征。卵长椭圆形,长7~9毫米,稍弯,一端略细,黄白色,不透明。幼虫长70~80毫米,淡黄白色,前胸背板上有一"山"字形褐斑。裸蛹长40~70毫米,乳白色至淡黄色（见图1-18）。

图1-18　云斑天牛幼虫及成虫

（3）发生规律

2年发生1代，以幼虫或成虫在蛀道内越冬。次年5—6月出洞活动，昼夜均能飞翔，夜晚活动频繁。6月上、中旬为产卵盛期，卵多产在直径5~7厘米粗的枝干上，卵期为15天。6月下旬—7月上旬为孵化盛期。初孵幼虫在枝干皮层内蛀食为害，10月中下旬进入休眠。第二年春季继续为害，直到8—9月幼虫老熟，9月中、下旬大量羽化，以成虫或蛹越冬。第二年5—6月出树。

（4）防治方法

农业措施：5—6月捕杀成虫于产卵前。6—7月刮除树干虫卵及初孵幼虫，人工用木锤击杀卵粒或低龄幼虫。用铁丝通过木屑排泄孔直接刺杀幼虫。

生物防治：人工释放致病性真菌或云斑天牛病毒。保护林间天敌跳小蜂和小茧蜂。

化学防治：去除虫粪或木屑后插入敌敌畏毒签（或磷化铝毒签），孔口用泥团密封。从虫孔注入80%敌敌畏100倍液或用棉球沾50%杀螟松40倍液塞虫孔。9—10月成虫羽化期，喷洒"绿色威雷"类微胶囊触破式杀虫剂触杀成虫。

六、农艺农机融合发展

国内油橄榄种植区域主要为山区坡地，除少量除草和翻土整地过程可以使用小型机械进行外，其余油橄榄田间管理工作主要以人工形式开展，这也导致了油橄榄种植成本居高不下。所以，开发适宜山地油橄榄种植区域的采收器械等，将有效降低油橄榄种植成本，提高油橄榄产业发展水平。

甘肃省和四川省在病虫害防治方面部分栽培区使用无人机进行防控。

甘肃陇南市武都区自2020年依托省农业农村厅相关项目建成了四条山地运输单轨线,使山地产业的运输从传统的"人背马驮"跨越到机械化阶段(见图1-19)。

图1-19　山地运输单轨线运输鲜果和农资

同时,武都区针对山区树高采果难的问题,自2020年以来推广使用了手持式电子震动采果小机械,大大提高了采果效率(见图1-20)。

图1-20　手持电动采果小机械(甘肃陇南武都)

七、果实采收与贮运

油橄榄果实的采收以人工采收为主。采收时以品种和种植片区为单元,人工集中在小片区集中采收,然后将果实装入果框中,再由转运的农用机械车辆转运至加工车间,第一时间进行加工生产。采后宜用带孔、不易压损果实的容器（果框）装运，每框应小于30公斤，鲜果堆放高度不超过30厘米，24小时内加工处理完成。

八、技术标准

目前，在油橄榄栽培方面我国现有有效的标准19项，其中，行业综合标准1项，地方标准有18项（见表1-7）。

表1-7　油橄榄栽培方面技术标准

序号	标准名称	标准号	标准类型	发布时间	发布单位
1	油橄榄	LY/T 1532-2021	行标	2021.6.30	国家林业和草原局
2	油橄榄栽培管理技术规范	DB5304/T 024-2023	地标	2023.11.8	玉溪市市场监督管理局
3	油橄榄矮化密植丰产栽培技术规程	DB51/T 2413-2023	地标	2023.2.7	四川省市场监督管理局
4	油橄榄引种选育规范	DB62/T 4627-2022	地标	2022.9.16	甘肃省市场监督管理局
5	油橄榄叶片营养诊断技术规程	DB62/T 4626-2022	地标	2022.9.16	甘肃省市场监督管理局
6	油橄榄抗寒性与抗旱性评价规范	DB62/T 4625-2022	地标	2022.9.16	甘肃省市场监督管理局
7	油橄榄栽培技术规程	DB53/T 961-2020	地标	2020.4.26	云南省市场监督管理局
8	油橄榄种质资源评价	DB53/T 960-2020	地标	2020.4.26	云南省市场监督管理局
9	油橄榄栽培技术规程	DB5307/T 19-2019	地标	2019.11.15	丽江市市场监督管理局
10	油橄榄施肥技术规程	DB51/T 2418-2017	地标	2017.9.19	四川省质量技术监督局
11	'西蒙1号'油橄榄丰产栽培技术规程	DB51/T 2283-2016	地标	2016.12.20	四川省质量技术监督局
12	油橄榄大棚扦插育苗技术规程	DB51/T 2282-2016	地标	2016.12.20	四川省质量技术监督局
13	油橄榄采穗圃营建技术规程	DB53/T 719-2015	地标	2015.11.10	云南省质量技术监督局
14	永仁油橄榄栽培技术规范	DB5323/T 48-2015	地标	2015.7.10	楚雄彝族自治州市场监督管理局
15	油橄榄大枝扦插造林技术规程	DB51/T 1808-2014	地标	2014.7.25	四川省质量技术监督局
16	油橄榄种质资源特性记载规范	DB53/T 542-2013	地标	2013.12.10	云南省质量技术监督局

续表

序号	标准名称	标准号	标准类型	发布时间	发布单位
17	油橄榄品种选育技术	DB53/T 390–2012	地标	2012.3.15	云南省质量技术监督局
18	油橄榄丰产经营技术规程	DB51/T 1153–2010	地标	2010.8.18	四川省质量技术监督局
19	绿色食品油橄榄生产技术规程	DB62/T 1364–2005	地标	2005.9.23	甘肃省质量技术监督局

第四节　加工情况

一、橄榄果加工

（一）加工产能及规模

油橄榄加工产品主要包括橄榄油及餐用油橄榄果（橄榄罐头、橄榄蜜饯）。目前，我国的油橄榄果主要用于加工橄榄油，产能主要集中在甘肃、重庆、云南和湖北等油橄榄主要种植区。初步统计，全国现有初榨橄榄油加工企业53家，初榨橄榄油生产线65条，日加工能力达2000吨，总加工能力超过6万吨。

甘肃省陇南市现有初榨橄榄油加工企业23家、初榨橄榄油生产线33条，较2022年新增2条生产线，日加工能力达1400余吨，年加工能力超过8万吨，其中每小时鲜果处理量1.5~5吨的生产线11条，每小时鲜果处理量5吨以上的生产线3条。

四川省现有油橄榄初榨橄榄油加工企业12家，生产线16条，具备日榨60吨鲜果的生产能力的生产线4条。

云南省目前共建立生产能力达0.25~4.5吨/小时橄榄油加工生产线14条，总生产能力约为224吨/小时。

重庆市目前共有初榨橄榄油生产线达5条，加工能力为0.8~2.1吨/小时不等，总生产能力约为8.9吨/小时。2023年油橄榄总产量约为2700吨，全部用于加工特级初榨橄榄油。

湖北省油橄榄企业及种植户达上百家，目前共有4条初榨橄榄油生产线，年加工油橄榄果约6000吨。

餐用油橄榄果是地中海膳食的重要组成部分，但由于东西方饮食文化的差异，餐用油橄榄果在我国的生产量仅30吨左右，且生产企业集中在甘肃陇南、四川凉山。

（二）主要加工技术及设备

1.橄榄油

我国加工橄榄油均采用纯物理冷压榨技术。目前橄榄油加工设备均采用连续式离心法冷榨生产工艺，包括油橄榄鲜果清洗、破碎、融合、卧螺离心机分离、碟式分离机净化等主要工序。

设备主要包括油橄榄鲜果上料机、清洗机、粉碎机、搅拌融合箱、卧式螺旋分离机、碟片式分离机等。

其中，卧螺离心机分离可分为"三相"和"两相"两种加工工艺。三相卧螺分离系统工艺需要加入大量的热水，然后将调配好的油橄榄果浆分离出果渣、废水和油三部分；而两相卧螺离心机系统制取橄榄油时，只需要加少量或者不加热水，然后将融合好的油橄榄果浆分离成果渣和油。这两种工艺相比，前者出油率高但废水量大且会使橄榄油中的酚类等有效成分减少；后者虽然出油率较低，但产生废水量少、橄榄油中的酚类等有效成分保留较多。

目前，我国橄榄油的生产线主要集中在甘肃、云南，重庆和湖北的生产线数量较少。这些生产线大部分为三相卧螺分离系统工艺，主要从意大利、土耳其进口，品牌为贝亚雷斯、HAUS等，产能0.25~9.6吨/小时不等（见表1-8）。值得注意的是，由于价格和服务上更有优势，近年来部分企业开始启用国产生产线设备。

表1-8　主产区橄榄油生产线统计

省（市）	有榨油生产线的加工企业	生产线（条）	设备品牌	加工设备型号	相数	加工能力（吨/小时）	设备产地
甘肃省	陇南市祥宇油橄榄开发有限责任公司	1	Flottweg	AC 1510	二相	9.6	德国
		1	Flottweg	AC 1510	二相	9.6	德国
		1	Pieralisi	M093462015	二相	4.2	意大利
		1	Pieralisi	Maip	二相	1	意大利
甘肃省	甘肃时光油橄榄科技有限公司	2	贝亚雷斯		三相	3	意大利
甘肃省	陇南田园油橄榄科技开发有限公司	1	阿法拉伐		三相	1	意大利
甘肃省	陇南市武都区盛源和油橄榄种植专业合作社	1	安徽塞尔特	赛尔特卧式离心机750型	三相	0.75	中国安徽
甘肃省	陇南市金纽带油橄榄科技有限公司	2	HAUS	OLIVEPLUS 64	三相	5	土耳其
甘肃省	陇南橄榄绿农业开发有限公司	1	HAUS		三相	0.5	土耳其
		1	奥立	OIL-8-5000	三相	6	中国安徽
甘肃省	武都区召林良种苗木种植农民专业合作社	1	HAUS		三相	3	土耳其
		1	HAUS		三相	0.75	土耳其
甘肃省	甘肃陇源丹谷油橄榄开发有限公司	2	赛尔特	赛尔特卧式离心机750型	三相	1	中国安徽
甘肃省	陇南橄榄之城农林产品开发有限公司	1	HAUS	OLIVEPLUS	三相	3	土耳其
甘肃省	陇南市世博林油橄榄开发有限公司	2	RAPANELLI		三相	2.5	意大利
甘肃省	陇南市丰海油橄榄科技有限公司	1	Pieralisi		三相	1	意大利
甘肃省	陇南市田玉油橄榄开发有限公司	1	RAPANELLI		三相	0.5	意大利
甘肃省	陇南陇锦园油橄榄开发有限公司	1	赛尔特	赛尔特卧式离心机750型	三相	0.75	中国安徽
		1	HAUS	OLIVEPLUS	三相	0.75	土耳其

续表

省（市）	有榨油生产线的加工企业	生产线（条）	设备品牌	加工设备型号	相数	加工能力（吨/小时）	设备产地
甘肃省	陇南崛起原生态农产品开发有限公司	1	奥立		三相	3	中国安徽
甘肃省	陇南市凯立鹏油橄榄责任有限公司	1	丹阳		三相	0.4	中国绵阳
甘肃省	陇南市阶州油橄榄开发有限公司	1	HAUS	OLIVEPLUS	三相	0.75	土耳其
甘肃省	陇南市奥林油橄榄科技研发有限公司	1	丹阳		三相	0.4	中国绵阳
甘肃省	陇南恩来油橄榄科技有限公司	1	Pieralisi		三相	2.5	意大利
甘肃省	陇南市陇乡源茶叶土特产开发有限公司	1	奥立		三相	2.5	中国安徽
甘肃省	宕昌县今畅油橄榄开发有限公司	1	HAUS	1000	三相	1	土耳其
甘肃省	文县琪军油橄榄开发有限公司	1	贝亚雷斯	2000	三相	2	意大利
甘肃省	文县陇源油橄榄有限责任公司	1	HAUS	OLIVEPLUS	三相	0.75	土耳其
甘肃省	文县田宇油橄榄开发有限公司	1	贝亚雷斯	2000	三相	2	意大利
云南	丽江田园油橄榄科技开发有限公司	1	PIERALISI		三相	2.2	意大利
云南	丽江三全油橄榄产业开发有限公司	1	PIERALISI		两相	2.2	意大利
云南	德钦康邦油业有限责任公司	1	PIERALISI		两相	2.2	意大利
云南	昆明奥力联盟农业开发有限公司	1	PIERALISI		两相	0.3	意大利
云南	永仁绿原农业开发有限公司	1	ENOROSSI		两相	0.25	意大利
云南	永仁太谷农业发展有限公司	1	HAUS		两相	4.5	土耳其
云南	香格里拉市丰耘农牧开发有限责任公司	1	HAUS		三相	1.5	土耳其

续表

省（市）	有榨油生产线的加工企业	生产线（条）	设备品牌	加工设备型号	相数	加工能力（吨/小时）	设备产地
云南	丽江十邦生物工程有限责任公司	1	HAUS		三相	3.5	土耳其
云南	云南永仁欣源油橄榄开发有限公司	1	HAUS		三相	2	土耳其
云南	易门榄源林业科技开发有限公司	1	赛尔特		两相	0.25	中国安徽
云南	丽江森泽林业科技发展有限公司	1	赛尔特		两相	0.5	中国云南
云南	永仁共享油橄榄发展有限公司	1	组装		三相	1	中国云南
云南	玉溪市润泽农业科技发展有限公司	1	奥立		三相	2	中国云南
云南	玉龙县温润农业科技开发有限公司	1	奥立		三相	1.5	中国安徽
四川	绵阳华欧	1	阿法拉伐	3000			意大利
四川	达州天源	1	阿法拉伐	3000			意大利
四川	西昌中泽	1	豪斯	2000			土耳其
四川	凉山州冕宁	1	德国	1000			德国
四川	凉山州冕宁	1	贝亚雷斯	2000			意大利
四川	广元蜀北	1	贝亚雷斯	3000			意大利
四川	广元珙光	1	中国丹阳	1000			中国绵阳
四川	南充中意	1	贝亚雷斯	2000			意大利
重庆	江源油橄榄开发有限公司（合川）	1	贝亚雷斯			2.1	意大利
重庆	禄丰天润油橄榄开发有限公司（万州）	1	塞尔特	GLY-3XRH-000		1.5	中国安徽
重庆	金峡油橄榄开发有限公司（奉节）	1	塞尔特	GLY-3XRH-000		1.5	中国安徽
重庆	奉节县甲高镇的生产线，三峡之巅橄榄油（奉节）	1	塞尔特	GLY-3XRH-000		1.5	中国安徽

续表

省 (市)	有榨油生产线的 加工企业	生产线 (条)	设备品牌	加工设备型号	相数	加工能力 (吨/小时)	设备 产地
重庆	奉节县甲高镇的 生产线, 三峡之 巅橄榄油(奉节)	2	豪斯	maxoil53		2.1	土耳其
湖北	随县强民农业发 展有限公司	1	HUAS	HS250		0.25	土耳其
湖北	湖北鑫榄源油橄 榄科技有限公司 (十堰)	1	贝亚雷斯	MOLINETTO-F1		1.5	意大利
湖北	丹江口市兴源生 橄榄油科技发展 有限公司 (丹江口市)	1	组装			0.3	中国 南京
湖北	湖北润邦农业科 技有限公司 (黄冈)	1	贝亚雷斯	MOLINETTO-F1		2.2	意大利

2. 餐用油橄榄

餐用油橄榄的生产工艺为:

油橄榄→分选→清洗→脱油→护色→脱涩→脱碱→灌装→调配→排气→密封→杀菌→冷却→产品

分选: 选择无病虫害、无腐烂变质, 且成熟度适宜的油橄榄果实。

清洗: 分选后的原料, 用0.01%K_2MnO_4洗涤后再用清水洗净, 以去除污垢和大部分微生物。

脱油: 将原料浸泡于90%乙醇中, 乙醇用量与果实相同, 加热到50℃搅拌20分钟以除去油橄榄部分油脂, 避免灌装后油脂大量析出。

脱碱: 将完全脱涩的果实用清水漂洗2次后, 用0.3% HCl溶液常温浸泡14小时, 盐酸溶液要完全淹没果实。

灌装: 配制25%蔗糖溶液进行热灌装。

排气: 将灌装好的油橄榄罐头置于沸水中排气15~20分钟。

杀菌: 将罐头淹没于沸水中保持30分钟。

冷却: 将杀菌后的罐头立即冷却至38~40℃。

3. 新产品研发

目前针对橄榄果加工的新产品研发主要集中在两个方向：一个是对橄榄油进行处理，调制成橄榄调和油和风味橄榄油等；另一个是针对油橄榄果进行处理来研发新产品，例如采用发酵等处理手段所研发的油橄榄发酵饮品（见图1-21）。

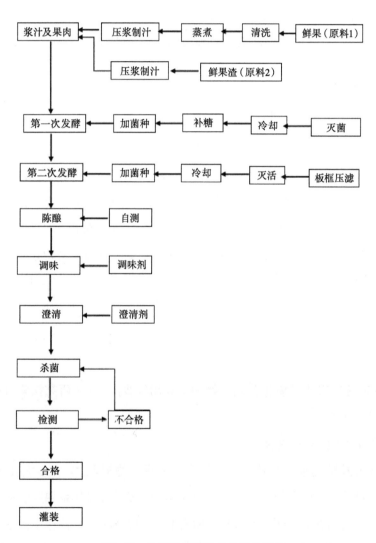

图1-21　油橄榄发酵饮品的制备流程

采用新鲜油橄榄进行整果固态发酵，提高了原料的营养成分的生物利用率，制备的酵素产品中粗脂肪含量19.622%，蛋白质2.67%，总氨基酸3.906%，总糖3.635%，多酚0.102%，黄酮0.154%，有利于机体吸收的活性因子的释放，能够充分发挥油橄榄有效生物活性组分的药理功效。发酵后的油橄榄酵素中氨基酸含量明显变化，丝氨酸、谷氨酸等氨基酸的含量显著增加，天冬氨酸由0.023%增加至1.562%，谷氨酸由0.211%增加至1.494%，丝氨酸增加至0.703%。此外，发酵可赋予油橄榄果独特的乳酸香味，且可使油橄榄果实的苦味得到减弱，口感柔和。

二、副产物产品加工

（一）加工规模

油橄榄副产物产品加工涉及叶、果渣、果水等的加工，目前在我国的加工规模较小。甘肃省陇南奥利沃生物科技有限公司于2023年建设了两条生产线：年处理油橄榄干叶5000吨的提取物生产线及年处理油橄榄果渣9000吨的山楂酸生产线。两条生产线每年可产出油橄榄叶及果渣有效成分提取物450吨。2023年中国科学院兰州近代物理研究所成功研发出利用油橄榄果渣生产生物有机肥及饲料产品的技术，并产出生物有机肥65吨。陇南陇锦园油橄榄开发有限公司利用果汁水生产橄榄干红及橄榄醋产品，每年生产干红20吨，橄榄醋35吨。

在其他省、市油橄榄相关副产物加工利用较少，多处于研究探索阶段，未形成规模化生产。

（二）加工主要技术及设备

橄榄叶及橄榄果渣有效成分提取主要利用生物提取技术，以大孔吸附树脂为核心技术，利用多级串联树脂柱富集分离，多元洗脱体系梯度洗脱，同步分离制备高含量橄榄苦苷、山楂酸和橄榄总黄酮提取物。设备包括提取罐、树脂柱、浓缩器、醇沉罐、球形浓缩锅、微波真空干燥机、混合机、粉碎机等。

油橄榄果渣生物有机肥主要利用生物发酵技术，将油橄榄果渣快速发酵分解,生产出高效有机肥。主要设备包括原料输送机、菌剂添加机、螺旋拌料箱、发酵仓、定量包装机等。

油橄榄果汁水加工橄榄干红及橄榄醋等产品主要用到发酵、蒸馏和存储设备。

橄榄叶多酚提取采用超临界流体萃取法及萃取设备。

(三)主要新产品研发

油橄榄副产物的新产品研发众多。甘肃省以果渣为材料提取山楂酸和生产饲料。云南油橄榄大健康产业创新研究发展有限公司以大孔吸附树脂为核心技术,利用多级串联树脂柱富集分离,二元或三元洗脱体系梯度洗脱,同步分离制备油橄榄叶中高含量橄榄苦苷和橄榄总黄酮提取物,所得产品含量设定为:橄榄苦苷20%、30%、60%、70%、90%五个规格,总黄酮含量≥20%。系提取全过程在绿色环境下进行的绿色产品,具有极强的市场竞争力。科研人员以油橄榄榨油后果汁水为原料,已成功地突破了油橄榄果汁水废弃物中高值活性成分羟基酪醇的分离制备关键技术,优化和筛选最佳工艺路线、工艺参数,通过中试验证实验,并以此为原料开发出具有显著降血糖、降血脂活性的功能食品。

三、衍生产品

(一)加工规模

我国油橄榄衍生产品的加工规模较小。在油橄榄主产区甘肃,橄榄酒年产量仅有35吨,主要分为两类:橄榄白酒是利用榨油后的油橄榄果渣与粮食发酵产生或者利用成品白酒浸泡油橄榄鲜果使果实中的有效成分释放并与白酒融合形成的橄榄酒;橄榄干红是利用橄榄果汁水发酵制取的红酒。橄榄醋、橄榄酱油、橄榄菜、橄榄拌饭酱、橄榄牛肉酱、橄榄辣椒酱等油橄榄调味品和食品累计产量超310万瓶。橄榄面膜、橄榄精油皂、橄榄眼霜、橄榄洁面乳等洗护用品年累计产量突破10万支。保健品中的橄榄软胶囊产量为30万粒、橄榄茶珍产量为15万袋。

（二）加工主要技术及设备

制取橄榄酒主要利用生物发酵技术，制取橄榄保健品主要利用生物提取及生物制药技术，制取油橄榄食品主要利用食品生产加工技术。

（三）主要新产品研发

衍生产品的研发，目前主要集中在饮食类、洗护类和保健类产品的研发上。其中，饮食类产品的研发包括橄榄酒、橄榄茶、酱类调味品、橄榄面条等；洗护类产品的研发包括橄榄精油等护肤品、化妆品；保健类产品的研发包括橄榄油胶囊、橄榄油口服液等。

云南油橄榄大健康产业创新研究发展有限公司团队积极推动中科院兰州化学物理研究所多年来在油橄榄领域的科研成果的转化和产业化，已完成3项核心专利技术和2项技术秘密的转化。在此基础上，该公司已完成6个产品的开发，包括4个功能食品（耐缺氧、降脂、护肝和明目）、1个化妆品（舒缓保湿）、1个化妆品原料（美白、修护）。其中，2个功能食品已于2022年10月实现产业化，产品已推向市场销售；1个化妆品原料已完成行政备案。同时，该公司已经申请获得立项批准的橄榄苦苷、山楂酸和羟基酪醇国家标准样品。

四、技术及产品标准

我国现行的加工技术规程、产品及方法标准有18个（见表1-9），其中3个国标，6个行标，2个其他标准，2个地方标准，5个团体标准。

表1-9　油橄榄产品标准

序号	标准名称	标准号	标准类型	发布时间	发布单位
1	橄榄油、油橄榄果渣油	GB/T 23347-2021	国标	2021.11.10	国家市场监督管理总局、国家标准化管理委员会
2	感官分析 橄榄油品评杯使用要求	GB/T 39991-2021	国标	2021.04.30	国家市场监督管理总局、国家标准化管理委员会

续表

序号	标准名称	标准号	标准类型	发布时间	发布单位
3	动植物油脂 橄榄油中蜡含量的测定 气相色谱法	GB/T 22501–2008	国标	2008.11.4	国家质量监督检验检疫总局 国家标准化管理委员会
4	橄榄油中脂肪酸烷基酯含量测定 气相色谱质谱法	BJS 202105	其他	2021.1.13	国家市场监督管理总局
5	橄榄油消光系数（K270）的测定方法	HS/T 57–2017	其他	2017.6.16	海关总署
6	食品接触材料高分子材料橄榄油模拟物中邻苯二甲酸酯的测定 气相色谱质谱法	SN/T 4121–2015	行标	2015.2.9	国家质量监督检验检疫总局
7	食品接触材料 高分子材料橄榄油模拟物中总迁移量的试验方法 橄榄油不完全抽提时的改进方法	SN/T 3182–2012	行标	2012.5.7	国家质量监督检验检疫总局
8	食品接触材料 高分子材料橄榄油模拟物中总迁移量的试验方法 填充法	SN/T 2818–2011	行标	2011.2.25	国家质量监督检验检疫总局
9	食品接触材料 高分子材料橄榄油模拟物中总迁移量的试验方法 测试池法	SN/T 2817–2011	行标	2011.2.25	国家质量监督检验检疫总局
10	食品接触材料 高分子材料橄榄油模拟物中总迁移量的试验方法 袋装法	SN/T 2735–2010	行标	2010.11.1	国家质量监督检验检疫总局
11	食品接触材料 高分子材料橄榄油中总迁移量的试验方法 全浸没法	SN/T 2334–2009	行标	2009.7.7	国家质量监督检验检疫总局
12	地理标志保护产品 武都油橄榄（初榨橄榄油）	DB62/T 1737–2008	地标	2008.8.15	甘肃省质量技术监督局
13	地理标志产品 达州橄榄油	DB5117/T 33–2023	地标	2023.4.25	达州市市场监督管理局
14	香山之品 橄榄油	T/ZSGTS 254–2023	团标	2023.6.29	中山市个体劳动者私营企业协会
15	油橄榄罐头	T/CHCFA 002–2023	团标	2023.3.10	中国经济林协会
16	油橄榄蜜饯	T/CHCFA 003–2023	团标	2023.3.10	中国经济林协会

续表

序号	标准名称	标准号	标准类型	发布时间	发布单位
17	特级初榨橄榄油	T/SSX 006–2022	团标	2022.11.21	陕西省食品科学技术学会
18	初榨橄榄油感官评价方法	T/ZNZ 095–2021	团标	2022.1.15	浙江省农产品质量安全学会

第五节 产业经营和融合模式

一、产业经营模式分析

油橄榄产业的经营模式是指以市场为导向，以农户经营为基础，以"龙头"组织为依托，以经济效益为中心，通过实行种养加、产供销、农工商一体化经营，将油橄榄产业再生产过程中的产前、产中、产后诸环节联结为一个完整的产业系统的模式。产业化经营的特征可以用20个字来概括——生产专业化、企业规模化、经营一体化、服务社会化。现阶段，我国油橄榄产业的经营模式主要有以下三种。

（一）"龙头企业"带动型（公司+基地+合作社+农户）

它是以油橄榄龙头企业为主导，重点围绕油橄榄系列产品的生产、销售，与生产基地、合作社组织、农户实行有机联合，进行一体化经营，通过"订单农业"链接，形成"互惠互利、合作共赢"的利益共同体。目前，甘肃以祥宇油橄榄公司为代表的几家龙头企业，基本都采取这种经营模式，四川、重庆、云南、湖北的多数龙头企业也基本上属于这种经营模式。

（二）"合作经济组织"带动型（专业合作社+农户）

它是以由农民自办或政府引导兴办的油橄榄专业合作社、油橄榄专业技术协会为依托，以组织产前、产中、产后诸环节的服务为纽带，联系广大油橄榄种植户而形成的种养加、产供销一体化的利益共同体。这种组织具有明显的群众性、专业性、互利性、自助性等特点，实行民办、民管、民受益三原则，成为我国油橄榄产业化经营的另一种重要类型。例如,甘肃省陇南市武都区召林良种苗木种植农民专业合作社就是这种经营模式。

（三）中介组织带动型（"农产联"+企业+农户）

这是一种松散协调型的行业协会组织模式。即以各种中介组织（包括油橄榄农业专业合作社、供销社、油橄榄技术协会、橄榄油产品销售协会等合作或协作性组织）为纽带,组织产前、产中、产后全方位服务,将众多分散的小规模生产经营者联合起来,形成统一的、较大规模的油橄榄经营群体。

二、产业融合发展模式分析

所谓产业融合是指在时间上先后产生、结构上处于不同层次的农业、工业、服务业、信息业、知识业在同一个产业、产业链、产业网中相互渗透、相互包含、融合发展的产业形态与经济增长方式,是用无形渗透有形、高端统御低端、先进提升落后、纵向带动横向,使低端产业成为高端产业的组成部分、实现产业升级的知识运营增长方式、发展模式与企业经营模式。

（一）从主导产业角度划分,我国油橄榄产业融合发展模式主要有三种。

1. 以一产为主导的二三产融合发展模式（123模式）

以油橄榄原材料生产为驱动力,推进一二三产业融合发展,主要由一产带动二产和三产发展,实现从特色农产品→加工→服务体验（旅游观光、休闲及度假、互联网应用、物流仓储、销售等）的全产业链发展模式。例如,甘肃省陇南市多数油橄榄产业合作社及油橄榄农场的发展模式就属此类。

2. 以二产加工为主导的一三产融合发展模式（231模式）

以"油橄榄产品+科技文化服务"为引领,推进一二三产业融合发展,主要由二产带动一产和三产发展,实现从油橄榄产品加工→油橄榄特色文创产品开发→油橄榄文化传承的发展模式。例如,以陇南市祥宇油橄榄开发有限责任公司为代表的我国多数油橄榄行业龙头企业走的就是这种融合发展道路。

3. 以三产为主导的一二产融合发展模式（321模式，也称作旅游引导的产业融合模式）

利用旅游聚集人气的优势，打造景观吸引核，促进人流带来消费，形成购买力和服务支撑，实现由三产（旅游业）带动一产和二产联合发展的带动模式。目前，我国部分油橄榄龙头企业及较大的油橄榄产业合作社正在尝试走这种融合发展道路。例如，湖北省鑫榄源油橄榄科技有限公司在这方面就进行了有益的探索：公司利用十堰独特的人文地理环境优势，通过利用"产业+文化、产业+康养、产业+旅游"的模式，投资2.5亿元打造了"油橄榄产业+休闲游+文化体验+科普+创意教育+艺术酒店+民宿"的东方橄榄园生态田园示范综合体，一期已开发了全国首个智能化、智慧化国际油橄榄文化交流中心，十堰市网红打卡地千年橄榄祈福园、地中海主题民宿、橄榄食疗体验康养区、橄榄之光（观江灯塔）、橄榄核心种植区等特色景点，满足了游客观光体验的多重需要。

（二）从创新发展内生动力角度划分，我国油橄榄产业融合发展的模式也有三种。

1. 以科技手段带动油橄榄新产品开发模式

依托先进的科技生产力，开发科技应用和科技服务等功能，实现油橄榄产业附加值的不断提升，构建三产（科技业）带动一产和二产融合发展模式。

2. 以油橄榄文化创意为核心的消费、人才聚集模式

以油橄榄文化创意为核心，通过油橄榄文创产品的生产以及油橄榄文创功能模式的引入，构建三产（文化产业）带动一产和二产融合发展模式。

3. 以电商物流为引领的服务带动模式

主要以油橄榄系列产品的物流配送为核心，形成规模化生产、销售、服务网络体系，形成完善的产业链体系，构建三产（服务业）带动一产和二产融合发展模式。

三、油橄榄的三产发展、庄园模式、教育基地等

（一）油橄榄三产发展

我国油橄榄行业三产发展凸显出了三大特色：一是实现了油橄榄产业发展与文化旅游业的有效融合，打造出了油橄榄田园风光旅游基地、油橄榄风情小镇、油橄榄主题公园、油橄榄科技示范园、油橄榄工业旅游基地等各具特色的旅游景区或旅游线路，其中，以甘肃省陇南市祥宇油橄榄开发有限责任公司及湖北省鑫榄源油橄榄科技有限公司为典型代表，祥宇油橄榄公司在2022年被陇南市文旅局批准为"国家AAA级工业旅游景区"，在2023年被中华人民共和国文化和旅游部批准为"国家工业旅游示范基地"，年接待游客1.5万~2万人次，年创旅游收入120多万元。凉山州中泽新技术开发有限责任公司由于油橄榄产业生态链的建成，2022年被凉山州旅游局批准为"AAA级旅游景区"，从此基地的产业得到了进一步延伸，为公司品牌创建增添了新活力。冕宁元升农业科技有限公司以油橄榄文化特色为主体，将油橄榄基地建设与乡村振兴有效衔接，把园区周边山林、景观综合规划利用，着力打造集观光体验、绿色生态旅游、休闲康养等多元功能于一体的"产业园区型"森林小镇。湖北省鑫榄源油橄榄科技有限公司也被批准为"国家AAA级旅游景区"。二是实现了油橄榄产业发展与餐饮业的多方位融合，为开拓橄榄油市场创造了条件。例如，甘肃省陇南市祥宇油橄榄公司开发的"橄榄火锅宴"（陇南有机蔬菜+陇南食用菌+陇南鱼类+陇南牛羊肉+陇南特色小吃+祥宇公司风味橄榄油、橄榄菜、拌饭酱、橄榄茶、橄榄酒等系列产品）备受消费者欢迎，已被复制推广到北京、青岛、兰州、济南等地。甘肃、四川、重庆等省市开发的橄榄油特色中餐、烧烤等美食也备受广大消费者的追捧。三是实现了油橄榄产业发展与大健康产业的有机融合，为产业的发展带来了光明的前景。可以毫不夸张地说，橄榄油、橄榄枝叶中的有效成分在医疗、保健等领域的功能性产品开发、利用，将为油橄榄产业发展带来无穷的动力。

（二）油橄榄产业发展的庄园模式

所谓油橄榄产业发展的庄园模式是指为生产"庄园橄榄油"而形成的生

产经营模式，这种模式在世界油橄榄主产国西班牙、希腊等国备受推崇，是生产高档特级初榨橄榄油的成功模式。我国的部分橄榄油生产企业，或以庄园冠名，或者宣称自己的产品是庄园级橄榄油，实际上并未达到庄园级橄榄油的生产条件。

庄园橄榄油是专指油橄榄鲜果来源于自家种植园，手工采摘，现场冷榨，马上灌装而形成的橄榄油，因此，庄园橄榄油是橄榄油中的极品，品质超群。这类油基本上是由种植园自行直销，虽然价格昂贵，但仍然受到橄榄油爱好者的热捧。

庄园橄榄油之所以成为橄榄油品质的最高保证，是因为生产者在自有的橄榄园里可以亲力亲为地控制选种—栽培—采果—榨油—灌瓶—销售的整个过程。同市场上普遍销售的大型炼油厂生产的混合橄榄油（Blended Olive Oil）相比较，庄园橄榄油有着得天独厚的质量保证：

1. 可以保证橄榄果在最佳成熟度时采收。橄榄果如果成熟度低，出油率小，口感苦，酸度低；如果成熟度高，口感油腻，出油率高，但酸度高。因此，掌握橄榄果的最佳采收时机，是橄榄油品质的基本保证。

2. 可以保证橄榄果完全做到手工采摘。橄榄果非常娇嫩，用机械手臂摇落的橄榄果极易出现果皮伤痕，导致氧化和酸度提高，因此，手工采摘也是保证橄榄油品质的一项基本保证。个体拥有的橄榄园一般规模较小，因此为手工采摘提供了可靠的保障。

3. 可以保证采摘后的橄榄果完全不积压。国际上对橄榄果从采摘到压榨时的等待时长规定不超过3天，橄榄果在堆叠、储存、运输中因温度上升极易导致发酵，酸度会上升、油质会下降。有条件的榨油厂都力争在采摘后的24小时内压榨。因此，确保原料不积压，是橄榄油品质的最根本保证。由于庄园可以做到现采现榨，一般不超过2个小时，故其橄榄油品质更高。

4. 可以保证采用最完美的冷榨工艺，最大程度地保留各种营养成分和多种风味。许多庄园大多是历代传承的家族小型企业，由于没有产量上的压力，大多可沿用传统的石磨榨油方式和现代的点滴工艺，从而控制温度，降低压榨过程中氧化酶的释放, 提高产品质量。

5. 可以保证产品有较长的食用期。庄园橄榄油采取现采、现榨、现灌、现存、现卖方式, 减少了中间流通环节, 有着比其他混合油都长的食用有效期, 一般都可以达到3年。

(三) 油橄榄教育基地

油橄榄教育基地是指在油橄榄企业、油橄榄合作社 (农场)、油橄榄协会 (产业联盟) 等实体或行业组织中设立的负责油橄榄文化挖掘、技术推广、研学实践、产品宣传等的专门性机构, 这些机构的设立, 原则上要经过政府相关主管部门的批准。甘肃、四川、云南、重庆、湖北等省的多数油橄榄龙头企业是国家级、省级、市 (州) 级、县 (区) 级油橄榄科普教育基地。例如陇南市祥宇油橄榄开发有限责任公司是甘肃省科技厅批准的“甘肃省科普基地”、甘肃省教育厅批准的“省级中小学生研学实践教育基地”、甘肃省粮食局等五部门批准的“甘肃省粮食安全宣传教育基地”、中国农村专业技术协会批准的“中国农村专业技术协会科普教育基地”、全国妇联批准的“女大学生创业实践基地”“全国巾帼现代农业科技示范基地”等。

第六节　品牌与营销

一、品牌建设

1. 政府对品种建设的引导和扶持

国家、省级层面对各企业橄榄油的品牌建设大多采取舆论引导、宣传推介、组织参展等方式予以引导和扶持。

(1) 政策引导和舆论宣传推介。甘肃、四川、云南、重庆、湖北等油橄榄主产区的省市政府, 在其制定的油橄榄产业发展规划及扶持政策中, 多数鼓励企业或地方发展、打造油橄榄品牌, 并且在地方媒体上不断推介宣传当地橄榄油品牌, 在各类商品交易会中不断推介宣传本省市的橄榄油品牌及产品质量。这方面做得比较成功的是甘肃省武都区，该区与新华社签订有偿宣传协议，武都区油橄榄产业每年在国家级、省级、市级各类媒体上报道次数多达上百次，其中祥宇油橄榄公司每年被中央广播电视总台、新华社、甘肃日报社、经济日报社等20多家媒体报道达50次以上。

（2）组织企业参加国内外展会。这是政府层面对企业品牌打造较为常见的一种支持手段，省市政府及相关部门大多采用免交摊位费等支持政策，鼓励企业积极参展、推介自己的产品，洽谈产品交易合同。以陇南市祥宇油橄榄公司为例，2023年该公司先后参加了上海品博会、海南消博会、兰州兰洽会、宁波中东欧博览会、天津津洽会、北京全国质量展等十多个国内大型展会，并参加了商务厅组织的国际展会和考察活动，先后到西班牙、英国、匈牙利等国家参展并考察学习，在国际舞台上推介了祥宇橄榄油品牌。

（3）鼓励企业参加国内外橄榄油大赛。参加国内外橄榄油大赛，以奖牌为产品质量做"背书"，是大家公认的一种品牌塑造手段，我国油橄榄主产区各省市对此十分重视，鼓励本地企业积极参加各类大赛，在获奖后当地媒体也积极予以跟踪报道，极大地提升了本地橄榄油产品的知名度和影响力。陇南市武都区还对获奖企业给予资金奖励和项目扶持，极大地提升了企业参与国内外橄榄油大赛的积极性。据不完全统计，截至2023年底，全国56家油橄榄生产加工企业共获得国内外橄榄油大赛奖项122项，其中甘肃省101项、四川省14项、湖北省3项、重庆市3项、云南省1项，在甘肃省获得的奖项中，陇南市祥宇油橄榄开发有限责任公司奖项达到82项，占甘肃省的81.2%，占全国奖项的67.2%（见表1-10）。

表1-10　全国橄榄油生产加工企业注册商标情况统计

省、市	橄榄油生产企业	注册商标	国际国内大赛获奖情况	企业所在地
甘肃省（22家）	陇南市祥宇油橄榄开发有限公司	祥宇	在美国、日本、以色列、意大利、西班牙、希腊等十多个国家的国际橄榄油赛事中累计荣获金、银、铜奖84枚	武都区

续表

省、市	橄榄油生产企业	注册商标	国际国内大赛获奖情况	企业所在地
甘肃省（22家）	陇南橄榄时光油橄榄科技有限公司	橄榄时光	获得首届陇南橄榄油大赛金奖；国际橄榄油高峰论坛"银奖"；连续多年获得"雅典娜铜奖""纽约国际银奖""国际美味奖章"，共获得5项	武都区
	陇南田园油橄榄科技开发有限公司	田园品位	荣获IEOE2011北京国际食用油产业博览会"国产橄榄油品牌金奖"；荣获2012中国国际橄榄油评油比赛"优秀品质奖"；2015年荣获中国森林食品交易博览会金奖；2018年4月获国际油橄榄理事会（IOC）最高奖项马里奥·索利纳斯质量金奖，共获得4项	武都区
	陇南市武都区盛源和油橄榄种植专业合作社	陇湾沟	/	武都区
	陇南市金纽带油橄榄科技有限公司	金纽带	2023年在西班牙科尔多瓦国际橄榄油竞赛中入选世界上最好的特级初榨橄榄油TOP100；2023年在希腊雅典娜国际橄榄油大赛中斩获2枚金奖；2023年在伦敦国际橄榄油质量竞赛中斩获1枚铂金奖和1枚金奖；2023年在以色列国际橄榄油大赛中斩获1枚最高荣誉金奖和1枚金奖，共7项	武都区
	陇南橄榄绿农业开发有限公司	橄榄绿洲、恩莱斯	/	武都区
	武都区召林良种苗木种植农民专业合作社	一榄一味	获得首届陇南橄榄油大赛金银奖各1枚，共2项	武都区
	甘肃陇原丹谷油橄榄开发有限公司	陇原丹谷、陇原红、北纬33	/	武都区
	陇南橄榄之城农林产品开发有限公司	橄榄之城	/	武都区
	陇南市世博林油橄榄开发有限公司	世博林	/	武都区
	陇南市丰海油橄榄科技有限公司	丰海	/	武都区

续表

省、市	橄榄油生产企业	注册商标	国际国内大赛获奖情况	企业所在地
甘肃省（22家）	陇南市田玉油橄榄开发有限公司	田玉	/	武都区
	陇南陇锦园油橄榄开发有限公司	陇锦园	荣获第十届中国（广州）国际食用油及橄榄油产业博览会"优质产品金奖"、第十一届中国（广州）国际食用油及橄榄油产业博览会"优质产品金奖"、中国首届橄榄油品鉴评比推荐会"银奖"、第十三届中国国际橄榄油评油大赛"轻度口味银奖"、敦煌国际美食特色食材、第十九届中国绿色食品博览会"金奖"、首届陇南橄榄油大赛"银奖"、第二十一届中国绿色食品博览会"金奖"、广州国际农产品博览会"金奖"、第二十二届中国绿色食品博览会"金奖"、中国西部绿色优质农产品产销对接博览会"金奖"，共11项	武都区
	陇南崛起原生态农产品开发有限公司	亿帝康	/	武都区
	陇南市凯立鹏油橄榄有限公司	凯立鹏	/	武都区
	陇南市阶州油橄榄产业开发有限公司	阶州	/	武都区
	陇南市奥林油橄榄科技研发有限公司	奥林	/	武都区
	陇南恩来油橄榄科技有限公司	御盛康	/	武都区
	陇南市吉祥树油橄榄有限公司	吉祥树	/	武都区
	陇南陇乡源土特产开发有限公司	陇乡源	/	武都区
	文县琪军油橄榄开发有限公司	琪军	/	文县

续表

省、市	橄榄油生产企业	注册商标	国际国内大赛获奖情况	企业所在地
甘肃省（22家）	文县田宇油橄榄开发有限公司	田宇	/	文县
	甘肃合计22家企业	25个商标	101个金银铜奖	
四川省（11家）	四川华欧油橄榄产业集团公司	华欧	被评为"消费者喜爱产品"、绿色食品、中国首家森林食品、中国生态原产地保护产品等	绵阳
	四川天源油橄榄有限公司	绿升	荣获了中国驰名商标、有机食品、绿色食品、四川名牌、四川省著名商标、达州橄榄油国家地理标志保护产品、生态原产地产品保护证书、2021年中国品牌价值评价、2019年四川省优质品牌农产品、四川省农企业重点培育品牌、天府文创入围奖、最受欢迎"四川扶贫"产品、省级名优产品推广应用目录、达州市十佳农业品牌	达州
	四川凉山州中泽新技术开发有限责任公司	中泽、源泽、是歌、油橄榄庄园	获"2019年塞丽橄榄油大赛"中国原产区大赛金奖；"纽约橄榄油大赛"获奖金奖；日本橄榄油评比大赛荣获金奖； 土耳其国际橄榄油评比赛中荣获金奖	西昌
	四川中义油橄榄开发有限公司	中义、中义庄园	/	南充
	四川西中油橄榄有限公司	无	/	金堂
	四川聚峰谷农业科技开发有限公司	聚峰谷	2018年日本橄榄油大赛荣获金奖	金堂
	四川冕宁元升农业科技有限公司	Aoilio澳利欧、Mutual Beauty木都哈尼	2015年到2021年，连续7次获得"中国（广州）国际食用油及橄榄油产业博览会金奖"；"Aoilio澳利欧""Mutual Beauty木都哈尼"有机特级初榨橄榄油分别荣获2018年、2022年全球最大规模橄榄油竞赛——洛杉矶特级初榨橄榄油竞赛金奖	冕宁
	广元蜀北橄榄油开发有限公司	白龙湖	/	广元
	剑阁县润丰林农业开发有限公司	/	/	广元

续表

省、市	橄榄油生产企业	注册商标	国际国内大赛获奖情况	企业所在地
四川省（11家）	广元紫爵大朝油橄榄有限公司	紫爵	/	广元
	营山县圣禾油橄榄发展有限公司	琬贵人	/	南充
	四川合计11家企业	14个商标	14个大赛金银铜奖	
云南省（13家）	丽江田园油橄榄科技开发有限公司	高原时光	/	丽江市玉龙县
	丽江三全油橄榄产业开发有限公司	久顾	/	丽江市
	德钦康邦油业有限公司	康邦美味	/	德钦县
	昆明奥力联盟农业开发有限公司	奥力量、奥力美	/	昆明市
	永仁绿源农业开发有限公司	德尔派	/	永仁
	永仁太谷农业发展有限公司	牧溪庄园	/	永仁
	香格里拉市丰耘农牧开发有限公司	白水谷	/	香格里拉市
	云南永仁欣源油橄榄开发有限公司	欣源	2022年5月19日，在意大利举行的EVO IOOC国际橄榄油比赛中，"欣源"特级初榨橄榄油，荣获金奖1枚	永仁
	丽江十邦生物工程有限公司	十邦生物	/	丽江市
	易门榄源林业科技开发有限公司	滇夷、彩云榄	/	玉溪市易门县
	丽江森泽林业科技发展有限公司	森泽、程海时光	/	丽江市

省、市	橄榄油生产企业	注册商标	国际国内大赛获奖情况	企业所在地
云南省（13家）	永仁共享油橄榄发展有限公司	糯达庄园	/	永仁
	玉溪市润泽农业科技发展有限公司	润甸源	/	玉溪市峨山县
	云南合计13家企业	16个商标	获得国外橄榄油大赛金奖1个	
重庆市（4家）	禄丰天润油橄榄开发有限公司	神女峰、禄天润	第二届橄榄油品鉴暨天府橄榄油邀请赛金奖	万州区
	金峡油橄榄开发有限公司	金峡	/	奉节
	重庆江源油橄榄开发有限公司	渝江源、欧丽康语	"渝江源"特级初榨橄榄油入选中国橄榄油十大品牌、中国第十五届林产品交易会金奖、第十二届中国绿色食品博览会金奖	合川区
	奉节县红蜻蜓油橄榄开发有限公司	三峡之巅、夔美特级	/	奉节
	重庆合计4家企业	7个商标	荣获橄榄油大赛3个金奖	
湖北省（9家）	湖北鑫榄源油橄榄科技有限公司	鑫榄源、遇见武当、京堰	湖北省优势商标、湖北省地标大赛金奖	郧阳区
	丹江口市兴源生橄榄油科技发展有限公司	兴源生	初榨橄榄油荣获2024年首届"湖北精品"奖	丹江口市
	十堰绿鑫林业发展有限公司	/	/	郧阳区
	湖北联胜油橄榄科技开发有限公司	/	/	郧阳区
	郧阳区振林生态农业开发有限公司	/	/	郧阳区

省、市	橄榄油生产企业	注册商标	国际国内大赛获奖情况	企业所在地
湖北省（9家）	十堰市龙峰农业开发有限公司	/	/	郧阳区
	十堰泽盟农业开发有限公司	安阳湖、橄榄梦工坊	第四届郧阳绿色食品北京展销会领军企业、十堰市第六届职工创新大赛创新组三等奖	郧阳区
	十堰金橄榄生态农业有限公司	均州金橄榄	/	茅箭区
	湖北润邦农业科技有限公司	/	/	黄冈
	湖北合计9家企业	7个注册商标	3个金银铜奖	
合计	59家企业	69个商标	122个金银铜奖	

2.区域公用品牌建设

区域公用品牌是地道农产品的产地身份标识，也是该产品获得市场认可的关键所在，但从各地的实践经验来看，我国各地普遍重视对企业品牌的打造，而忽视区域公用品牌的建设。

截至2023年底，甘肃、四川、云南、重庆、湖北五个油橄榄主产区注册了油橄榄区域公用品牌的市、县（区）有3个，分别是甘肃省陇南市武都区的"武都橄榄油""武都油橄榄"，四川省金堂县的"金堂橄榄油""金堂油橄榄"，四川省达州市的"达州橄榄油"。

3.企业品牌建设

（1）企业品牌建设总体情况

据不完全统计，在甘肃、四川、云南、重庆、湖北五个油橄榄主产区59家油橄榄生产加工企业中，注册的橄榄油商标就达69个，商标多而管理混乱的局面亟待改善。

其中，甘肃省22家油橄榄加工企业共注册橄榄油商标25个（不含其他橄榄油衍生产品商标,其他各省市同理),四川省11家油橄榄加工企业共注册橄榄油商标14个,云南省13家油橄榄加工企业共注册橄榄油商标16个,重庆市4家油橄榄加工企业共注册橄榄油商标7个,湖北省9家油橄榄加工企业共注册橄榄油商标7个,各生产企业橄榄油商标注册情况见表1-11。如果加上橄榄调和油、橄榄菜、橄榄酒、橄榄醋、橄榄化妆品等系列产品的商标,估计全国油橄榄产品商标数量将超过100个。

（2）企业品牌建设典型案例

陇南市祥宇油橄榄公司品牌建设典型案例

陇南市祥宇油橄榄开发有限责任公司成立于1997年,商标"祥宇"二字取自周总理的字"翔宇"的谐音,这是祥宇人对中国油橄榄事业奠基人周恩来总理永恒的怀念。目前已发展成为集油橄榄良种育苗、集约栽培、规模种植、科技研发、精深加工、市场营销、产业旅游为一体的综合性企业,是陇南市油橄榄产业链链主企业。主要产品有特级初榨橄榄油、原生护肤品、橄榄饮品、橄榄休闲食品、橄榄保健品、橄榄木艺品等六大系列。2013年"祥宇"商标被国家工商总局认定为"中国驰名商标",2021年被甘肃省质量协会、甘肃日报社评为"甘肃好品牌——最具影响力品牌"。该公司的典型做法主要有以下几点。

一是狠抓质量管控,奠定品牌基础。公司上下牢固树立"质量就是生命"的经营理念,在生产经营的每一道关口全面推行"全员质量管理"制度,实现了"层层把关,相互监督",形成了从鲜果收购、包材入厂到生产加工、入罐储存,再到包装出厂、市场回抽的完整的质量监管体系,做到了"道道有监测检验、环环有记录分析",一旦出现质量问题,可追溯到具体环节、具体人员。为了提高企业管理水平,公司还通过了环境管理体系、食品安全管理体系、能源管理体系、HACCP等七项体系认证,同时导入了卓越绩效管理模式,通过模式的诊断,建起了"查漏补缺、整改完善"的预警机制和"产品质量奖""合理化建议奖"等激励机制,提升了全员的质量管理能力。

二是注重科技赋能，提升品牌内涵。不断采用世界先进技术：引进了世界一流的两条德国福乐伟生产线和一条意大利贝亚雷斯生产线，建成了国际标准化的充氮隔氧、恒温避光万吨储油库，积极引进、消化吸收国际顶尖技术，进行多项技术的自主创新和改进，获得国际发明专利1项、国家发明专利10项、实用新型专利25项、外观专利12项，制定和备案企业标准10多项，建起了适合中国主栽品种的特级初榨橄榄油生产加工技术规范和体系，多项技术国内领先、国际一流。大力开展科技合作：邀请国内知名食品专家朱蓓薇设立了院士专家工作站；与中国粮油学会、兰州海关技术中心建立了质量控制联合实验室；经甘肃省科技厅批准设立了国际科技合作基地；经甘肃省科学技术协会批准设立了省级协同创新基地；与江南大学、中国林业科学研究院、南京林产化学研究所等多家科研院所建立了长期合作关系。公司自主建成了标准化检测实验室，配有专业技术人员10人、国际品油师8人，在生产全过程严格控制每道工序。公司还聘请国际橄榄油质量控制专家、IOC资深品油师帕布罗先生为技术顾问，长期开展质量管控技术培训和业务指导。不断研发新产品：先后研发出了特级初榨橄榄油、橄榄保健品、原生护肤品、橄榄木艺品、橄榄饮品、橄榄休闲食品等六大系列50多个产品，其中祥宇橄榄岷归软胶囊填补了国内油类保健品的空白，取得了发明专利。

三是参加国际大赛，做好品牌"背书"。2017年在纽约国际橄榄油大赛上，祥宇公司生产的特级初榨橄榄油从27个国家910份样品中脱颖而出获得金奖，当时的《纽约时报》报道："今年的橄榄油大赛惊喜不断，但是最令人惊喜的是来自中国的'祥宇'牌橄榄油竟然获得了一枚金奖。"2020年在油橄榄故乡希腊雅典娜举行的国际橄榄油大赛中，祥宇橄榄油以最高分获得了双金奖，并被评为全球最佳有机特级初榨橄榄油，同时获得最佳单品种奖、最佳展示奖。在希腊获得双金奖后，"新华信用""新华社客户端""新华网""中国驻希腊大使馆""新甘肃客户端""CCTV-7"《人民日报》等官媒和经济类多媒体均作了报道，影响巨大，其中仅"新华社客户端"的阅读量就达126万之多。多年来，祥宇牌特级初榨橄榄油在美国、日本、以色列、意大利、西班牙、希腊等十多个国家的国际橄榄油赛事中累计荣获金、银、铜奖82枚，在世界范围内产生了巨大影响。

四是大力宣传推介，提升品牌知名度。2019年10月，经过积极争取，祥宇橄榄油成为中国人民解放军海军70华诞国宴用油；2019年11月祥宇品牌故事《五十五载耕耘 祥宇如您所愿》荣获第七届全国品牌故事大赛全国总决赛三等奖；2019年12月1日祥宇橄榄油广告在CCTV-1、2、13频道黄金时段播出；2019年12月13日，祥宇橄榄油入选"新华社民族品牌工程"；2020年1月《让世界爱上中国橄榄油》报道在《甘肃日报》刊载；2020年3月《以创新为动力，以品牌担使命》文章在全国50多家报纸同时刊载。近年来，新华社、中央广播电视总台、甘肃广播电视台等多家媒体，不断报道公司榨季生产、疫情防控、联农助农、奉献爱心、荣获金奖的新闻，极大地提升了祥宇橄榄油的社会知名度，公司产品出现了产销两旺的局面。与此同时，公司还通过抖音、快手、微信、带货直播、公众号等渠道，广泛宣传企业文化，塑造了良好的社会形象。

四川省中泽新技术开发有限公司品牌建设典型案例

中泽公司是一家集油橄榄种植、产品研发、加工、销售于一体的全产业链省级农业产业化龙头企业，凭借卓越的品牌建设，已在行业内树立了良好的声誉。

中泽公司目前已成功创建油橄榄系列产品三个品牌："源泽"品牌——主要对应普通特级初榨橄榄油系列产品，"源泽"商标被四川省工商局认定为"四川省著名商标"；"是歌"品牌——主要对应橄榄油洗护系列产品，该系列产品深受消费者的喜爱；"中泽油橄榄庄园"品牌——主要对应高端特级初榨橄榄油产品，主要销往一线城市及主要省会城市。

为了在油橄榄产品市场中脱颖而出，公司采取了一系列品牌建设措施。

一是坚守品质，赢得信任。中泽油橄榄自创立之初，就始终坚持对品质的极致追求。严格筛选原材料，只选用最优质的橄榄果，通过传统冷榨工艺提炼出纯净的橄榄油。此外，中泽油橄榄还建立了完善的质量检测体系，确保每一瓶橄榄油都符合国家标准，让消费者买得放心、吃得安心。正是这种对品质的坚守，为中泽油橄榄赢得了广大消费者的信任和口碑。

二是创新营销，扩大影响力。通过在公司油橄榄园区及周边交通干线设立品牌宣传标识牌，有效地提升了品牌知名度和曝光率。这些标识牌通常设计精美、醒目，能够吸引路人的注意力，使他们对中泽系列品牌产生初步的认知和印象。同时，这些标识牌还能够为公司带来更多的流量和潜在客户，促进业务的增长。参加各种专业展示展销等品牌推介活动，也是品牌营销中不可或缺的一环。在品牌建设过程中，中泽油橄榄注重创新营销策略，通过多元化的宣传手段，扩大品牌影响力。积极参加各类食品展览、健康论坛、国际大赛等活动，与消费者面对面交流，深入了解市场需求。同时，公司还利用社交媒体平台，发布健康饮食知识、橄榄油烹饪技巧等内容（与中央电视台"回家吃饭"栏目合作），吸引更多关注。此外，公司还与知名厨师、美食博主合作，通过口碑传播，让更多人了解并喜爱中泽油橄榄。这些活动通常汇聚了众多同行业的企业和品牌，为品牌提供了一个展示自身实力、与潜在客户建立联系的绝佳机会。通过参加这些活动，公司可以展示自己的产品、服务、企业文化等方面的优势，吸引更多的关注和认可。同时，还可以与同行业的企业进行交流和合作，共同推动行业的发展。

三是积极参与国际油橄榄赛事。公司近年来先后参加了具有广泛影响力的纽约、意大利、日本、土耳其等国际油橄榄赛事。2023年"中泽庄园橄榄油"参加国际橄榄油大赛，取得了不错的成绩；2023年4月，在日本"JOOP 国际橄榄油大赛"中荣获金奖；2023年5月，在土耳其"Anatolian IOOC（安纳托利亚）国际橄榄油大赛"中荣获2项金奖。至此，公司生产的"中泽庄园"品牌橄榄油共获得了5项国际橄榄油赛事金奖。这些赛事汇集了来自世界各地的优秀油橄榄产品，为企业提供了一个展示自身实力、学习先进技术和交流行业信息的平台。通过参加赛事，公司更加深入地了解了市场需求和消费者偏好，为产品研发和市场推广提供有力支持。

四是聚焦社会责任，树立良好形象。公司积极参加社会公益活动，扩大影

响力。公司深知，一个成功的企业不仅要追求经济效益，还要积极承担社会
责任。公司油橄榄产品品牌不仅在商业领域取得了一定的知名度，还积极投
身到社会公益事业中——为贫困地区提供产业发展等方面的支持。这些举措
不仅树立了中泽油橄榄的良好形象，还为其赢得了社会各界的尊重和认可。
在脱贫攻坚方面，公司积极参与扶贫项目（昭觉县悬崖村），通过提供就业机
会、技能培训等方式，帮助贫困地区的群众实现脱贫致富。同时，公司还获得
了四川扶贫公益品牌的使用权，这既是对其扶贫工作的肯定，也是对其社会责
任的认可。

随着消费者对健康、环保产品的需求日益增加，油橄榄产品品牌建设及绿
色战略将为公司带来更大的发展机遇。为了使品牌更加绿色、环保，公司正在
积极申请有机认证。

二、市场营销

（一）橄榄油市场销售分析

1. 销售方式

国产橄榄油就销售方式而言可以分为以下六种：

（1）专卖店直营销售：这是目前我国油橄榄企业普遍采用的主销售渠道，
由于特级初榨橄榄油属于高端食用油，而市场上充斥着大量从国外进口的低
档低价位橄榄油，为了防止消费者上当受骗，同时为了维护企业橄榄油品牌声
誉，宣传推销地道橄榄油产品，国内各生产企业大多建有直营专卖店。这种销
售方式的好处是可以让消费者现场品鉴体验，从而买到货真价实的产品，但它
的劣势是销售成本较高（需要训练、配备具有橄榄油专业知识的专职销售人
员，需要缴纳房租水电费用等）。例如，甘肃的油橄榄企业在北京、上海、广州、
青岛、深圳、济南、兰州等市建立油橄榄直营专卖店多达80多家。

（2）分销商代理销售：部分油橄榄企业为了降低营销成本，与各地信誉良
好的商家签订代理销售协议，以委托销售的方式经营本企业的橄榄油系列产
品，由企业直供产品，代理商与企业按照协议价结算。

（3）大型商超销售：超市销售的产品多数为大众产品，高端产品不适宜在超市销售，但超市销售的最大好处是点多面广、消费者群体广泛、宣传效果明显。陇南市祥宇油橄榄公司近年来先后入驻盒马生鲜、本来生活、好生活、汉光百货、王府井百货、德百集团、国芳总超、利群集团、广药集团、青岛啤酒等十多家大型商超，取得了不错的销售业绩。

（4）网络（电商）销售：目前，我国油橄榄企业除了建立直营专卖店之外，多数企业选择入驻不同的电商平台开展线上销售，一些小企业甚至将线上销售作为主销售渠道。以甘肃省陇南市祥宇油橄榄公司为例，先后在天猫、京东、淘宝、阿里巴巴、拼多多等30多家电商平台建起了祥宇旗舰店，线上销售额已达到公司营销总额的1/3，大有与线下销售平分秋色的趋势。

（5）集团采购销售：利用国家财政统购政策、国家消费扶贫政策，通过各级工会组织或各单位办公室、后勤管理部门集团采购，让橄榄油及系列产品进入各单位职工食堂或用于职工福利发放、奖品发放。

（6）渠道共享销售：与大型商贸流通企业建立合作关系，采取"销售渠道共享，销售利润均沾"的模式开展销售。这一模式的好处是各自利用现有的营销体系，销售成本低，且可以做到产品互补。例如，陇南市祥宇油橄榄公司与中粮集团签订了《战略合作框架协议》，其中有一项合作内容就是"渠道共享"合作，在中粮集团销售门店销售祥宇公司橄榄油系列产品，在祥宇公司各专卖店销售中粮集团粮油产品。

2. 市场分布

国产橄榄油就销售市场的分布而言，大体上可以分为以下三类市场：

（1）一线、新一线城市市场：这类市场主要分布在经济发达的北上广深等一线城市及新一线的副省级城市，以专卖店销售为主渠道，配以线上销售、集采销售等销售方式。由于这类市场消费者人均收入高，占据橄榄油销售总量的60%以上份额。

（2）二三线城市市场：以一线、新一线城市之外的省会城市为主，以线上销售为主渠道，直营销售、商超销售为辅助渠道，这类市场占据销售总量的

20%左右,例如甘肃兰州等城市。

（3）原产地市场：指甘肃、四川、云南、重庆、湖北等油橄榄主产区所在市、县（区）消费市场。这类市场消费者虽然收入不高,但对食用橄榄油的认知度较高,因此,原产地市场占据了国产橄榄油消费总量的20%左右。

3. 消费群体

就消费群体而言,陇南市祥宇油橄榄公司对其产品的消费群体曾做过市场调查,结论是：就经济收入而言,橄榄油的消费者85%以上是月收入在5000元以上的人群（包括公务员、企业管理者、事业单位的高级知识分子、其他高收入人群）,月收入低于3000元的人群基本不消费橄榄油;就消费者年龄结构而言,首先以35~45岁之间的中青年消费者占据主导地位,约占50%以上;其次为10岁以下的婴幼儿群体,占25%左右;再次为60岁以上较为注重养老保健的人群,约占15%;最后为其他人群仅占10%左右。

4. 市场价格

就国产橄榄油的市场价格而言,多数企业采用全国统一价销售,销售价格的高低与企业品牌的知名度高度关联,一般而言被评为"全国驰名商标""省（市）著名商标"的橄榄油产品售价较高,国产特级初榨橄榄油产品零售价变化范围为80~160元/500毫升,高价与低价相差1倍左右,个别原产地未包装的裸售橄榄油（多数为农户家中自榨）售价在50~60元/500毫升。国产特级初榨橄榄油如果与超市常见的国外橄榄油相比,价格高出近1倍,但国外橄榄油就品质而言,多数远低于国产特级初榨橄榄油,大多为精炼橄榄油、橄榄灯油,甚至是橄榄果渣油（橄榄果渣油仅作为工业用油,不宜食用）。

5. 销售收入

全国57家油橄榄生产企业,就产品销售收入而言,少者年销售额在10万~50万元,多者年销售额达到了上亿元,但多数企业年销售额在100万~2000万元。

（二）副产品市场现状分析

1. 副产品种类

橄榄油是我国油橄榄产业的主导产品，除橄榄油以外的其他产品均为副产品，副产品可细分为以下几大类。

（1）橄榄油护肤品：例如，陇南市祥宇油橄榄公司生产的"祥宇"牌系列化妆品（护手霜、洁面乳、眼部凝胶、护肤水、面膜、洗发水、手工皂），陇南市田园油橄榄科技开发公司生产的"田园物语"系列化妆品、湖北省鑫榄源油橄榄科技开发有限公司生产的"鑫榄源"系列化妆品等颇受消费者青睐。

（2）橄榄饮品：包括橄榄芽茶、橄榄酒、橄榄果醋等产品。

（3）橄榄休闲食品：用橄榄油制作的各类食品，包括橄榄菜、橄榄拌饭酱、橄榄锅巴、橄榄饼干、橄榄面条、橄榄火锅料等产品。

（4）橄榄保健品：具有保健功能的油橄榄产品，例如，陇南市祥宇油橄榄公司生产的"祥宇"牌橄榄岷归软胶囊，获得原国家食品药品监督局"蓝帽子"认证，具有显著的降"三高"功效。陇南市田园油橄榄科技开发公司生产的橄榄茶珍（橄榄叶提取物）也具有类似的保健功效。近年来，甘肃、四川、湖北等省市的油橄榄企业做了不少这方面的产品研发，从橄榄枝叶中提取到了有效成分，用于生产各类保健产品。

（5）橄榄木艺品：以50年以上树龄的油橄榄树干为原料，经过刨、挖、旋、磨等程序制作的工艺品，例如橄榄木盆、碗、勺、面板、梳子、擀面杖、蒜臼子等。

（6）橄榄文创产品：为满足游客旅游纪念需求而制作的工艺品，例如橄榄丝巾、橄榄胸针、橄榄耳坠等。

2. 副产品消费群体

在六大类副产品中，橄榄油护肤品的消费群体主要为一二线城市的妇女人群；橄榄饮品的消费者多数为工薪阶层，且以青年人居多；橄榄休闲食品由于物美价廉，不同收入的消费者均有，以妇女儿童居多；橄榄保健品消费者以高收入的老年人及疾病患者为多；橄榄木艺品及橄榄文创产品以旅游团队消费者为主。

3. 副产品消费渠道

副产品的销售渠道以直营店销售为主，其次为线上销售、商超销售。

4. 副产品市场价格

根据产品种类的不同，价格差异很大，例如，成套的护肤品系列价格多数在1000~2000元/套；橄榄芽茶的价格大约为1000元/500克、橄榄酒的价格为200~300元/500毫升、各类休闲食品的价格为15~30元/瓶（袋）、保健品的价格为300~500元/盒（瓶）等。

5. 副产品销售收入

以陇南市祥宇油橄榄公司副产品的销售为例，其销售额占公司总销售额的15%~18%，主要畅销产品为橄榄菜、橄榄拌饭酱等休闲食品，其次为橄榄护肤品。

三、橄榄油进出口贸易

（一）进口贸易

据海关统计，2023年，我国共进口各类食用植物油1111.7万吨，较2022年的801.7万吨增加了310万吨，增长38.7%。其中，进口橄榄油0.8万吨，较2022年进口的1.3万吨减少0.5万吨，增长率为-38.5%，较历年进口量峰值的5.5万吨减少4.7万吨，增长率为-587.5%。之所以出现大幅下滑的局面，主要是因为油橄榄主产国西班牙、意大利等国2023年因干旱导致橄榄油生产量大幅下降，市场价格大幅上涨，进口成本增加。我国橄榄油历年进口量见表1-11《2008—2023年橄榄油进口量统计》。

表1-11　2008—2023年橄榄油进口量统计

年份	2008	2009	2010	2011	2012	2013	2014	2015
进口量（千吨）	11	14	25	36	46	40	36	39

年份	2016	2017	2018	2019	2020	2021	2022	2023
进口量（千吨）	45	43	40	54	55	52	46	20

（二）出口贸易

据各省提供的资料显示，截至2022年底，我国橄榄油总产量为1.56万吨，但国内橄榄油市场总需求高达6万~7万吨，市场需求的橄榄油多数需要从国外进口。目前，仅甘肃陇南市武都区祥宇油橄榄公司、陇南市武都区田园油橄榄公司办理了橄榄油进出口贸易相关手续，2020年田园油橄榄公司向韩国出口（桶装）特级初榨橄榄油1.2吨，2023年出口（瓶装）特级初榨橄榄油1.125吨。

四、市场建设与监管

（一）市场建设情况

从全国范围来看，各油橄榄主产省（市）均未建设油橄榄专业交易市场，主要原因是油橄榄鲜果容易腐烂变质，无法在市场上开展自由交易，同时油橄榄鲜果也不适宜在冷库中储存（油橄榄鲜果经冷库储存后，生产出的橄榄油品质及营养成分将大打折扣），一般由生产企业以"订单收购方式"随时收购、随时压榨。生产出的橄榄油多数在企业自备的专业储油罐中充氮、避光保存，仅有少量农户压榨的橄榄油流入当地的农贸综合市场开展交易。

（二）市场监管情况

从全国范围来看，橄榄油市场的监管工作还十分薄弱。各地市场监管部门虽然对市场上流通的国内外橄榄油产品不时开展抽检工作，但由于橄榄油的检验机构少、检验过程长，市场监管工作者缺乏橄榄油辨识的基本常识，导致国内橄榄油市场鱼龙混杂，经常出现劣币驱逐良币的现象。而要彻底改变这种情况，我们首先要制定更为严格的橄榄油国家标准，其次是海关等橄榄油进口主管部门需认真把关，最后是要不断提高市场监管部门的检验业务能力和广大消费者的橄榄油辨识能力，只有管理者和消费者同时提高，才能彻底改变鱼龙混杂的局面。

第二章

油橄榄产业发展外部环境

油橄榄与油茶、核桃同属木本油料作物，它们之间既有共性，也各有其特殊性。作为木本植物，它们不像草本植物一年一季，它们的（经济）生命周期很长；对地形地貌的要求不高；定植前几年可能没有收益；管理成本可能比草本植物低；外部环境的变化可能影响不止一季，等等。而油橄榄的特殊性表现在：它不是乡土树种，是外来树种，对新引种地区的环境有要求；它的产品品质高，得到全球消费者的青睐，66个国家在努力种植油橄榄，希望把如此优质的资源掌握在自己手中（88%的橄榄油和84%的餐用油橄榄被生产国人民内部消费）；我国年进口橄榄油5万吨左右，按当前的种植规模和发展速度，油橄榄有希望成为我国首个基本自给自足的木本油料树种。当然，任何产业都不可能在"真空"中自行发展壮大，除自身发奋图强外，还需要社会为它的成长营造适宜的环境。

第一节　政策环境

我国规模引种油橄榄的60年间，先后得到了周恩来总理、温家宝总理的倡导和鼓励，得到了国务院相关部委的支持，特别是在油橄榄发展最困难的时候，得到了宋平同志和国家发改委（原国家计划委员会）雪中送炭般的资助，才有了今天的局面。

一、国家层面对油橄榄产业的促进政策

各级政府高度重视木本油料产业的发展，自 2006 年起，国家、行业部门及地方政府陆续出台了一系列产业政策，支持和扶持包括油橄榄在内的木本油料作物产业发展，提出要提高食用植物油的自给率。

①《国务院办公厅关于促进油料生产发展的意见》（国办发〔2007〕59

号），在主要任务中提出积极开发特种油料。因地制宜，大力发展芝麻、胡麻、油葵、油茶、油橄榄等作物生产，加强生产管理，提高单产水平。

②《国家林业局关于加强林业"菜篮子"工作的通知》要求引导和鼓励木本粮油生产、加工、流通、科研等环节的合作，优化资源配置，扶持和培育一批市场竞争力强的木本粮油产业龙头企业。

③《国务院关于促进食用植物油产业健康发展保障供给安全的意见》（国发〔2008〕36号），明确提出要扶持木本油料生产。

④《国家粮食安全中长期规划纲要（2008—2020年）》要求大力发展木本粮油产业，加快提高油茶、油橄榄等木本粮油品种的品质和单产水平。积极引导和推进木本粮油产业化，促进木本粮油产品的精深加工，增加木本粮油供给。

⑤《林业产业振兴规划（2010—2012年）》要求加快各类工业原料林基地建设，在湖南、江西、四川、云南等省区建立油茶、油橄榄、核桃等高产油料林基地，继续加大对油茶林基地建设的扶持。

⑥中央财政资金扶持力度不断加大，2009年国家林业局将木本油料经济林贷款纳入贴息范围。

⑦《财政部关于整合和统筹资金支持木本油料产业发展的意见》（财农〔2011〕19号）强调发展包括油橄榄在内的木本油料的重要意义，明确指导思想和基本原则，指出中央财政自2011年起从10个渠道整合和统筹资金促进油橄榄等木本油料产业发展。

⑧《中共中央、国务院关于加快推进农业科技创新，持续增强农产品供给保障能力的若干意见》支持优势产区加强棉花、油料、糖料生产基地建设，进一步优化布局、主攻单产、提高效益。支持发展木本粮油、林下经济、森林旅游、竹藤等林产业。

⑨《国务院办公厅关于加快木本油料产业发展的意见》（国办发〔2014〕68号）要求大力增加健康优质食用植物油供给，各级林业部门要组织开展油橄榄等木本油料树种资源普查工作，查清树种分布情况和适生区域，分树种制定产业发展规划；加强木本油料生产基地建设；推进木本油料产业化经营；健全市

场体系，加强市场监管和消费引导。

⑩2014年国家林业局、国家发改委和财政部联合发布了《全国优势特色经济林发展布局规划（2013—2020年）》（林函规字〔2014〕60号），把油橄榄列入特色经济林特色树种，规划在以甘肃武都为中心的白龙江低山河谷区、以四川西昌为中心的金沙江河谷区、长江三峡低山河谷区建设7个重点基地县，优先得到国家的政策支持。

⑪《关于运用政府和社会资本合作模式推进林业建设的指导意见》（发改农经〔2016〕2455号）也支持油橄榄产业的发展。

⑫《国家发展改革委、国家林草局、科技部等关于科学利用林地资源 促进木本粮油和林下经济高质量发展的意见》（发改农经〔2020〕1753号）等支持油茶和油橄榄发展。

⑬2019年《中共中央 国务院关于坚持农业农村优先发展 做好"三农"工作的若干意见》强调积极发展木本油料。

⑭2020年《中共中央 国务院关于抓好"三农"领域重点工作 确保如期实现全面小康的意见》强调保障重要农产品有效供给和促进农民持续增收。

⑮2021年《中共中央 国务院关于全面推进乡村振兴，加快农业农村现代化的意见》指出实施脱贫地区特色种养业提升行动，促进木本粮油和林下经济发展。

⑯《中共中央 国务院关于做好2022年全面推进乡村振兴重点工作的意见》指出大力实施大豆和油料产能提升工程、大力发展县域富民产业。

⑰《中共中央 国务院关于做好2023年全面推进乡村振兴重点工作的意见》指出支持木本油料发展。

⑱《中共中央 国务院关于学习运用"千村示范、万村整治"工程经验，有力有效推进乡村全面振兴的意见》指出支持发展特色油料，把增产重心放到大面积提高单产上。

二、各省（市）对油橄榄产业的促进政策

（一）甘肃省

党的十八大以来，习近平总书记先后两次到甘肃考察调研，要求甘肃加快高质量发展，加强生态环境保护，保障和改善民生，加快建设幸福美好新甘肃。为全面贯彻落实习近平总书记重要讲话和指示精神，甘肃将发展木本油料产业作为实现生态产品价值、助推乡村振兴和维护国家粮油安全的重要之策。

①2020年省政府办公厅《关于促进乡村产业振兴的实施意见》指出发展"牛羊菜果薯药"六大特色产业，建设以林果（苹果、花椒、油橄榄、核桃等）、蔬菜、现代畜牧业为主的天水及陇南山地特色农业区。

②2021年，《甘肃省"十四五"林业草原保护发展规划》强调推进脱贫地区产业兴旺。推动木本油料、经济林果、林下经济、花卉、沙区产业和森林康养等生态产业转型升级，加快形成结构优化、功能完善、附加值高、竞争力强的现代生态产业体系。扎实推进核桃、花椒、油橄榄产业三年倍增行动计划。打造绿色食品、森林生态标志产品等品牌，创新产供销模式，鼓励经营主体发展电子商务，开展多方式线上线下对接，大力实施消费帮扶，加大国家级林业重点龙头企业、省级林业和草业产业化重点龙头企业的培育扶持力度。

③2021年甘肃省启动甘肃省现代丝路寒旱农业优势特色产业三年倍增计划（2021—2023），将油橄榄树种作为重点产业列入其中。

④《中共甘肃省委 甘肃省人民政府关于做好二〇二二年全面推进乡村振兴重点工作的实施意见》强调在稳定油菜籽、胡麻、油橄榄等种植面积的基础上，依靠科技提高单产、增加总产，提高食用油自给率。

⑤2023年，为加快全省核桃、花椒、油橄榄、文冠果等木本油料产业发展，甘肃出台了《甘肃省木本油料产业高质量发展规划（2023—2025年）》。规划到2025年，改扩建良种繁育基地及种质资源库320公顷，新建种植基地4.71万公顷，幼园抚育10.77万公顷，改造低产园17.95万公顷；建成24个木本油料产

业发展重点县（区），建设标准化示范园48个，培育木本油料加工企业50个，新增榨油产能3万吨。

⑥以省发改委的名义印发了《甘肃省油橄榄产业发展规划（2024—2033年）》，明确了甘肃油橄榄发展的目标和实现途径，提出到2033年，全省油橄榄种植面积稳定在130万亩左右，油橄榄鲜果年产量达到20万吨，初榨橄榄油年产量达到2.5万吨，油橄榄综合产值突破100亿元；油橄榄一二三产深度融合、三链同构，实现生产基地规模化、产品加工精深化、自主品牌名优化、产业水平国际化；全面建成现代油橄榄产业体系，主要橄榄油产品进入全球价值链高端的目标。

⑦按省委、省政府工作部署，陇南市立足全局、着眼长远，编制了《陇南市百公里油橄榄产业长廊建设规划》《陇南市油橄榄产业三年倍增行动计划》《陇南市百亿油橄榄产业集群建设规划》《陇南市油橄榄全产业链建设方案》。2023年，陇南市全面完成了"倍增计划"的任务。

（二）四川省

①《四川省人民政府办公厅关于加快木本油料产业发展的实施意见》（川办发〔2015〕36号）强调发展木本油料产业。

②《凉山州油橄榄产业发展总体规划（2016—2025年）》的总目标提出：在凉山州适宜发展油橄榄的区域新建油橄榄基地100万亩、良种繁育基地600亩和采穗圃600亩；新建油橄榄鲜果榨油加工厂10座；新建油橄榄果品加工厂3座。

③2023年12月，四川省政府印发《建设"天府森林粮库"实施方案》指出：实施百万亩油橄榄领先工程。加快形成安宁河流域、秦巴山区和川中丘陵区油橄榄集中发展带。重点开展区域性良种选育，推进扩面增产，提升橄榄油及养生、保健、美容产品等精深加工能级，打造油橄榄文化、自然教育等林旅融合新业态。到2025年，全省油橄榄年综合产值达到26亿元。橄榄油产量、品质和产值领先全国。

（三）云南省

①《云南省"十四五"林草产业发展规划》指出,省林草局将继续加大对油橄榄产业的扶持力度。一是强化基地建设。"十四五"末油橄榄种植规模20万亩。以重点县(市、区)为主,兼顾一般县(市、区),统筹国家造林补贴等扶持项目,建立种植示范基地,加快推进油橄榄提质增效。二是继续推进良种良法。根据适地适树、优质丰产高效的原则,引导开展优质、高产、高抗逆性优良新品种选育技术,选择经审(认)定的优良品种作为栽培品种,提升优良品种率。三是夯实产业基础。鼓励生产企业建设加工厂房,改善加工设备,成立研发中心,积极推进园区建设,加快油橄榄产业发展。四是加强科技指导和培训。强化对乡镇林业技术人员、村技术能手的培训,大力培养乡土专家、技术操作能手和专业技术服务小分队,提升油橄榄经营管理技术水平。

②《云南省林草产业高质量发展行动方案(2022—2025年)》中的重点任务指出:(五)推动特色经济林产业优质高效发展。多渠道拓展用地空间,按照良种栽培、规模种植、科学管理的要求,优化澳洲坚果、油茶、油橄榄、花椒、笋用竹、板栗等特色经济林主产区、重点县和产业带布局。到2025年,云南经济林种植面积达1600万亩,产业总值达1000亿元。

③资助云南油橄榄大健康产业研究院开展相关科研、推广项目,培育新质生产力。

（四）重庆市

①《重庆市"十四五"林业草原发展规划》中明确指出,以现有产业基地为基础,结合森林质量提升等生态修复工程,重点发展木本油料、特色林果等特色经济林。

②2023年9月印发的《重庆市林业草原改革发展资金管理实施细则》中明确:国土绿化支出用于退耕还林还草、草原生态修复治理、油茶发展、造林(含油橄榄、核桃、花椒等木本油料营造)、森林质量提升等,促进我市林业生态产业化发展。

③2023年,重庆市林业局继续组织油橄榄市级林业科技专家组,开展油

橄榄良种培育、病虫害防治等先进实用技术的应用与推广，并在全市范围内进行油橄榄科技指导、技术培训等帮扶工作。

（五）湖北省

①《十堰市突破性发展绿色食品饮料产业三年行动（2023—2025）方案》中指出：加大优质种源供应。加快新品种、特色品种研发步伐，分产业、分区域建设种子（种苗）和水产良种繁育基地，在郧阳区、房县、郧西县等地建立食用菌菌种生产中心，在丹江口市、郧阳区、竹溪县分别建设油橄榄和漆树等木本油料繁育基地，在丹江口市建立柑橘苗木繁育基地，在房县建立猕猴桃、樱桃苗木繁育基地，在竹山县、竹溪县建立茶树苗木繁育基地。

②十堰市委、市政府及相关区县结合"南水北调"国家重大工程对水源地保护的要求，十分重视木本油料作为农业重点产业建设的工作，先后出台多项顶层设计决定和激励政策，设立木本油料产业链办公室，聘请专家团队，组建"湖北省油橄榄产业技术研究院"，扶持龙头企业，希望以此带动十堰市建设的20万亩油橄榄基地共同发展，打造联农带农富农、乡村振兴新机制。

三、社会资源对油橄榄产业的扶持

（一）鲁甘合作

自从青岛—陇南两市开展东西扶贫协作以来，青岛市四大班子领导及相关部门、企事业单位负责人，不远千里来到祥宇公司考察指导油橄榄产业发展，给祥宇提出了许多中肯的意见、建议。青岛市将海尔集团卡奥斯工业互联网赋能陇南油橄榄项目的试验点选在了祥宇公司，让祥宇公司有了"智慧农业"。当祥宇公司销售出现困难时，青岛市各级领导及相关部门积极为公司出谋划策，帮助公司在青岛设立专门店，带头推介、消费祥宇产品，在福利采购、资源对接、渠道开拓、媒体宣传等方面为公司提供了大量无私帮助，让祥宇在青岛获得了新的发展机遇。

在青岛、陇南两市领导的大力支持、帮助下，祥宇橄榄油开辟了青岛市场并取得了骄人业绩。近五年来，祥宇公司先后与青岛城运集团、青岛国际机场、青岛啤酒、中泰证券、青岛市立医院、青岛航空疗养院等单位达成了合作意向，使公司在山东省的产品年销售额突破了3000万元，累计销售额已达到1亿多元。

为了让甘味农产品"佼佼者"——陇南高品质的橄榄油走向山东人民的餐桌，在青岛市各级领导的倾力扶持下，祥宇公司在济南、青岛新开设了2家橄榄油体验馆，其中，济南馆是甘味"独一份"产品橄榄油的综合体验馆，集参观、销售于一体，让消费者在场景体验中深度感受陇南的特色产品，在感知体验中达成合作交易。在青岛市开设的全国首家橄榄油公益博物馆，可以让更多的消费者通过图片、视频、实物展示+消费体验的方式了解陇南油橄榄产业的发展情况，零距离了解橄榄油的营养价值，学习橄榄油的食用方式。

（二）鲁渝合作

山东省滨州市对口帮扶、支持奉节县甲高镇建成了油橄榄初榨厂，全面助力奉节油橄榄产业链条升级，并在奉节县鹤峰乡协助实施橄榄鸡项目等，为奉节规范化、规模化养殖提供了示范。青岛农业大学和重庆市林业科学研究院联合申报了2023年鲁渝合作科技项目。

（三）浙川合作

浙江温岭与阆中结对帮扶以来，聚焦阆中特色产业培育，支持台州企业投资发展油橄榄产业，打造集种植、加工、销售于一体的油橄榄产业园，去年园区产值突破3000万元，企业纳税超过120万元，成功带动柏垭等5乡镇11个村、1200余户农户参与产业发展，获评"四川省就业扶贫基地""万企帮万村示范企业"，走出了一条共同发展、共同富裕的致富之路。

第二节　技术环境

一、具体技术

（一）国内外技术趋势

在原产地，油橄榄属传统农业。"二战"结束后，随着全球经济的持续复苏，油橄榄的生产规模和市场不断扩大，呈现勃勃生机。1990年至今，产量和消费量同步翻番，背后的技术进步发挥了关键作用。新的栽培品种不断涌现；种植模式从传统的不超过100株/公顷，衍生出集约模式（300~600株/公顷），20世纪90年代又诞生了超高密度（SHD）模式（1500~2000株/公顷）。栽培模式的发展，要求品种、管理、采收各个生产环节与之匹配。

我国现有油橄榄种植园95%以上属集约栽培模式，但尚未进入管理技术成熟阶段。这表现在各主要种植区不断涌现小规模高产典型，但有限资源的配置不尽合理，大面积平均单产仍很低。虽已搭建标准化体系，但仍需在生产实践中逐步建立规范机制，使其发挥应有效能。同时这也预示着现有资源的生产潜力之巨大。

从宏观的角度来看，资源的高效配置是产业发展的重要因素之一，同时也是制约因素。如西班牙淡水资源有限，80%的橄榄园仍是旱作，导致橄榄油产量大起大落。特别是2022—2023年榨季，由于严重干旱使橄榄油的产量连创新低。再如意大利，由于人力资源匮乏，导致橄榄油成本节节攀升。我国曾以劳动力充足为投资环境良好的特征之一，现在也开始出现劳动力短缺迹象。而我们对资源配置的研究重视不够，技术储备不足，应对无策。

（二）关键技术取得进展

自2011年7月，我国油橄榄资深专家邓明全先生在题为"转变油橄榄引种方式的思考"的讲话中指出，"中国油橄榄发展中亟待解决的问题是：总结引种经验，找出差距，提高认识，转变方式，由简单引种直接利用，向驯化引种转

变,在引进品种资源的基础上进行创新发展。通过引种、选种、育种途径,驯化
培育出适应性强的新品种,实现油橄榄品种中国化、区域化、良种化"。之后邓
明全先生又多次提及,这才逐步引起全国同业的重视,开始收集种质资源或在
收集的基础上开展有性繁殖工作。'金叶佛榍榄''鄂植8号''钟山24'等就是
我国首批具有自主知识产权的油橄榄新品种。目前我国已建有两处国家级油橄
榄种质资源圃,收集保存了油橄榄种质材料,并已开展相关工作。此外,还有几
处规模较小的资源圃。经定向杂交或实生选优,已有部分植株度过童期,显现
栽培品种性状,开花结果,甚至表现出颇有前景的经济性状。但我国各地协调
机制还未建立,势必对知识产权保护造成困难,今后可能对区试和品种推广产
生不利影响。

1. 种质资源收集评价

国内学者围绕油橄榄种质资源的开发利用开展了表型性状和遗传水平多
样性分析。甘肃省林业科学研究院油橄榄团队通过对甘肃省油橄榄种质资源
表型性状多样性的分析与评价研究,分析了35份油橄榄种质资源的表型性状
多样性,探明甘肃地区油橄榄种质资源表型性状的遗传多样性和变异特点,为
当地油橄榄种质资源选育、评价和开发利用提供理论参考。云南省昆明市海口
林场科研团队通过对海口林场47株油橄榄结果树的9个表型性状进行多样性
分析,表明表型性状在株间均存在较丰富变异,叶形指数、核形指数、果重、核
重、叶长/叶宽及叶厚为引起表型变异的主要因子。湖北省十堰市林业科学研
究所科研团队指出不同油橄榄品种间的叶片及果实表型性状存在显著差异,
部分表型性状间相关性显著,果肉率与单果重、果纵径、叶片长及叶形指数等
为极显著正相关,在品种选育中可关注果实大、叶片狭长的植株进而筛选出果
肉率高的良种。国内科研团队分别采用简单重复序列间(Inter-Simple Sequene
Repeat, ISSR)、序列扩增多态性(Sequence-Related Amplified Polymorphism,
SRAP)、荧光SSR标记等方法对油橄榄品种遗传多样性分析,认为油橄榄品种
不是完全按照地理起源的标准来划分的,是根据品种间的遗传学与形态学数
据结合来决定的,这可能是由于油橄榄在漫长的栽培历史中,大规模的引种使

得不同国家油橄榄种质间发生频繁的基因交流，认为引种栽培和苗木繁育过程中品种混淆和同名异种等可能是品种内遗传变异水平高的原因。

2. 品种选育

（1）选择育种技术体系

甘肃省林业科学研究院姜成英、云南林业和草原科学院李勇杰等人依托国家"十三五"重点研发建立了以种质筛选、实生选优（自然授粉）、杂交育种（人工控制）为主要技术方法，辅助以抗性相关分子标记的选择育种体系1套，在一定程度上加快了油橄榄育种的进程。

（2）太空育种

陇南市武都区筛选的油橄榄种子两次搭乘神舟号飞船飞上太空。2022年，陇南市武都区的油橄榄种子搭乘神舟十四号飞船进入太空，参与航天育种实验。2023年1月11日，航天育种产业创新联盟已将神舟十四号搭载的油橄榄种子向陇南市经济林研究院移交，后续将进行种子的预催芽处理、幼苗培育、养护，长大后移栽至田间持续观察，利用分子生物学手段开展遗传鉴定以进行长期育种。

（3）分子及倍性育种

西南大学园艺园林学院党江波等基于基因组重测序开发了油橄榄InDel分子标记，采用流式细胞术结合染色体观测的方法，自油橄榄开放授粉的后代中筛选出了三倍体（$2n=3x=69$），同时，利用化学试剂诱导油橄榄染色体加倍，获得了油橄榄四倍体（$2n=4x=92$）材料。重庆市林业科学研究院团队利用西南大学开发的油橄榄InDel分子标记，采集重庆市、四川省和云南省不同油橄榄品种的75份材料，初步对其品种间亲缘关系进行了鉴定分析，为油橄榄新品种创制提供了理论基础。

（4）杂交育种

甘肃省林业科学研究科研团队总结油橄榄及其相关领域研究成果，结合育种科研实践，构建油橄榄耐寒杂交育种技术体系，包括种质资源收集、DNA指纹图谱、人工授粉、杂交种胚挽救、组培扩繁、温室早期评价6项技术，有望选育出耐寒性能优良的油橄榄新品种。同时，开展了油橄榄杂交 F1代表型遗传变异及童期选择研究，在油橄榄杂交育种中，杂交组合顺序是童期选择的关键环节，选择合适的杂交顺序有利于提高童期预选的效率，'莱星'和'鄂植8号'这两个品种中，'鄂植8号'做母本，实生苗整体生长势更好。株高、基径，叶间距、叶长、叶宽、叶形指数均可作为童期生长势选择指标。筛选出的生长势较强单株，明显提高了整体样本的平均值，可优先作为筛选短童期育种材料的群体。四川省林业科学研究院依托"十三五""十四五"育种攻关项目开展了油橄榄杂交、辐射、实生育种。

（5）良种选育

各产区均重视对良种的选育工作，2022—2023年度通过审（认）定的品种有7个，其中国家级良种2个，分别为甘肃省林业科学研究院、陇南市武都区油橄榄产业开发办公室、湖北省林业科学研究院、重庆市林业科学研究院共同选育的'莱星'（Leccino），甘肃省林业科学研究院、陇南市武都区油橄榄产业开发办公室、江苏省植物研究所、湖北省林业科学研究院、云南省林业和草原科学院共同选育的'钟山24'；省级良种5个，分别为凉山州中泽新技术开发有限责任公司选育的'皮瓜尔'（Picual），重庆市林业科学研究院、重庆市林业投资开发有限责任公司、重庆禄丰天润油橄榄开发有限公司共同选育的'豆果'（Arbequina），凉山州中泽新技术开发有限责任公司、西昌学院、凉山州林业种子种苗管理站共同选育的'莱星'（Leccino）、'配多灵'（Pendolino），凉山州中泽新技术开发有限责任公司、西昌学院、四川农业大学共同选育的'小苹果'（Mlanzanilla），云南省林业和草原科学院选育的'金叶佛榉榄'。

3. 丰产栽培技术

丰产栽培技术是为建设优质高产油橄榄园保驾护航的关键技术，包括苗木培育、选地整地、定植、土壤管理、水肥供应、整形修剪、采运、更新、病虫害防治等诸多内容。我国引种油橄榄60年来，特别是近30年，我们对上述各项技术都有探索，并取得了一定的成效。各地的高产典型证明了这一点。但是，大面积的产量不理想又说明我们的技术需要提升、完善、集成，并有效地推广，使之成为种植者的自觉行动。

甘肃省林业科学研究院科研团队利用DRIS方法建立了我国首个油橄榄叶片营养诊断标准，确定了叶片营养诊断采样时间、部位，确定了叶片中大中量元素氮、磷、钾、钙和镁的最适宜值。

陇南市经济林研究院油橄榄研究所科研团队从生物学、生态学特性，建园、栽培与管理病虫害防治等方面总结了甘肃陇南武都区'佛奥'油橄榄丰产栽培技术。同时通过对'柯基'（Koroneiki）、'豆果'（Arbequina）、'小苹果'（Manzanilla）和'阿尔波萨纳'（Arbosana）等4个品种进行间隔定植，开展矮化密植栽培模式下油橄榄生长及果实比较试验，为油橄榄集约化栽培技术和超高密度油橄榄园建设提供产业发展借鉴。

陇南市林木种苗管理总站和陇南市经济林研究院核桃研究所科研团队从建园、定植、水肥管理、整形修剪、采摘和病虫害防治等方面总结了白龙江武都区段'莱星'油橄榄高效丰产栽培技术。

4. 绿色加工技术

我国每年生产的油橄榄果99%用于提取橄榄油，所以，这里涉及的加工技术只是指榨油技术。目前，国内各厂采用的大多是原产地（意大利、西班牙、德国、土耳其）的主流设备——连续式离心提取设备，共计70余条（两相或三相）生产线，小部分设备为国产设备。然而，仅靠硬件好还不能保证能出好产品，还需要有好品种，确定最佳采收期，需要有精益求精的工艺条件和流程，需要熟练灵活的技工。也就是说，我们在"软件上"还有提升空间。

李莎等利用超声波和超高压两种辅助提取植物油脂的技术，开展了对初榨橄榄油的出油率和品质影响的研究，结果表明，超声波和超高压处理可显著提高初榨橄榄油的出油率，对初榨橄榄油的酸价、过氧化值、皂化值及K232均无显著影响，但提高了K270和ΔK值，为高效提取橄榄油提供了新的技术参考路径。

除橄榄油外，榨油厂的副产物——橄榄叶、植物水和果渣通常需要经过处理，才能形成生物量的闭循环，即可持续（既不污染环境，又有再利用价值）。

这在原产地也没有得到很好的解决。我国的科研团队对从副产物中提取有效成分进行了大量研究,在提取技术上已经达到国际先进水平,工业化生产也在逐步推进中。

陇南师范高等专科学校农林技术学院科研团队等通过单因素试验和响应面法优化超声辅助酶解法提取油橄榄果渣多酚的工艺,同时用铁离子还原/抗氧化能力法(Ferric Ion Reducing Antioxidant Power, FRAP)评价多酚的抗氧化能力,建立了一套最优的提取工艺,为油橄榄副产物绿色加工提供了新的参考方法。同时,开展了油橄榄果渣总多酚提取工艺优化及不同极性多酚的体外抗氧化活性研究,优化了使用超声波辅助酶解提取技术提取油橄榄果渣总多酚的技术方法,将有望为量化提取油橄榄果渣提供可参考的提取工艺,同时,不同极性多酚的抗氧化能力测定为其用于化妆品、药品等提供可靠的理论依据。

5. 机械装备方面(耕作、采收、加工)

油橄榄产品要融入市场流通,才能到达消费者手中。要保持市场竞争力,一是靠高产优质,二是靠成本低廉。生产环节的高度机械化,是大幅降低生产成本的最有效手段之一。很多油橄榄生产国已经给我们做出了榜样。由于我国的油橄榄树大多种植在山区,给实施机械化带来困难。但机械化是产业发展绕不过去的坎。我们相信办法总比困难多,只要我们充分发挥聪明才智,因地制宜,机械化之路会越走越宽阔。

西北农林科技大学的张絮以"三主枝开心形"整形油橄榄树为对象,通过动力学模型和有限元仿真分析了振动采收机理,并在此基础上进行了油橄榄采收样机的设计与试制,制作出采净率约为91.76%的采收机器,基本实现了油橄榄的有效采收。

二、政府支持的科技创新平台

(一)国家级平台

1. 国家林草油橄榄工程技术研究中心

该中心于2015年7月获得国家林业和草原局认定,依托单位为甘肃省林业科学研究院，共建单位为中国林业科学研究院林业科学研究所、中国林业科学研究院林产化学工业研究所、云南省林业和草原科学院、四川省林业科学研究院、重庆市林业科学研究院、陇南市经济林研究院油橄榄研究所、陇南市武都区油橄榄产业开发办公室、四川省广元市林业科学研究院、陇南市祥宇油橄榄开发有限责任公司、陇南田园油橄榄科技开发有限公司，主要目的为提高油橄榄领域科技成果的工程化、商品化水平，解决科技成果转化中在工艺、装备、测试、标准及产品质量等方面的薄弱环节。

2. 甘肃武都区油橄榄产业开发办公室国家引才引智示范基地

该基地依托陇南市武都区油橄榄产业开发办公室建立，于2003年被国家外国专家局认定为"国家油橄榄引智成果示范基地"，相继于2008年、2014年连续三届十五年被国家外国专家局命名为"国家引进国外智力成果示范推广基地"，2008年、2013年被甘肃省外专局评为"甘肃省引进国外智力成果先进单位"，被陇南市科学技术协会授予"陇南市科普惠农示范工程"，2008年被财政部和中国科协评为"全国科普惠农兴村先进单位"，2013年被认定为"甘肃省油橄榄良种基地"，2018年被国家林业局认定为"国家重点油橄榄林木良种基地"，2020年被科技部认定为"国家引才引智示范基地"。

现已形成集引种试验、良种繁育、丰产示范、科技培训为一体的多功能示范基地，成为当地乃至全国的油橄榄优良品种推广基地和技术推广中心，每年都有来自国内外的专家学者、团体企业和党政领导来视察、考察、参观学习，先后邀请以色列希伯来大学农学部植物科学研究所、名誉高级科学家西蒙·列维教授（Shimon Lavee），国际油橄榄权威专家沃德·所罗门（Mr.Oded Salomon）、勒维·安道夫·格布瑞博士（Dr.Levin Adolfo Gabriel），意大利RAPANELLI橄榄油设备公司机械专家安吉洛先生（工学学士）等11个国家的30多位专家来武都实地指导。

3. 甘肃油橄榄育种及培育国家长期科研基地

该基地于2020年被国家林业和草原局认定为"第二批国家林业和草原长期科研基地"，依托甘肃省林业科学研究院建立，基地位于陇南市武都区两水油橄榄场托塔山种植园，总面积为92.58公顷。该基地围绕我国油橄榄产业中的突出问题，以种质资源收集、保存为基础，以种质创制、利用为核心，以培育优良品种、集成关键技术为目标，开展科技攻关，推动成果转化，促进油橄榄产业发展。基地结合区位特征、地形地貌和土地利用现状，遵循"因地制宜、用地集约、服务配套集中"的原则，划分为三个大区：科研办公区，包括检测中心、实验室、会议中心；基地核心区，包括油橄榄引种试验区、标准化采穗圃、优良品种展示园、国家油橄榄林木种质资源库、油橄榄良种繁育圃；山地生态栽培示范区，包括山地生态栽培试验区、品种比较园、无性（子代）系测定林、名优乡土树种收集园。

（二）省级平台

1. 甘肃省油橄榄产业技术创新中心

甘肃省油橄榄产业技术创新中心依托陇南市祥宇油橄榄开发有限责任公司和甘肃省林业科学研究院，是在原省科技厅批准设立的"甘肃省油橄榄加工技术与质量控制工程技术研究中心""甘肃省油橄榄工程技术研究中心"基础上转建而成的。

甘肃省油橄榄产业技术创新中心贯彻落实甘肃省"强科技"行动决策部署，围绕油橄榄产业链建设任务，联合高等院校、科研院所、重点企业等多个主体，面向国家乡村振兴、粮油安全和生态安全的重大战略需求，基于甘肃省油橄榄产业发展尚存重大短板及系列亟待解决的重大科学问题，以承担重大科技项目、开展科技合作、加快科技成果转化、联合培养人才等为主要任务。建立产学研深入融合的技术创新体系，解决制约油橄榄产业发展的关键共性技术，力争建设成为油橄榄领域的科学研究中心、创新人才培养中心、国际交流与合作中心和科技成果转化与社会服务基地，使其成为油橄榄产业共性基础技术研发活动的重要承担者和公共技术服务的重要提供者，促进新技术产业化、规模化应用，全面提升油橄榄产业的品牌影响力、核心竞争力、市场占有率，培育壮大支撑经济社会高质量发展的产业体系，促进甘肃油橄榄产业高质量发展。

2. 油橄榄栽培和加工甘肃省国际科技合作基地

2017年甘肃省林业科学研究院被甘肃省科技厅认定为"油橄榄栽培和加工甘肃省国际科技合作基地"。其主要目标任务为围绕我国油橄榄产业健康可持续发展中的重大需求，加强与油橄榄世界主产国（地区）的科技合作和学术交流，利用"项目—人才—基地"国际科技合作模式，共建合作平台，增强油橄榄科学研究的实力，推动学科建设和人才培养，促进甘肃省油橄榄产业发展，为油橄榄产业作出建设性、前瞻性的创新贡献。

3. 甘肃省油橄榄良种繁育及丰产栽培科技特派员创新创业示范基地

该基地依托甘肃省林业科学研究院，于2021年被甘肃省科技厅立项建设，基地主要针对甘肃省油橄榄产业存在科技支撑不足的问题，在主产区武都建立起科技特派员创新创业示范基地，开展技术攻关、技术推广、技术培训、科普宣传和创新创业等活动。该基地瞄准产业发展前沿，加强关键共性技术攻关，解决产业生产技术难题和瓶颈问题，为企业和农户提供先进、适用的科技成果，促进产业技术创新；同时采取"固定平台"+"流动服务"，"线上"+"线下"相结合的方式开展科技成果的应用推广，提升产业整体技术水平。通过3年建设，该基地逐步发展成为一个集技术创新、技术展示、技术培训和信息服务为一体的油橄榄产业技术服务平台，努力满足产业对新品种、新技术和新模式等科技成果的需求，为促进油橄榄产业高质量发展提供科技支撑。

4. 四川省油橄榄工程技术研究中心

2015年，四川省科技厅批准中泽公司在西昌组建四川省油橄榄工程技术研究中心，并在组建过程中积极探索新的管理模式和运行机制。该中心自组建以来始终坚持以油橄榄工程化、配套化、系列化开发为导向，开放式运行，并加强人才培养，努力提高油橄榄研发水平，为行业和产业发展提供技术支撑。该中心为推动油橄榄产业整体技术进步，促进企业成为技术开发的主体，推进科研院所、高等学校和企业的产、学、研深度融合，提高科研成果的工程化、商品化水平，着重解决油橄榄栽培生产中的新品种选育、标准化育苗、丰产栽培技术、生产装备及配套产品开发、产品测试及产品质量控制等方面的薄弱环节,努力实现技术规范与产品标准国际化,逐步形成覆盖油橄榄全产业链的各种现代化服务,助力油橄榄产业的高速发展。

该中心自组建以来取得了丰硕的成果,特别是在资源的收集与保存,良种的选育和成套丰产技术的攻关上处于国内行业领先水平。另外,该中心用开放的形式吸引了一大批专家学者在基地开展研究工作,支持中国林科院、华中农业大学、江南大学、四川农业大学等大专院校的专家到中心开展科研工作,同时中心注重团队建设,研发团队中有2位博士、5位硕士、2位高级工程师和1名国家林业局专家人才库专家,并建有西昌学院教育科研基地与川农大教学科研试验基地和博士工作站。

5. 重庆市油橄榄研发中心

该中心建设项目(一期)于2017年5月17日获重庆市发改委批复立项。研发中心平台配置有较好的硬件设备,涉及品种选育、植物营养快速检测、土壤养分快速检测等多个方面,配套建设的专用肥试制车间开展加工废弃物转化生产有机肥工作,苗木繁育基地开展良种苗木繁育工作。该中心正式运行后,将组建涵盖油橄榄育种、育苗、栽培、农产品储藏与加工方面的专家团队,从良种推广应用、容器苗培育应用、保果技术和加工废弃物利用等方面,对油橄榄全产业链瓶颈问题予以科技攻关、成果转化和科技支撑。

6. 湖北省油橄榄产业技术研究院

该院是由十堰市郧阳区政府推荐支持建设的省级产业创新平台,由湖北鑫榄源油橄榄科技有限公司、十堰绿鑫林业发展有限公司、武汉轻工大学等高校院所及行业龙头骨干企业共同组建,以服务油橄榄种苗繁育、种植、精深加工等全产业链发展为主,开展油橄榄产业共性技术研究、企业技术研发、科技成果转化、科技企业孵化和股权投资等创新创业活动,解决油橄榄产业的关键、共性、前沿技术问题,完善产业创新链条,提高产业附加值,打造中国油橄榄产业新高地。

三、技术协会、创新技术联盟等对油橄榄产业的推动

（一）中国经济林协会油橄榄分会

油橄榄分会自2007年获批成立，是首家坚持活动16年的全国行业性社会团体，为践行初心、凝聚力量、促进交流、合作共赢、不辱使命做了大量工作。2023年度过艰难的新冠疫情防控期后，分会逐步开始恢复工作。针对油橄榄产业发展的关键性和方向性问题，在不同的时间节点，聘请中外专家分别在甘肃、云南、四川、湖北举办了32期培训班，就油橄榄产业提质增效、病虫害防治、整形修剪等内容进行培训，受训人员达到1500人次。

（二）产业创新联盟

油橄榄产业国家创新联盟（以下简称联盟）是2018年9月经国家林业和草原局同意成立的第一批林业和草原国家创新联盟之一，由致力于油橄榄产业发展的企业、大学和科研机构等，以自身发展的需求和各方的共同利益为基础，以提升产业链整体创新能力和综合竞争力为目标，以具有法律约束力的契约为保障而自愿组成的产业科技创新合作组织。成员单位包括中国林业科学研究院、甘肃省林业科学研究院、四川省林业科学研究院、云南省林业科学院、重庆市林业科学研究院、湖北省林业科学研究院等12家科研机构，以及陇南市祥宇油橄榄开发有限责任公司、丽江田园油橄榄科技开发有限公司等9家知名企业和公司。理事长为中国林业科学研究院张建国研究员。联盟的定位是建立以企业为主体、市场为导向、产学研相结合的创新体系，提升我国油橄榄产业链的核心竞争力。重点任务是针对油橄榄产业的重大需求，加大共性关键技术研发，推进技术创新及系统集成示范，培育并完善产业区域创新体系。2023年，联盟以多种形式组织行业内活动5次，与主要产区县市政府进行交流活动8次，组织相关国家及省级项目申报、启动及验收活动3次，参与相关联盟及学会组织活动3次。2023年，联盟各类专家作为油橄榄产业的技术主导力量，支持国家林业和草原局、科研院校、相关产区省市政府部门以及企业开展多次油橄榄相关技术培训，包括专题讲座、田间现场实操培训、修剪技术、病

虫害防治技术等内容，直接受众人数约1000人次。同时，联盟及成员单位特别重视科普宣传、科技论坛等活动。

（三）甘肃省陇南市油橄榄产业创新联合体

该联合体成立于2022年，是行业内凝聚共识、合力促发展、成果共享的新机制探索。2023年，在甘肃省陇南市委、市政府的高度重视和精心指导下，联合体分别制定了《油橄榄创新联合体项目管理办法》《油橄榄创新联合体专项资金管理办法》《油橄榄创新联合体专项资金使用方案》等管理制度。这些制度为联合体规范运行提供了有效保障。联合体开展筹措资金工作的同时，本着"有所为，有所不为，先易后难，量力而行，由浅入深，循序渐进"的原则，在备选的18个项目建议中，慎重筛选出8个分别组织实施。截至2023年底，这些项目进展良好，多数已经完成，少数项目完成进度在80%～90%。

第三节　市场需求

一、油橄榄种苗市场分析

种苗是产业发展的基础。几十年来，我国油橄榄种植面积已超过12万公顷，定植株数约5000万株，但种苗生产仍存在很多问题。最根本的问题是苗木生产者与种植者没有形成利益共同体。很多应该由苗木生产者考虑并解决的问题都甩给了种植者，应该前者承担的责任转嫁给了后者，造成后者的生产积极性屡遭打击。

我国油橄榄苗圃众多，各种业态并存，软硬件配套不规范，苗木品种混乱，质量参差不齐，许多新建园中的苗木东倒西歪，就像战斗力堪忧的"杂牌军"。从产业发展现状看，加强管控非常必要——一个重点发展地区只允许存在两家经营性规范苗圃生产单位，既有竞争又有规模，既可以保证低成本，又有盈利，还可以避免日后低产林改造所耗费的时间、人力和物资等附加成本。对种植者而言，苗木品种纯正、规格齐整、一致性强，既便于管理，又可以早得收益。

我们应该坚守"建一片，成一片"的原则，尽量不给日后的所谓"低产林改造"留有空间。为此，我们必须从苗圃做起。在现有温室的基础上，我们应严格配套良种母树园，普及推广轻基质工厂化育苗，推广两年生以上苗木出圃，尽可能减少种植者的负担。

同时，我们还迫切需要加强行业监管，包括良种评价、品种纯度、检疫、规格、法律支持等方面，为行业良性发展保驾护航。

二、消费者对油橄榄及其相关产品的认知与需求

据国家粮油信息中心数据，我国2023年食用油总需求量为4096万吨，人均消费29.1公斤。其中自产1376万吨，自给率33.6%。

据中华粮网信息，世界2022/2023年度食用植物油消费量为21039万吨。若按全世界80亿总人口计算，人均26.3公斤。我国的人均消费水平比世界人均高了近10.6%。

世界橄榄油年均消费量若按300万吨计算，只占食用植物油的1.4%，即人均0.375公斤。如果按IOC统计的我国2021/2022年度橄榄油消费量为5.75万吨计算，14亿人平均，人均只有可怜的0.04公斤。若向世界平均消费水平看齐，我国的年消费量应不少于50万吨。

进入21世纪以来，随着生活水平的提高，人们更加注重营养和健康，消费者对橄榄油的认知度的不断提高，橄榄油成为提高生活品位和生活质量的标志性食用油产品。同时，橄榄油融入国人的日常生活，也是东西方文明融合的范例。这些因素促使我国橄榄油的消费市场持续快速增长。根据数据统计，2002年我国橄榄油消费量为9365吨，到2004年首次超过1万吨，此后，国内橄榄油消费量始终保持稳定快速的增长，2011年首次超过2万吨，到2021/2022年度，我国橄榄油消费量已经达到5.75万吨。

从产品品牌来看，我国橄榄油市场上进口品牌120多个，400余类产品。而国产品牌虽然有30多个，但较有知名度的只有祥宇、田园、橄榄时光等少数几个。由于国产品牌规模尚小，自主产能较低，难以满足连锁大超市的采购需求，

主要通过直营店、旗舰店、品牌代理和网店等渠道销售。在主产区之外,尤其在橄榄油消费的主要市场北上广深等一线城市的市场占有率低,甚至很多人还不知道中国能生长橄榄树,能自主生产橄榄油。

总体来说,我国橄榄油市场需求旺盛。国产橄榄油的品质优势明显,市场空间十分广阔。

需要指出的是,餐用油橄榄在国际上生产和消费比较普遍,而中国目前种植的餐用品种较少和面积较小,餐用油橄榄还处在科研小试阶段,尚未进入中试和产业化生产阶段,在商超中还很难见到国产餐用油橄榄的踪影,而用橄榄油制作的橄榄菜、橄榄酱很受消费者欢迎。

三、进出口贸易市场需求分析

据IOC统计,世界橄榄油进口量的格局如图2-1所示。美国独占鳌头,占36%;巴西8%;日本7%;加拿大5%;我国只占4%。图2-2至图2-4分别为美国、日本、中国进口橄榄油的趋势。由图可见,三国的进口量上升趋势明显。

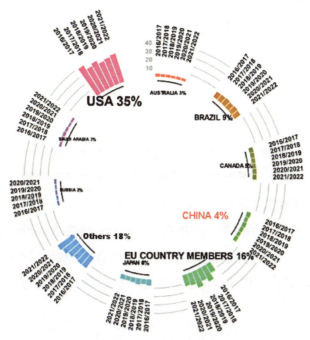

图2-1 世界橄榄油主要进口国占年进口总量的百分比(2016/2017—2021/2022平均值)

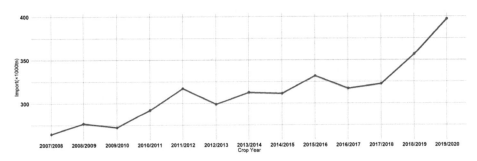

图2-2　美国橄榄油进口量趋势（2007/2008—2019/2020）

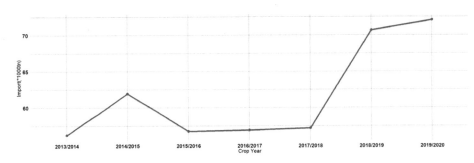

图2-3　日本橄榄油进口量趋势（2013/2014—2019/2020）

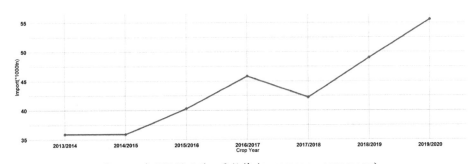

图2-4　中国橄榄油进口量趋势（2013/2014—2019/2020）

　　虽然国内油橄榄的种植面积和产量逐年增加，但远不能满足市场需求。这预示着我国具有发展油橄榄产业的市场空间和经济需求，今后相当长的时期仍将是我国油橄榄产业的快速发展阶段，种植范围、栽培面积将有望持续扩大，提高产量和单位面积效益将是油橄榄产业发展的主要发力点。

第四节　与国内外同行业的比较优势与劣势

一、与豆油、棕榈油、茶油行业的比较分析

（一）与豆油、棕榈油的对比分析

据国家粮油信息中心提供的数据，2023年我国大豆油产量为66万吨，进口40万吨，进口大豆榨油约1800万吨，棕榈油和棕榈仁油进口635.8万吨，分别占全国食用油消费总量4096万吨的47%和15%。这样的体量是茶油和橄榄油无法比较的。

（二）与茶油行业的对比分析

1. 与第一产业的比较

我国的油茶属乡土树种，栽培历史悠久，现有15个主产省区，覆盖642个县。近年来随着国家政策的持续利好，我国油茶种植业得到了快速发展，种植面积持续扩大。特别是2019年以来，随着加快油茶低产低效林改造和管护工作的推进，共改造低产低效油茶林364万亩，许多地方茶油的亩产量提高4至10倍。但值得注意的是，目前国内油茶林大部分为中低产林，良种推广面积占比不到20%。

根据国家林业和草原局的数据，2011—2021年我国油茶种植面积从4790万亩增长到了6888万亩，扩增了43.8%；油茶产业产值从245亿元增长到了1920亿元，增长近7倍。

与油茶不同，油橄榄在我国属外来树种，规模引种只有60年。油橄榄原产于地中海气候带，经过几十年的试验，才在我国亚热带季风气候带的西部落地生根、开花结果。由1964年周恩来总理倡导引种的1万株发展到以甘肃、四川、云南、重庆、湖北为主要产区的约12万公顷、5000万株的规模，为主产区创造了可观的生态、社会和经济效益。

2. 与第二产业的比较

随着油茶种植面积的不断增加以及种植技术水平的不断提升，油茶籽产量也逐年递增。据资料显示，2021年我国油茶籽产量为394.24万吨，同比增长25.5%。到2022年油茶籽产量约为459.32万吨，同比增长16.5%。随着油茶良种率的不断提高，以及压榨技术的更新，油茶籽出油率持续上升，从而使得茶油产量保持了增长态势。虽然2020年受新冠疫情影响茶油产量小幅度下降，但2021年大幅度提升，茶油产量达100.9万吨左右。

随着油茶副产物综合开发利用的技术进一步成熟，油茶产业化进程将加快，越来越多的油茶加工企业将会向精深加工领域发展。这些精深加工产品具有高附加值的特点，可以大幅提高本行业的盈利水平，是未来油茶产业发展的方向。

目前，我国油橄榄果的加工利用方式以榨油为主。榨油设备均为原产地主流的连续式离心提取生产线。其中，大多进口自意大利、西班牙、德国和土耳其，少部分是国产设备。而且，国产设备出口到原产地，已取得"零的突破"。

自2016年起，国产橄榄油勇敢地"走出去"，与原产地历史悠久的油橄榄庄园和大牌厂家的产品同场竞技，拿回了几十项金银铜奖。国产特级初榨橄榄油的品质已经蜚声国外，也成为我们与进口品牌在国内市场竞争的强大优势。

此外，我国油橄榄加工后副产物的有效成分提取技术也已达到国际领先水平。

3. 与第三产业的比较

我国茶油的市场需求由两部分组成，一部分是内需，一部分是外销。国内消费在茶油市场所占的比重接近100%，但海外市场潜力较大。一方面是我国现阶段茶油年产量较少，难以满足国内市场需求；另一方面是现阶段在国际市场上，橄榄油在木本食用油市场中占据主导地位，茶油的竞争力不足。随着贸易全球化以及国际市场对茶油特性认识的深化，国外商家从中国进口茶油和茶油衍生产品，必将成为一种趋势。

国产橄榄油在国内市场的流通不很通畅，除产业发展初期成本居高不下之外, 针对目标消费群的宣传力度和宣传方法仍然需要加大和改善。现在出现的一些做法令人耳目一新, 如体验式消费 (消费者直接参与榨油过程)、文旅消费 (与旅游、了解油橄榄文化相结合) 和 "从娃娃抓起" (带着孩子一起种树, 让孩子与小树一起长大, 采摘果实) 等活动。

其实, 茶油和橄榄油都是不可替代的宝贵资源, 二者的发展壮大都将为民族复兴作出应有的贡献。

二、与国外油橄榄行业的比较分析

前文对国外油橄榄行业已有介绍, 我们与其差距还较大, 下面挑选一些我们的短板部分进行简要的比较分析。

1. 单位面积产量

据权威资料介绍, 2018年世界油橄榄种植面积为1151.2万公顷, 其中86.6%生产橄榄油, 其余13.4%生产餐用油橄榄。全世界年产油橄榄鲜果1783.6万吨, 当年生产餐用油橄榄259.8万吨, 橄榄油296.5万吨。平均亩产鲜果103公斤, 亩产橄榄油19.8公斤。如果扣除幼龄树、待更新老树、不结果或少结果的生态树 (如突尼斯中部), 亩产量会更高。其实, 在西班牙主产区的哈恩省, 平均亩产橄榄油66.7公斤, 高产村的产量可达平均值的2倍。

我国2022年的油橄榄种植面积接近12万公顷, 油橄榄鲜果产量为9万吨, 橄榄油产量突破1万吨, 亩产鲜果50公斤, 橄榄油5.6公斤。如果扣除幼龄树、不结果的生态树, 单位面积产量可能接近世界平均水平。显然, 这不会是我们的目标。事实上, 有些橄榄园亩产鲜果已经超过500公斤, 亩产橄榄油70公斤, 达到了西班牙哈恩省的平均水平。接下来, 我们要努力把潜力变为实力。

2. 机械化

机械化是最大限度地降低生产成本的有效手段。这是在大多数生产国已经被证明的事实, 因为人力在成本构成中占据很大的比重, 使用机械, 既可以减少人力, 又可以显著提高效率。

我国油橄榄主要定植在山区, 这给机械化带来很大困难。但这并非不可为。目前，我国定植前的整地工作已较为普遍地使用机械，采收的机械化或半机械化已经开始尝试，水肥一体化也取得了很好的效果。我们相信，橄榄园管理的机械化和自动化会在不远的将来得以实现。

3. 国际交流

以国际油橄榄理事会（IOC）、联合国粮农组织（FAO）、国际园艺学会（ISHS）为代表，各主产国大学、研究机构为主力军的所谓"油橄榄圈子"，常年都在进行高效交流与合作。

我们是国际油橄榄界的后来者、学生，向世界同行学习是一项长期的工作。我们应积极主动地参与到国际交流中。

4. 餐用油橄榄

餐用油橄榄是产业的"半壁江山"，而且单位利润比橄榄油高，市场很大。目前我国只有少量产品或试制品，应该着力把这一短板补上。

第三章

油橄榄产业发展重点区域

油橄榄是世界著名的亚热带木本油料植物，其鲜果榨取的橄榄油被誉为"液体黄金"，是世界上公认的"植物油皇后"。种植油橄榄在助力国家粮油安全、丰富食用油供给结构、促进山区林区群众稳定增收中发挥着重要作用。中国引种油橄榄近60年，经历了引种试验、示范推广、产业开发和创新驱动四个阶段。近年来，在习近平生态文明思想的指引下，在国家有关部门的大力支持和全社会的多方参与下，油橄榄适生区各级党委、政府牢记习近平总书记嘱托，加大政策支持，强化资源培育、产业扶持、科技研发、市场监管和品牌建设，全国油橄榄产业发展取得巨大成就。

第一节　甘肃省油橄榄产业发展情况

一、政策资金支持

甘肃省委、省政府始终高度重视油橄榄产业发展，并将其纳入全省经济社会发展与生态保护修复大局，高位推动。甘肃省委、省政府连续出台了《中共甘肃省委、甘肃省人民政府关于启动六大行动促进农民增收的实施意见》（省委发〔2008〕32号）、《中共甘肃省委、甘肃省人民政府实施〈中共中央、国务院关于2009年促进农业稳定发展农民持续增收的若干意见〉的意见》（省委发〔2009〕1号）等文件，提出不断提高全省林果业的规模和效益，逐步实现由传统经营向产业化经营转变，促进农民持续增收的要求。为了贯彻落实好上述意见，甘肃省人民政府办公厅印发了《甘肃省1000万亩优质林果基地建设发展规划（2010—2012年）》（甘政办发〔2010〕218号），提出经过3年发展，全省完成12个优势、特色树种共1085万亩优质林果基地建设。为了保障该规划的实施，甘肃省人民政府办公厅出台印发了《关于甘肃省林果产业发展扶持办法的通知》（甘政办发〔2011〕167号），制定了加强组织领导、统筹资金安排、规范项目管理、严格绩效考评四个保障措施。该通知提出：从2011年开始，省级财政多渠道整合筹措资金，从良种繁育体系、科技支撑体系、技术培训体系、质量标准体系等环节入手，支持特色优势林果（油橄榄）产业发展。

2021年，甘肃省委农办、省农业农村厅和省林业和草原局印发了《甘肃省现代丝路寒旱农业优势特色产业三年倍增行动计划总体方案》及《分产业篇方案》和《甘肃省现代农业产业园区创建和产业基地建设实施方案》的通知（甘农领办发〔2021〕5号）（油橄榄产业为全省15个重点产业之一），要求各地要加大对实施三年倍增行动计划的资金投入，着力抓好种质资源保护利用、良种繁育基地建设、培育做强龙头企业和合作社、创建现代农业产业园和打造产业集群、重大技术科技攻关、抓点示范等，为做大做强优势特色产业起到关键支撑作用。甘肃省农业农村厅、省工信厅、省商务厅联合制定了《甘肃省特色农产品及食品加工产业链分产业实施方案（林果产业）》（甘农发〔2022〕2号），提出了以产业园为平台，推进重点项目建设，培育壮大链主骨干企业，做响"甘味"品牌，做强产业链中端，夯实产业链前端，延伸产业链后端，实现全产业链高质量发展。

按照全省安排部署，陇南市委办、陇南市政府办制定印发了《陇南市农业优势特色产业三年倍增行动计划（2021—2023）》（油橄榄产业篇）的通知（陇办发〔2021〕29号），提出三年新增油橄榄40万亩的目标，要求年度到县的衔接推进乡村振兴补助资金50%以上重点用于农业优势特色产业发展。并分年度制定了《关于印发2021年全市油橄榄产业倍增行动计划实施方案的通知》（陇办发〔2021〕14号）、《关于印发2022年全市经济林特色产业倍增行动计划实施方案的通知》（陇政办发〔2022〕19号）和《关于印发2023年全市经济林特色产业倍增行动计划实施方案的通知》（陇政办发〔2023〕4号）。

2022年，陇南市人民政府办公室出台了《关于印发新能源（装备制造）产业链建设方案等9个建设方案的通知（油橄榄产业链）》（陇政办发〔2022〕46号），建立了"一条产业链、一位市（县）级领导同志、一个牵头部门、一个建设方案"的工作推进机制，分年初逐链制定印发年度工作要点，编制完善项目、责任、政策三清单。

2011年甘肃省财政开始设立省级财政林果产业发展资金（当年省级财政整合筹措资金1.285亿元用于产业发展），2013年设立省级财政林下经济发展资金，2014年设立省级财政木本油料发展资金。省财政厅、省林草局2015年联合下发了《省级财政林业补助资金管理办法》，省级财政资金重点扶持具有地域特色的优势林果树种，新建基地每亩补助1000元，提质增效每亩补助600元。木本油料项目主要扶持文冠果、油橄榄、核桃等木本油料树种，每亩补助1000元。省级财政林果产业发展资金的设立，为全省油橄榄产业发展提供了资金保障，有力促进了全省油橄榄产业的发展。

陇南市政府办印发了《陇南市特色山地农业"产业链"贷款实施方案（试行）》（陇政办发〔2022〕82号），市级财政分产业设立专项发展扶持基金每年2000万元以上，制定了《陇南市特色山地农业引导发展资金管理办法（试行）》，用于支持全产业链建设。2022年、2023年共谋划油橄榄产业链项目35个、投资138.39亿元，发放"产业链"贷款2.1亿元，落实油橄榄市级特色山地农业引导发展资金1007万元。

武都区委办、区政府办印发了《陇南市武都区农业特色产业发展奖补办法》的通知（武办发〔2023〕27号），从中央及省、市下达财政衔接推进乡村振兴补助资金列支奖补油橄榄产业。文县政府办印发了《文县油橄榄产业三年倍增行动计划奖励及验收办法（试行）的通知》（文政办发〔2021〕47号），县级财政每年筹措500万元用于油橄榄产业奖补。

为培育壮大经营主体，2023年甘肃省委办公厅、省政府办公厅出台了《关于印发省级领导干部包抓联工业企业工作方案的通知》（甘办字〔2023〕13号），要求建立省、市（州）、县（区）三级干部包抓联企业制度，将油橄榄产业链链主企业和重点骨干企业包联到人，祥宇公司作为链主企业，2023年省市区共落实祥宇公司各类扶持资金1431.7万元。

二、基地建设

2023年，甘肃省油橄榄种植面积达到104.89万亩，约占全国种植总面积的51.59%，年鲜果产量、产油量、惠及农户数量和综合产值均位居全国首位，甘肃省成为中国油橄榄主要种植区和橄榄油核心产区之一。

全省的油橄榄主要种植在陇南市和甘南州舟曲县，主要分布在白龙江、白水江、嘉陵江和西汉水流域（以下简称"三江一水"），白龙江流域是重点产区，武都区、文县、宕昌县三县区种植面积达到92.23亩，占全省总面积的87.9%。全省油橄榄种植面积大于2万亩的乡镇有1个，种植面积在1.5万~2万亩的乡镇有3个，种植面积在1万~1.5万亩的乡镇有4个，种植面积在0.5万~1万亩的乡镇有5个，种植面积在5000亩以下的乡镇有34个。

（一）武都区两水镇大湾沟油橄榄示范基地

武都区两水镇大湾沟油橄榄示范基地是我国第一个国家级标准化油橄榄栽培丰产示范园，是我国油橄榄发展史上的里程碑。1988年，中国林业科学研究院油橄榄专家徐纬英、邓明全等在陕西汉中考察油橄榄发展时，意外发现武都生产的油橄榄果送至陕西汉中榨油，出油率高，油品质量好，于是他们组成专家组深入武都白龙江沿岸进行实地考察论证，最后确定武都白龙江沿岸海拔1300米以下为全国油橄榄最佳适生区。经徐纬英、张崇礼、邓明全等专家向国家计委汇报争取，1989年，国家计委下达"发展甘肃武都油橄榄生产"项目，通过采取生态修复治理和工程治理相结合的方式，共移动土石方23万立方米，治理泥石流沟道7条，开垦、建设了我国第一个国家级标准化油橄榄栽培丰产示范园，总面积104亩，共栽植'佛奥''莱星''皮削利''皮瓜尔'等18个品种和实生品系2500株。基地实现了经济效益和生态效益双赢，还推动了陇南，乃至四川、云南、重庆等地油橄榄产业的发展，成为国内油橄榄品种选育、技术研发、标准制定、人才培训、对外合作交流的重要基地和桥梁，也为国际油橄榄界了解中国作出了特殊贡献。

对于武都大湾沟油橄榄示范园在中国油橄榄发展史上的历史地位，世界著名生物气候学专家J.尼贡在考察完武都区大湾沟油橄榄示范基地后，认为在夏季高温多雨的气候条件下油橄榄还能增产，这是一个特殊贡献，他说："中国引进并种植油橄榄是彻底改变世界植物地理学的一个社会的、农艺的和生物气候学的事件"，在科学上有重要意义。

陇南市武都区及大湾沟油橄榄示范基地被国家有关部委认定为"中国油橄榄之乡""中国地理标志保护产品""国家引才引智示范基地""国家重点林木良种基地""全国科普惠农先进单位""全国油橄榄标准化示范基地"等。

（二）武都区桔柑镇贺家坪村油橄榄产业基地

贺家坪村位于桔柑镇政府以南4公里处。油橄榄产业是该村的主导产业，栽植面积为0.35万亩，2023年鲜果产量为320吨，产值达224万元，户均收入约1.6万元。按照武都区"3+6"产业体系部署要求，该村坚持标准化生产、规模化发展、精细化管理、品牌化营销。村党支部牵头成立合作社，积极主动与区内最大的油橄榄加工企业祥宇公司对接，建立长期合作关系，保证鲜果按政府指导价7元/公斤收购。目前，桔柑镇建成了以贺家坪村为中心，辐射带动周边大岸庙、陈家坝、桔柑、大元坝等村的油橄榄产业带，基地面积达到2.65万亩，2023年油橄榄鲜果产量达到2000吨以上，油橄榄鲜果、油橄榄叶子的综合产值突破1500万元。

（三）文县临江镇层子沟油橄榄示范基地

文县临江镇层子沟油橄榄示范基地，总面积达1万亩，是文县近年来新打造的万亩油橄榄示范基地，是县上创新多种模式，整合多方资金全力打造的成功示范基地。目前，该基地大部分油橄榄树已经进入初果期，2023年采摘1000多吨，群众增收650多万元。预计5年后，该基地将进入盛果期，年产鲜果3000余吨，产值将达到1600余万元。

（四）甘肃省林业科学研究院油橄榄科研基地

甘肃省林业科学研究院油橄榄科研基地位于陇南市武都区两水镇段河坝村，总面积为1388.74亩，于2020年被认定为油橄榄育种及栽培国家长期科研基地。基地运行有"油橄榄国家林木种质资源库""国家林业草原油橄榄工程技术研究中心""甘肃省油橄榄工程技术研究中心""油橄榄栽培及加工甘肃省国际科技合作基地"和"甘肃省油橄榄良种繁育及丰产栽培科技特派员创新创业示范基地"等平台。

基地建设以"大地增绿、农民增收"为目标，坚持"面向需求、立足科研、开放共享、服务生产"的原则，围绕油橄榄产业发展中遇到的突出问题，以资源收集、保存为基础，开展优良品种繁育及高产绿色栽培技术的科学研究、技术开发利用、成果示范推广、科学普及教育，为促进乡村振兴战略、筑牢国家西部生态安全屏障及"双碳"目标的实现提供服务和支撑。

目前，基地建有油橄榄种质资源收集区173亩，收集和保存从意大利、西班牙、希腊、土耳其、法国、苏联、阿尔及利亚等国家及国内选育的品种、品系、优株等174份。基地建有种质资源扩繁圃22.24亩（包括智能温室1座），子代测定林93.5亩，实验室、检验室、标本室、档案室等，栽培技术试验示范区1100亩。基地完成了国家、省部级、地（厅）级项目30多项（其中国家自然科学基金项目2项），获省部级科技奖励6项，其中甘肃省科技进步一等奖，地厅级奖励5项；选育国家级/省级良种8个，获得国家授权发明专利2项，制定林业行业标准5项、甘肃省地方标准3项，开发产品2个，出版专著2部，拍摄科教电影1部，培训各类人员5000余人次。

（五）陇南市祥宇油橄榄开发有限责任公司佛堂沟油橄榄基地

佛堂沟油橄榄基地位于汉王镇罗寨村以北约2公里处，占地面积近1万亩，种植'莱星''佛奥''奇迹''皮削利''城固32号''中山24号''阿斯''戈达尔''小苹果''皮瓜尔''鄂植8号'等十多个优质品种10万多株。2002年佛堂沟示范园获得"国家油橄榄标准化示范区示范基地"称号；2003年获得"国家油橄榄标准化示范区示范企业"称号；2007年获得北京中绿华夏有机食品认证中心颁发的有机产品、绿色产品证书；2008年获得国家地理保护专用标志，为陇南市油橄榄产业发展起到了示范带头作用。佛堂沟油橄榄示范园既为公司生产加工提供了优质原料，又具有良好的生态效益和社会效益，每年有数千人来这里参观考察，每年有数百户农户入园务工。多年来，佛堂沟基地累计为农户支付劳务费用500多万元。农户进园务工，不仅有了稳定的收入，而且学到了种植技术，为当地发展油橄榄产业培养了一大批农民技术员，为产业发展作出了积极贡献。

三、精深加工

随着甘肃省油橄榄种植面积和挂果面积的不断增加，鲜果产量上升，加工能力提升很快。陇南市建成橄榄油精深加工厂21家，成套生产线27条，年加工能力达9万吨以上，占全国初榨油生产线的50%以上，其中，进口设备占75%，国产设备占25%。2023年陇南市油橄榄鲜果产量达5.4万吨、初榨橄榄油达8000吨，均占全国总量的90%以上，油橄榄产业综合产值突破40亿元。陇南祥宇油橄榄公司被评为国家级农业产业化重点龙头企业、国家级林业重点龙头企业、中国好粮油生产企业，田园、丰海等6家公司被认定为省级农业产业化重点龙头企业。

四、品牌建设

实施品牌战略是提高油橄榄市场竞争力最有效的途径，近年来，甘肃省在油橄榄品牌建设方面做了大量富有成效的工作：一是通过加大政策扶持、扩大栽植规模、延长产业链条、拓展销售渠道等举措，不断提升油橄榄产业发展质效。二是建立评价模式和认证指标，开展气候品质分析和溯源体系建设，提供有针对性的全程化、精细化气象服务，助力油橄榄品牌建设。三是在北京、广州等城市举办橄榄油推介会、油橄榄论坛等活动，宣传推介陇南油橄榄，并积极参加国际大赛，获得了美国纽约国际橄榄油比赛、西班牙科尔多瓦国际橄榄油竞赛、希腊雅典娜国际橄榄油大赛等多个国际大奖，赢得了好口碑，提升了品牌知名度。

陇南市被命名为"国家油橄榄示范基地"，武都区被命名为"中国油橄榄之乡"。注册"武都橄榄油"地理标志保护品牌和"祥宇""田园品味""橄榄时光"等商标43件，有机认证企业2家，绿色食品认证企业4家，无公害产地认证

14项，拥有4个甘肃省著名商标，"祥宇"被认定为中国驰名商标，入选"新华社民族品牌工程"。"武都橄榄油"为甘肃省著名商标，入选2023年中国农产品区域公用品牌（产业）10强。"陇南油橄榄"入选"甘味"区域公用品牌目录，"祥宇""陇锦园"等入选"甘味"企业商标品牌目录，祥宇油橄榄工业旅游景区被评为国家AAA级旅游景区和国家第二批工业旅游示范基地。祥宇、时光橄榄、金纽带、田园等公司生产的特级初榨橄榄油获得世界橄榄油大赛金、银、铜奖100多项，被誉为"北半球最好的橄榄油"。甘肃省陇南市油橄榄于2023年获得第二届中国气象旅游产业发展大会"气候好产品"称号，这是甘肃省首个获得该项气候认证标志的特色农产品。武都区与新华社中国经济信息社共同编制并连续发布了我国油橄榄产业领域指数——新华·中国（武都）油橄榄产业高质量发展指数，成为引领国内油橄榄产业高质量发展的"晴雨表"和"风向标"。2023年7月28日《新华·中国（武都）油橄榄品牌影响力指数报告（2023年第二季度）》发布，报告显示武都油橄榄的品牌知名度（301.20点）、公信度（144.40点）、忠诚度（278.55点）均达到了近些年的最好水平，品牌影响力总指数较第一季度提升了9.1%。2024年1月25日《新华·中国（武都）油橄榄产业高质量发展指数报告（2023）》发布，报告全面揭示了2023年武都油橄榄产业发展和品牌影响力的状况。随着武都区油橄榄产业三年倍增行动计划的有力推进，武都油橄榄产业将稳步发展。甘肃省陇南市油橄榄产业的品牌影响力不断扩大，已经成为陇南乃至甘肃的"金字招牌"。

五、产业融合及经营模式

油橄榄产业融合是指将油橄榄种植、加工、销售等环节与其他相关产业进行有机结合，形成一个完整的产业链，从而提高油橄榄产业的附加值和综合效益。甘肃省油橄榄产业的经营模式主要有两种：一是"公司+基地+专业合作社+农户"模式——以油橄榄种植为主导产业，将园区打造成集旅游、休闲、观光和商贸于一体的现代产业园区；二是政府引导模式——通过推行"政府引导、部门协调、规划引领、资源整合、示范带动、多方参与"的模式，引导发展油橄榄产业，并重点抓工业，突出抓招商，着力抓环境，推动传统优势工业绿色转型升级。

甘肃省陇南市在促进油橄榄产业融合中采取了多种具体措施：一是引入先进种植技术与加工工艺，提高产业的科技含量，加强科技创新；二是设立产业发展引导奖补资金和"产业链"贷款等，加大资金投入；三是强化品牌建设，提高品牌知名度和美誉度，增强市场竞争力；四是积极开拓国内外市场，扩大销售范围， 拓展销售渠道；五是建立质量标准体系，确保产品质量的稳定性和安全性；六是加强产业园区建设，打造集生产、加工、研发等功能于一体的产业园区；七是促进企业合作，成立以企业为主的油橄榄科技创新联合体、油橄榄协会，建立产业联盟，鼓励企业之间的合作与交流，实现优势互补；八是通过广告、促销、互联网等手段，提高产品的市场知名度和产品销售效率。2023年，陇南市油橄榄产业的综合产值达到40亿元，其中，一产产值4.71亿元、二产产值33.88亿元、三产产值1.41亿元。

六、科技创新与产业支撑

甘肃油橄榄产业在国家和省政府有关部门的多年大力支持下，在基础条件建设和创新平台科技创新及支撑能力建设方面不断加强和提升，使甘肃在中国油橄榄产业发展中处于领先地位，具备了全产业链创新驱动的坚实基础，引领了中国油橄榄产业的未来走向和发展趋势，在脱贫攻坚、乡村振兴和生态环境建设中发挥了重要作用。

国家林业和草原局批准依托甘肃省林业科学研究院建立了国家林业草原油橄榄工程技术研究中心、油橄榄国家林木种质资源库、甘肃油橄榄育种及培育国家长期科研基地三个国家级科技创新和服务平台。在省级层面上，甘肃省发改委、甘肃省科技厅、甘肃省林业和草原局都重视油橄榄产业的科技创新和技术服务，甘肃省发改委批准甘肃省林业科学研究院成立了"甘肃省木本油料工程研究中心"，并依托陇南市祥宇油橄榄开发有限责任公司成立了"甘肃省油橄榄废弃物资源化利用工程研究中心"；甘肃省科技厅支持甘肃省林业科学研究院创建了全国唯一一个油橄榄专业省级创新团队——"油橄榄丰产栽培及产业化创新团队",依托甘肃省林业科学研究院建立了甘肃省油橄榄工程技术研究中心、油橄榄栽培与加工甘肃省国际科技合作基地、甘肃省引进国外智力成果示范推广基地等国家级、油橄榄良种繁育及丰产栽培技术科技特派员基地,依托陇南市祥宇油橄榄开发有限责任公司、甘肃省林业科学研究院成立了"甘肃省油橄榄产业技术创新中心";甘肃省林业和草原局批准甘肃省林业科学研究院成立了内设机构"油橄榄工程技术研究中心",设立了林业和草原创新专项和林果产业发展项目,给予油橄榄倾斜支持。

陇南市委、市政府发起、成立了中国油橄榄产业创新战略联盟和全国首家市级油橄榄专业研发机构,市财政出资建成了2000平方米的综合实验楼和1000平方米的智能连栋温室,建成油脂检测分析、橄榄油感官评价等6个实验室,积极开展与国内外科研院所和油橄榄加工企业的合作,组建了甘肃省油橄榄生产力促进中心、陇南市油橄榄工程技术研究中心和陇南橄榄油品油师协会。

省、市、县三级科技队伍针对油橄榄产业开发中的关键性技术课题积极开展科学试验研究,先后承担了国家、省、市60多项科研、推广项目,获得甘肃省科技进步一等奖1项、二等奖3项,三等奖2项;甘肃省专利奖三等奖1项;梁希林业科技进步三等奖2项;制定林业行业标准10项、甘肃省地方标准6项;收集引进油橄榄品种174份,建成了亚洲收集油橄榄品种最多的种质资源基因库,审(认)定国家良种5个,省级良种7个。2023年,12家科技单位和6家企业建成油橄榄产业实践创新基地"陇南市油橄榄产业创新联合体",市财政投入资金500万元,立项实施"油橄榄鲜果收购及初榨橄榄油团体标准制定"等8个项目,着力开展制约油橄榄产业难题技术攻关。

科研人员还编辑出版专著7部,在国内外期刊发表科技论文100多篇。这些成果的研发和示范推广,有效解决了品种引进与改良、丰产栽培技术、水肥一体化智能节水灌溉、扩区驯化试验、鲜果采收加工、橄榄油品质分析等全产业链中关键性技术难题,取得了良好的社会效益。

七、社会服务组织

（一）中国油橄榄产业创新战略联盟（中国油橄榄产业协同创新平台）

中国油橄榄产业创新战略联盟于2016年由甘肃省陇南市人民政府、甘肃省林业厅、四川省林业厅、云南省林业厅、中国林业科学研究院、中国农业科学院、新华社中国经济信息社、四川农业大学、中国经济林协会油橄榄专业委员会、中国林业产业联合会木本油料分会等60多家从事油橄榄技术创新、产品研发的科研院所及种植、加工、销售企业和油橄榄产业主管单位共同发起成立的行业性社会组织，隶属中国产学研促进会，2022年根据民政部要求，将其更名为"中国油橄榄产业协同创新平台"。

（二）甘肃省陇南市油橄榄产业创新联合体

甘肃省陇南市油橄榄产业创新联合体由陇南市科技局、工信局、林草局、财政局等部门协作支持成立，联合体由链主企业祥宇公司牵头，江南大学、青岛农大、西北师大、甘农大、陇南师专、中国林业科学研究院林研所、林化所、中科院兰化所、兰州海关技术中心、甘肃省林业科学研究院、陇南市经济林研究院、武都区油橄榄产业办以及田园、甘肃时光、金纽带、陇源丹谷、陇锦园公司等18家单位共同组建，汇集油橄榄全产业链相关的12家科技支撑单位和市内6家重点油橄榄企业。目前，联合体拥有油橄榄种植示范基地11处，建有国内最大的油橄榄种质资源库，收集国内外油橄榄种质174个，拥有油橄榄加工厂6座，引进德国福乐伟、意大利贝亚雷斯等国际先进油橄榄加工生产线9条，现有技术专家、研究人员共90人。陇南市油橄榄产业创新联合体成立以来，围绕攻关制约油橄榄产业发展的关键核心技术，论证油橄榄产业科技项目8项，主要完成了油橄榄特级初榨橄榄油的团体标准制定、28个陇南及其他产地橄榄油中多酚含量测定及分析、35份种质分析及167份基因组重测序、油橄榄果渣生物有机肥发酵中试研究等工作。其中"油橄榄果及提取物地方特色食品来源原料申报与产品研发"所取得的阶段性研究成果，已提请省卫健部门对油橄榄果食品安全地方标准予以立项,以解决油橄榄果作为食品原料的市场准入问题,拓展油橄榄果的适用范围。

(三)甘肃省陇南市油橄榄产业协会

甘肃省陇南市油橄榄产业协会成立于2008年3月15日,位于甘肃省陇南市武都区祥宇生态产业园。该协会的经营范围包括油橄榄技术培训、业务指导、品牌推广、新产品研发推广。2023年12月13日,在市委、市政府的正确领导和关心推动下,由陇南市林草局主办、市经济林研究院承办,陇南市油橄榄产业协会举行了换届选举大会。大会审议通过了《陇南市油橄榄产业协会章程》,选举了协会理事会理事,并召开理事会第一次会议。

第二节 四川省油橄榄产业发展情况

一、政策资金支持

《四川省人民政府关于印发建设"天府森林粮库"实施方案的通知》(川府发〔2023〕24号)下达了主要任务,提出加快形成安宁河流域、秦巴山区和川中丘陵区油橄榄集中发展带。重点开展区域性良种选育,推进扩面增产,提升橄榄油及养生、保健、美容产品等精深加工能级。打造油橄榄文化、自然教育等林旅融合新业态。到2025年,全省油橄榄种植面积增加到60万亩,年产橄榄果达4.5万吨,年综合产值达到26亿元。力争到2030年种植面积达到100万亩,橄榄油产量、品质和产值领先全国。

二、基地建设

四川省主要油橄榄种植区域为川东北达州市开江县、川西南西昌市和盆中丘陵金堂县。

(一)川东北达州市开江县油橄榄现代林业园区

开江县油橄榄现代林业园区面积为10000亩。其核心区油橄榄基地有6200

亩，特色水果及珍贵用材林基地有3800亩。核心区由中华橄榄园4000亩、罗山槽橄榄园和油橄榄加工厂2200亩组成，集中分布在永兴镇和普安镇，涉及3个贫困村。园区形成了以"油榄+"为主导的产业循环经济模式，建有种质资源收集圃、良种繁育圃、标准化示范区、采摘体验区、林下种养殖区、科普教育区、农耕体验区等多功能分区园区，形成了一个集农业产业、旅游观光、休闲体验、生态教育及生态文化品鉴为一体的现代林业园区，实现了以地养地、以短养长、立体复合式循环经济发展模式。园区油橄榄鲜果的亩产量为350~400公斤，亩产值为2800~3200元，林下白茶、金花葵等副产品亩产值约为400元。园区周边土地每亩年综合产值为1500元，园区每亩年综合产值超出当地平均水平的113%。2020年园区总产值为1.34亿元。

（二）川西南西昌现代油橄榄产业园区

西昌现代油橄榄产业园区位于西昌市中部，安宁河沿岸，河谷平原区，整体地势较平坦，土地连片沿安宁河呈带状分布，涉及经久乡和西溪乡两个乡。规划区总面积为4545亩，其中经久乡3045亩、西溪乡1500亩。园区以油橄榄为主导产业，油橄榄产值占园区总产值的90%以上。

油橄榄基地以"一园两心一基地"为中心，建设了中泽油橄榄庄园、园区管理服务中心、加工物流中心、油橄榄标准化示范基地。

1. 一园

指中泽油橄榄庄园，位于西昌市西溪乡。拟打造中国首座以油橄榄树种为主题的AAAA级旅游观光、度假康养景区。该园以促进生态发展，传播油橄榄文化，推广橄榄油系列产品健康理念为宗旨，集"产、学、研"、"林、文、旅"一二三产业融合于一体。功能分区主要包括生态康养橄榄园、油橄榄观光基地和科技文化园。

2. 两心

一是园区管理服务中心，位于西昌市经久乡。提供园区公共管理、景区综合管理、乡村人才培训等功能服务，形成集政务服务、景区管理、金融服务、商贸物流、信息服务、公共服务和社会化服务等于一体的综合服务中心。功能分区主要包括园区综合办公大楼、研发中心及专家大院等功能板块。

二是加工物流中心,位于西昌市经久乡。以油橄榄初加工与精深加工为主,配套冷链物流、电商销售等功能。鼓励龙头企业配套现代化加工装备,实现清洁化、连续化、自动化、标准化加工,提升油橄榄加工水平,增强对西昌本地、凉山州等周边油橄榄产区的辐射带动能力,建成油橄榄加工物流示范区。功能分区主要包括油橄榄初加工基地与精深加工基地、冷链物流中心等。

3. 一基地

指油橄榄标准化示范基地,位于西昌市经久乡。以生态保护优先,以油橄榄种植新技术、循环示范推广为基础,利用现代化物联网智能设施设备实施油橄榄生态循环种植;同时提升国家级油橄榄林木种质资源库、国家级油橄榄良种基地平台、现代化油橄榄育苗基地,打造智慧化水平高、设施先进,集有机循环、生态体验、休闲观光等于一体的特色林业产业园。园区已形成"中、小、微""蓄、引、提"相结合的灌溉系统,保障园区现代农业发展需要。结合园区水利建设,落实森林防火设施,配备防火所用车辆、扑火机具及通信设施。两条产业主干道,形成园区"日"字环线。生产便道和机耕道符合油橄榄标准化示范基地要求。建成园区综合办公大楼、专家大院、油橄榄展销中心等功能板块,提供公共管理、景区综合管理、冷链物流、电商销售、乡村人才培训等功能服务,形成集政务服务、景区管理、金融服务、商贸物流、信息服务、公共服务等于一体的综合服务中心。

(三)盆中丘陵金堂县油橄榄现代林业园区

金堂县油橄榄现代林业园区是四川省三星现代林业园区,以油橄榄为林业主导产业,配套发展林下种养、森林康养等产业的综合产业园区。园区规划面积10万亩,涉及淮口街道、栖贤街道、竹篙镇等7个镇(街),核心区面积为3万亩,重点覆盖淮口龚家村、淮口帽顶村、三星四方村等7个村(社区),目前已建成油橄榄基地2万余亩,其中规模连片种植7760亩,位于淮口街道龚家山片区。园区以油橄榄产业为林业主导产业,配套发展森林康养、林下种养、花卉苗木等,大力推广油橄榄套种中药材、羊肚菌、蔬菜等产业生产方式。园区立足油橄榄产业发展战略前沿，强化科技与市场引领，全面构建集现代化种植、技术研发、精深加工、商贸物流、休闲观光、生态康养于一体的全产业链。2020年园区主导产业产值为40267.8万元（其中，第一产业产值10982.4万元、第二产业产值13325.4万元、第三产业产值15960万元），占园区总产值47351.7万元的85.04%。

三、精深加工

（一）达州市开江县园区

达州市开江县园区内加工厂建有油橄榄全自动生产线，可实现清洗、分选、粉碎、初榨、包装、冷藏、橄榄渣再利用等系列初深加工，初加工设备完善，鲜果日加工产量可达50吨，年加工能力达3600吨，产地初加工率达100%，可以对油橄榄初加工产品进行精深加工，开发出橄榄油、橄榄酒、橄榄叶精华素化妆品等深加工产品，目前年产橄榄油200吨、橄榄酒300吨。橄榄油加工产生的残渣、废水及酿酒剩余残渣，全部被制作成饲料、有机肥用于基地种养殖业，真正实现有机循环利用，其剩余物综合利用率达100%，高出评价指标30个百分点。

（二）西昌市冕宁县

2019年底，西昌市冕宁县建成1.7万平方米的橄榄油加工厂区，设计安装生产线3条，引进第一条意大利贝亚雷斯全自动橄榄油提取生产线，集油橄榄鲜果清洗、分选、破碎、搅拌、过滤等于一体，每条生产线具备日榨60吨鲜果的生产能力，2021年两条生产线及灌装生产线已投入使用。按照橄榄油储存的条件，建有储油面积300平方米的仓储间，目前有储油罐24个，自动化库容量1100立方米，储存量为500吨。两条灌、包装设备生产线与储油相连，可实现自动泵油灌装。油橄榄鲜果清洗、分选与加工设施设备完善，产品初加工率为100%。园区有机肥加工厂已建设完成，可以将油橄榄基地生产的枝条、果渣等残余物，通过生物技术处理、发酵，生产供油橄榄等经果林使用的新型有机肥料。新型有机肥生产线于2019年4月底投入使用，剩余（废弃）物资源回收处置综合利用率达95%以上。

（三）金堂县

金堂县建有油橄榄加工厂3家，每小时可加工油橄榄鲜果4.3吨。目前金堂县农产品精深加工基地一期建设完成并启动二期建设，已投产企业11家（其中规模以上企业5家）。金堂县主导产品初加工量为9152吨，产地初加工率达100%，榨油量为832.84吨，加工转化率9.1%。金堂县秉承产业循环发展理念，通过生物发酵、废枝还田等，深入推进园区农（林）业废弃物资源化综合利用，林产业生产废弃物总量为13582吨，林产业生产废弃物资源化利用及回收处置量为13183吨，利用及回收处置率达到97.07%。

四、品牌建设

达州市开江县油橄榄系列产品现已开发7大系列、63个品种。其主产品油橄榄果、油橄榄油均获有机认证，生产的"绿升"牌特级初榨橄榄油、橄榄酒先后荣获"中国驰名商标""四川名牌""四川省著名商标""绿色食品"、达州橄榄油地理标志保护产品等殊荣，"曼莎尼娅"系列化妆品已进入中国产品质量电子监管网。园区内获得县级及以上品牌认证登记的品牌占园区销售品牌的100%。

冕宁县公司申请的"Aoilio澳利欧"特级初榨橄榄油商标通过了国家商标局的认定。目前，开发和主要经营的产品有澳利欧特级初榨橄榄油、澳利欧橄榄手工皂、澳利欧橄榄精油、澳利欧方便装特级初榨橄榄油、木都哈尼特级初榨橄榄油。以"Aoilio澳利欧"特级初榨橄榄油为主体的园区品牌产品产量占园区总产量比重的85%以上。"Aoilio澳利欧"系列产品获得"四川扶贫"集体商标、"大凉山"品牌认证，同时该产品还申报了"冕宁橄榄油"地理标志证明商标。

金堂县已注册"阿贝基娜"橄榄茶、"金·阿贝基娜""聚峰谷""英菲园"橄榄油等12个油橄榄本土商标，主导产业有机认证面积达8052.5亩。

五、产业融合及经营模式

达州市开江县旅游活动园区公路及旅游步道沿线修建观景亭6座、观景台1座，配套安装路灯300台，建有旅游厕所5个、露营地1个、停车场2个，安装标识标牌1套，带动建设1个橄榄新村，5户"橄榄人家"，重点打造恩来科普园，开展全民科普教育活动，建成亲子休闲体验区，开展采摘、农耕、榨油、饲养等农业生产体验活动，实现多产互动，多业融合，旅游配套设施设备完善，2020年全年接待游客2.8万人次。园区每年举办2~3次油橄榄采摘节、农民丰收节、乡村旅游节等节会，开展3~4次全民科普教育活动。目前，该县在成都、重庆、西安等地设有油橄榄产品营销办事处，共有直销门市234个，直销网络已初步形成。该县在园区内成立了开江县特色农产品电商运营中心，通过淘宝、京东、微信小程序等电子商务渠道进行油橄榄系列产品网络平台销售，电商销售率超22.0%，高出评价指标2.0个百分点。

冕宁县园区以冕宁元升油橄榄产业科技示范基地为主体，将园区周边山林、景观综合规划利用，集产业园区观光体验、绿色生态旅游、休闲康养等多元功能于一体，目前年接待人数在2万人次以上，按照总体规划全面实施完成，年可接待游客3万人次以上，园区内每年举办鲜果采摘体验、橄榄油品尝节3次以上，建有以系列橄榄油产品销售为主营业务的"小林家油站"淘宝专卖店。同时，园区以村为单位，分别建有电商橄榄油销售渠道，实行"线上""线下"同步营销。园区还建立了以经营品牌"澳利欧Aoilio"为主体的互联网平台，网址为www.aoilio.com。

金堂县聚焦探索农旅、林旅深度融合发展新路径，推动乡村旅游发展，布局发展森林康养、乡村旅游、精品民宿、电商物流、数字经济等新业态，建设金堂大道乡村旅游示范轴，围绕赏花、运动、休闲、康养等"农（林）业+"产业新业态培育，不断提升景区登山步道、民宿、公厕、旅游标示等设施的服务水平。该县培育建成龙泉山聚峰谷、玉皇养生谷油橄榄特色省级森林康养基地2个，并建有森林康养步道300公里，完成了龚家山观景平台、旅游栈道、油橄榄大道、油橄榄加工体验中心、特色民宿、橄榄树餐厅等项目建设，建成旅游厕所25个、标识标牌300余个、各类停车场10余个。每年举办油橄榄采摘节、乡村旅游节等节会活动4次，年接待人数15万余人次。该县以企业为主体，成功注册全国唯一的B2C橄榄油品牌宣传与营销平台——"中国油橄榄商城"电商平台，入驻淘宝、微盟和"田岭涧生活"微商城等电商平台，产品电商销售率达25.1%。另外，该县建有益农信息社4家，主导产业益农信息社达到全覆盖，持续运营率达到100%，还成立有金堂油橄榄专家工作站、金堂油橄榄技术服务队、金堂油橄榄产业协会等围绕油橄榄生产关键环节各类农业社会化服务组织21家，主导产业社会化服务组织覆盖面达70%以上。

六、科技创新与产业支撑

达州市开江县良种推广园区基地建设使用油橄榄品种'莱星''科拉蒂''柯基''鄂植8号''克罗莱卡''达州2号'等全部为已通过审定或认定良种以及当地适生新优品种，良种和当地适生新优品种使用率达到100%。园区内四川天源油橄榄有限公司先后与四川省林业科学研究院、成都大学等建立合作关系，建立了产品技术研发机构，成立了院士（专家）工作站，创立了一套成熟的油橄榄种植与深加工技术体系，组织编制了《油橄榄栽培技术规程》等4个地方标准和《油橄榄加工技术规程》等2个企业标准，参与起草了《橄榄油、油橄榄果渣油》等3个国家标准，取得2项发明专利、8项实用新型，完成了"发酵型橄榄酒关键技术研究及应用""四川油橄榄产业化培育综合配套技术创新与示范推广"项目，获得了科技成果登记证、四川省科技进步二等奖、达州市科技进步三等奖各1项。

冕宁县引进矮化密植丰产栽培技术，确定了'豆果''柯基'和'阿尔波萨纳'3个优良品种为基地发展的主栽品种，良种使用率为100%。该县的技术团队研究出了以"营养基质+控温、控湿、调光+控根"为核心的油橄榄优质苗木快繁技术。园区主管的林业部门和经营主体冕宁元升农业科技有限公司，每年都要对园区技术人员、基地务工的农民工进行不同生产阶段的相关技术培训，年培训次数不低于5次，培训人员5000人次以上，从业人员培训率达到100%。其自主编制的《油橄榄丰产栽培技术手册》已翻印5万册以上。冕宁元升农业科技有限公司建立了独立的生产技术研发部门，并在有关部门的支持协调下，与国家林科院林业研究所、四川省林业科学研究院签订了科技合作协议。同时，还聘请川农大、省林科院及州、县从事油橄榄科研、生产的专家、技术人员组成了"公司+科技+生产单位"的科技联盟，建立了独立的生产技术研发部门，园区建设采用专家团队的自主成果《油橄榄矮化密植丰产栽培技术研究与标准化栽培示范》（成果获2016年省级科技进步三等奖），参加的《四川油橄榄产业关键技术创新与推广》成果获2020年省级科技进步二等奖。《油橄榄矮化密植丰产栽培技术规程》（DB51/T 2413-2017）由四川省质量技术监督局2017年10月1日发布实施。2021年，该县申请油橄榄相关实用技术专利16项。

金堂县积极开展林产业良种选育试验和推广应用，主导产业已建基地7.73万亩，'阿贝基娜''莱星'等良种种植面积达7.34万亩，良种使用率达95%。该县积极推进以油橄榄为主导产业的林产业标准化、集约化高效生产，推广智能化设施设备、绿色精深加工，在全省率先与京东集团合作建成集现代农业综合管理服务中心、物联网服务平台和质量安全溯源系统等高科技设施系统于一体的"京东农场油橄榄示范基地"，先进实用配套技术推广应用率达到99%以上，主导产业新型经营主体培训全覆盖，培训比重占从业人员的100%。该县坚持科技创新引领，与西班牙科尔多瓦大学、西班牙马德里理工大学、中国林业科学研究院等科研院所共建油橄榄产业研究院，在品种选育、种植管理、园区建设、产品研发等方面开展深入合作；构建"四级"技术服务体系，邀请邓明全、李聚桢、俞宁、周立江、严代碧等国家、省、市专家成立金堂县油橄榄专家工作站，同时聘请甘肃陇南油橄榄技术能手组建县级油橄榄技术服务队；组织编制了《油橄榄建园技术》《成都市油橄榄扦插育苗技术标准》《油橄榄果园田间管理技术规范（试行）》和《油橄榄扦插繁育苗木质量等级（试行）》等技术规范。

七、社会服务组织

达州市开江县四川天源油橄榄有限公司为国家级林业龙头企业、省级农业产业化重点龙头企业。该县建成了以龙头企业为主导、合作社搭桥梁、社会化服务组织为支撑的立体复合现代林业经营体系。新型经营主体与农户建立了分享全产业链增值收益的利益联结机制。园区带动当地2700户林农增收，户均增收过万元，占园区内农户数超90%，实现了产业发展与脱贫同时进行的"双赢"。

冕宁县园区建设主体冕宁元升农业科技有限公司和当地村民共同成立的冕宁元升油橄榄种植专业合作社获2021年国家级示范社称号。元升、元华两家油橄榄专业合作社都是省级、州级示范社。新型经营主体与农户建立了分享全产业链增值收益的利益联结机制，在已发展的15000亩油橄榄基地中，带动了宏模、泸沽、河边、漫水湾镇6800多户农户，园区年用工人数为1500人以上，年用工量达到20万多人次，带动农户数量占园区农户数的比重达95%以上。园区生产经营主体采取"公司+科技+农户（贫困户）+基地"的模式，动员组织农民土地流转入股，前五年以每亩1000元的土地使用租金兑付给农户，农民在公司基地打工，第六年开始按土地入股分红，利润分成为：公司64%、农户36%（公司承诺若遇自然灾害，保底支付农户每年1000元/亩），实现了农户土地分红和打工"双收入"。为充分利用土地资源和解决农民工的劳务收入，园区开展了油橄榄行间玫瑰花林下套种，并以油橄榄文化特色为主体，将油橄榄基地建设与乡村振兴有效衔接，把园区周边山林、景观综合规划利用，着力打造集观光体验、绿色生态旅游、休闲康养等多元功能于一体的"产业园区型"森林乡镇。创新的经营机制，建立了经营主体与农户合理分享全产业链增收效益和利益的联结机制。

金堂县突出龙头企业示范带动，加强涉林经营主体培育，截至2020年，已培育省级林业产业化龙头企业5家（其中涉及主导产业4家）、市级龙头企业1家（油橄榄），培育省级涉林示范农民合作社3家、家庭农场1家，市级涉林示范农民合作社2家、家庭农场2家。为加快推进"新农民"的培育工作，该县组织开展新型职业农民培训会、实用技术培训会等，累计培育新型农（林）业职业经理人1759人，实现主导产业基地新型职业农民全覆盖。该县还深化企业、村集体经济和农户间的利益联结，推动农民全产业链增值收益共分享。该县还推广"龙头企业+村集体经济+基地+农户""企业+专业合作社+农户""村集体经济+基地+农户""企业+基地+农户"等多种利益联结方式和"先租返包""联合经营""预分红"等发展模式，鼓励有条件的村集体、农户与企业联合经营发展油橄榄种植，鼓励农户以土地、劳动、生产资料等入股企业，破解"钱从哪里来、地从哪里出、人往哪里去"等问题。园区内县金美集团、聚峰谷、西中、鑫瑞农特等龙头企业带动农户18015户，占园区农户总数的80%以上，2020年园区内农民人均可支配收入达到23843元，高出当地农民人均可支配收入的2.98%。

第三节　云南省油橄榄产业发展情况

一、政策资金支持

云南省气候类型多样，木本物种资源丰富，山区面积广阔，发展木本油料产业具有得天独厚的资源优势、产业优势和巨大潜力。经过多年的发展，云南省木本油料种植面积达5000万亩，是全国第一大木本油料生产基地。云南省委、省政府高度重视林草产业发展，出台了《关于加快木本油料产业发展的实施意见》，省政府与国家林业局签订了建设云南木本油料产业示范区合作备忘录，省林草局制发了《关于促进林草产业高质量发展的实施意见》。2013年，为进一步调整产业结构、改善丽江市金沙江干热河谷地区生态环境，推进特色产业发展，丽江市委、市政府作出了大力发展油橄榄的决定，提出"着力把油橄榄产业培育成丽江市重要的生态产业，全市发展350000亩油橄榄，把油橄榄打造成百亿元产业"的奋斗目标。

二、基地建设

云南省油橄榄主要种植区域为油橄榄一级适生区金沙江干热河谷凉冬地区，主要是丽江市玉龙县、古城区和永胜县，楚雄州永仁县，迪庆州德钦县和香格里拉市，玉溪市易门县和峨山县。

2012年在云南丽江注册成立的丽江田园油橄榄科技开发有限公司，立足于丽江市玉龙县大具乡油橄榄产业园，先后在大具乡流转石漠化严重的荒山荒坡地12000余亩，按照"有机、可机械化采收作业"的标准，建设完成6000亩油橄榄种植示范基地。公司采取"专业合作社+农户"的发展模式，建立了公司和农户之间稳定、合理、长效的利益联结关系。公司通过为群众发放优质油橄榄苗木，为群众油橄榄种植提供技术服务等方式，辐射带动玉龙县发展油橄榄种植面积60000余亩，已居云南省各县、区油橄榄种植面积之首。同时，公司与玉龙县政府签订了在玉龙县发展15万亩油橄榄基地及精深加工项目的合作战略协议，按不低于每公斤8元的保护价收购玉龙县境内的油橄榄鲜果，成立了"油橄榄专业技术服务队"，为参与油橄榄产业的群众提供长期的技术指导与服务，确保群众的油橄榄树"种得活、长得好、效益高"。公司依托丽江独特的土壤、气候、人文、旅游等优势资源，高起点、高标准谋划建设油橄榄产业发展体系，规划设计了国内首个集橄榄油生产加工、油橄榄生物资源提取、油橄榄餐用橄榄果生产、油橄榄文化展示、油橄榄产品展示销售、休闲旅游观光于一体的复合型油橄榄主题产业园。目前，产业园基础设施建设初具规模，2017年建成投产年处理油橄榄鲜果4000吨的橄榄油生产线1条；2021年建成油橄榄生物提取生产线1条；2022年配套建成年可灌装120万~150万瓶橄榄油全自动灌装线。

楚雄欣源生物科技有限公司位于"中国阳光城、云南北大门、绿色生态县、彝族赛装源"的永仁县，该县是我国油橄榄栽培的一级适生区。公司集油橄榄种植、加工、销售为一体，专门从事油橄榄综合开发和利用，利用金沙江干暖河谷的自然优势，乘着《云南省油橄榄发展规划》和《永仁县十万亩油橄榄产业发展规划》的东风，围绕永仁县委政府发展"两树一羊"的宏伟蓝图做好油橄榄产业，已建成标准化示范园区6000余亩，所产的"欣源"牌庄园级特级初榨橄榄油在意大利举行的EVO IOOC国际橄榄油比赛中，荣获金奖一枚。公司以"公司+科研单位+基地+农户"的现代化发展模式，以有偿提供优良种苗、无偿提供技术支持、保底价回收产品的形式，与周边农户及辐射范围农户签订种植销售协议，将有效带动全县油橄榄产业向集约化、规模化发展，促进永仁县油橄榄产业持续、健康、稳定发展。

三、精深加工

目前，云南省油橄榄的加工产品以特级初榨橄榄油为主，建有生产能力达0.25~4.5吨/小时的橄榄油加工生产线13条，总生产能力为22.4吨/小时。其中，玉龙县2条，永胜县2条，香格里拉市1条，德钦县1条，永仁县4条，嵩明县1条，峨山县1条，易门县1条。

云南油橄榄大健康产业创新研究发展有限公司已初步在丽江市构建起了"基地+公司+研发+市场"的油橄榄全产业链体系。目前，通过科研团队全力攻关，该公司已在保健和化妆品等领域成功研发出系列油橄榄产品。该公司针对云南油橄榄良种选育滞后、加工出油率偏低和橄榄油营养与品质不稳定等制约油橄榄产业高质量发展的短板，拟选育出适合云南种植环境的油橄榄新种质，完善云南油橄榄繁育和栽培技术体系，为突破云南省高品质油橄榄提供资源支撑。同时，通过创新高出油率、高品质橄榄油加工关键技术，为云南油橄榄产业提质增效提供技术支撑，着力打造云南高原特色现代农业和"丽系"品牌，助力乡村振兴。

四、品牌建设

在品牌建设方面，云南省以企业品牌为主，主要包括云南永仁欣源油橄榄开发有限公司的"欣源"，丽江田园油橄榄科技开发有限公司的"高原时光"，丽江三全油橄榄产业开发有限公司的"久顾"，永仁太谷农业发展有限公司的

"牧溪庄园"，易门榄源林业科技开发有限公司的"彩云榄"，丽江森泽林业科技发展有限公司的"森泽""程海时光"，永仁共享油橄榄发展有限公司的"糯达庄园"等企业品牌。

五、产业融合及经营模式

主要包含两部分内容。一是以亚马逊国际跨境电商平台、天猫自营旗舰店为依托，以短视频、抖音、今日头条营销推广为模式，创建"线上"产品推广营销模式。二是充分利用丽江旅游资源优势及品牌效应，以产品区域代理、三级经销商体系构建"线下"产品营销网络。

六、科技创新与产业支撑

云南省油橄榄科技创新与产业支撑体系主要由科研院所、高校构成，从种质资源创制、良种选育、病虫害绿色防控、油橄榄采收、精深加工生产工艺创新等方面进行支撑，主要包括云南省林业和草原科学院、江南大学、西南林业大学、云南民族大学等研发机构，依托高原木本油料种质创新与利用技术国家地方联合工程研究中心、云南省木本油料技术创新中心、云南省木本油料工程技术研究中心、云南省木本食用油工程研究中心、云南省林业和草原科学院永仁油橄榄研究所等创新平台为云南省油橄榄产业发展提供技术研发和科技支撑。

七、社会服务组织

云南油橄榄大健康产业创新研究发展有限公司致力于食用橄榄油向功能性橄榄油的转化及开发，以油橄榄药用、食用、日用、肥用、饲用为突破口，着力在丽江市构建"基地+公司+研发+市场"的油橄榄全产业链体系。

第四节　重庆市油橄榄产业发展情况

一、政策资金支持

重庆市委、市政府近年来十分重视油橄榄产业发展，在《重庆市"十四五"林业草原发展规划》中明确提出：以现有产业基地为基础，结合森林质量提升等生态修复工程，重点发展木本油料、特色林果等特色经济林。2023年9月印发《重庆市林业草原改革发展资金管理实施细则》，明确国土绿化支出用于退耕还林还草、草原生态修复治理、油茶发展、造林（含油橄榄、核桃、花椒等木本油料营造）、森林质量提升等，促进重庆市林业生态产业化发展。重庆市林业局出台《重庆市木本油料产业发展规划（修编）》，加快油橄榄全产业链布局及发展。重庆市油橄榄研发中心建设项目（一期）于2017年5月17日获重庆市发改委批复立项，于2024年投入使用。

二、基地建设

重庆市油橄榄产业主要集中在以奉节、万州为核心的长江三峡低山河谷地带以及以合川为核心的龙多山台地区，全市种植面积约165000余亩。其中，奉节县油橄榄栽培种植面积最大，全县发展面积约130000亩，部分乡镇以油橄榄为重点发展产业，2023年，产出油橄榄鲜果约1600吨；其次是合川区和万州区，当地均有龙头企业和合作社进行较大规模的引种栽培和橄榄油加工；此外，南川区、璧山区、云阳县、巫溪县等区县有小规模的发展种植。

根据《重庆市木本油料产业发展规划（修编）》，重庆市规划发展的重点区域为奉节县、合川区和万州区；到2025年，在全市建成油橄榄基地225000亩，重点布局在奉节县和合川区。

三、精深加工

重庆市油橄榄加工产品以初榨橄榄油为主，产品附加值有限，仅合川区油橄榄企业生产有橄榄菜，缺乏橄榄醋、橄榄酒、橄榄茶和橄榄化妆品等系列产品的开发与利用，需加快延伸加工产业链，提高油橄榄加工综合效益。

目前，重庆市内共有油橄榄榨油生产线6条，其中，合川区1条国外进口生产线；万州区1条国产生产线；奉节县2条国外进口生产线、2条国产生产线。

四、品牌建设

重庆市内共有特级初榨橄榄油品牌5个，包括合川区江源油橄榄开发有限公司（渝江源特级初榨橄榄油，欧丽康语特级初榨橄榄油）；万州区禄丰天润油橄榄开发有限公司（神女峰特级初榨橄榄油）；奉节县红蜻蜓油橄榄开发有限责任公司（三峡之巅特级初榨橄榄油，夒美特级初榨橄榄油）。但与其他油橄榄发展大省相比，重庆市依然缺乏具有知名度的橄榄油品牌，产品市场认知度低，营销网络未建立，橄榄油"养在深山人未识"，急需与国内各大营销企业、网络电商合作，借船出海，打通销售渠道。

五、产业融合及经营模式

重庆市油橄榄种植主要采用"龙头企业+专业合作社+农户"的模式。市内合川区、万州区和奉节县的油橄榄龙头企业，均建设有榨油生产线，初步形成了"基地+加工生产线+品牌橄榄油"的产业发展模式，对全市油橄榄产业带动效果较好。此外，2023年，重庆市林投公司与重庆江源油橄榄开发有限公司开展合作，在合川区隆兴镇流转了1万余亩油橄榄种植基地，并助力隆兴镇油橄榄产业成功纳入国家储备林项目，助力合川区隆兴镇油橄榄产业迈上了新台阶。在重庆市林投公司和重庆江源油橄榄开发有限公司的紧密合作下，隆兴镇8个油橄榄专业合作社持续发展壮大，农户以土地入股分红的形式，形成了"公司+合作社+农户"的模式，农户每年可依靠油橄榄产业增加土地流转租金和劳务收入。

六、科技创新与产业支撑

重庆市油橄榄产业的主要科技支撑力量来自重庆市林业科学研究院油橄榄团队，该研究团队现有成员6人，其中高级工程师2人，工程师4人，承担着全市的油橄榄新品种引进、试验研究、示范推广、技术培训、合作交流等工作。近年来，油橄榄团队依托市级科研项目和中央推广示范项目，在油橄榄良种选育、高效栽培、苗木繁育、病虫害防治、低效林改造等方面取得一系列成果，在奉节、万州、合川等区县合作建立了科技示范基地，引进30多个油橄榄品种，申报了1个国家级审定良种、3个省级审定良种，取得了省级科研成果12项，发表科技论文10余篇。随着重庆市油橄榄研发中心平台投入使用，油橄榄研究团队将通过产学研和院企合作开展技术创新，继续开展良种选育及引进、油橄榄山地及丘陵高效栽培、品种改良、水肥一体化高效栽培、油橄榄加工副产物高效利用等关键技术科研攻关，引领产业创新发展，全面助力乡村振兴。

此外，西南大学园艺园林学院果树团队在油橄榄新种质创制方面、重庆第二师范学院和重庆工商大学在油橄榄精深加工方面、重庆师范大学生命科学学院昆虫研究团队在油橄榄授粉相关研究中均取得积极进展。这些为产业的发展提供了有力的理论与技术支撑。

七、社会服务组织

2021年以来，重庆市林业局持续组织油橄榄市级林业科技专家组和选派市级科技特派员，开展油橄榄良种培育、病虫害防治等先进实用技术的应用与推广，并在全市范围内进行油橄榄科技指导、技术培训等帮扶工作。

第五节　湖北省油橄榄产业发展情况

一、政策资金支持

十堰市作为湖北省油橄榄产业主要发展区域,十堰市委、市政府高度重视油橄榄产业发展,2021年制定下发了《关于培育壮大农业产业化龙头企业的意见》(十办发〔2021〕10号),将油橄榄列入木本油料产业链重点扶持范畴,计划"十四五"期间在环丹江口库区发展油橄榄基地20万亩。十堰市财政每年拿出1000万元重点支持发展以油橄榄为主的木本油料产业,对油橄榄重点发展乡镇、企业或大户主要采取以奖代补政策,推动产业发展。

二、基地建设

自2009年以来,湖北省十堰市先后引进油橄榄种质资源30份,建立油橄榄示范种植基地6000余亩,新建种质资源圃100余亩。2020年至今,十堰市郧阳区、丹江口市、郧西县高度重视油橄榄产业发展,积极探索破解油橄榄产业发展的瓶颈问题,推动了油橄榄基地建设。截至2023年,湖北省在丹江库区20个乡镇42个村建立了油橄榄基地,基地总规模达到近8万亩。

三、精深加工

在发展油橄榄产业的过程中,湖北省逐步形成了"龙头企业+基地+农户"的产业布局,调动了市场主体的积极性,增强了发展油橄榄的信心。现有1家国家级林业龙头企业,8家油橄榄省级林业龙头企业,21家合作社,近百个种植大户。在郧阳区、丹江口市建有3条橄榄油加工生产线和自动灌装生产线,可日加工60吨鲜果。2023年加工鲜果3000余吨,生产橄榄油300余吨,实现销售收入达9000万元。

四、品牌建设

现有1家国家级林业龙头企业（湖北鑫榄源油橄榄科技有限公司）、8家油橄榄省级林业龙头企业（湖北鑫榄源油橄榄科技有限公司、十堰绿鑫林业发展有限公司、湖北联胜油橄榄科技开发有限公司、郧阳区振林生态农业开发有限公司、十堰市龙峰农业开发有限公司、十堰泽盟农业开发有限公司、丹江口市兴源生橄榄油科技发展有限公司、十堰金橄榄生态农业有限公司），注册有鑫榄源、遇见武当、京堰、兴源生、安阳湖、橄榄梦工坊、均州金橄榄等商标。

五、产业融合及经营模式

湖北省依托湖北鑫榄源油橄榄科技有限公司，建立了以油橄榄元素为主体，集种苗培育、种植、加工、销售、农文旅于一体的国家级三产融合模式示范民营企业，投资5亿元打造的田园综合体，集"油橄榄产业+休闲游+文化体验+科普+创意教育+艺术酒店+民宿"于一体，一期项目已建成1700亩国家AAA级旅游景区，二期项目"遇见汉江"原生态康养休闲基地现已完成信息备案。

六、科技创新与产业支撑

从20世纪60年代起，湖北就加入了全国油橄榄协作组，进行油橄榄研究与推广。湖北省林业科学研究院等单位围绕油橄榄品种适应性试验及经济性状测定、栽培技术、繁殖技术及品种改良等方面进行研究，筛选出'九峰1号''九峰4号''九峰6号''九峰7号'等油橄榄优质资源，制定了湖北省油橄榄栽培区划，选育出了具有完全自主知识产权的国审油橄榄良种'鄂植8号'，合作选的'莱星''皮瓜尔''科拉蒂''中山24'通过国家林业和草原局林木品种审定委员会审（认）定，相关研究成果曾获1978年全国科学大会奖，1982年获湖北省科技进步二等奖。

近年来，在国家和省级等有关部门多年的大力支持下，湖北省油橄榄产业初具规模，发展前景较好。2021年由湖北省林业局、十堰市人民政府共建的湖北省林科院(十堰)木本油料研究院挂牌成立,湖北省油橄榄产业技术研究院已获湖北省科技厅备案建设(将于近期成立)。目前,十堰市已初步形成涵盖种苗、种植、精深加工、技术服务等各方面的产业体系。近年来,湖北省林业有关科研单位和有关企业主持了农业综合开发项目、中央财政推广项目等油橄榄有关项目10余项,收集了油橄榄品种和优异资源50余份,围绕品种选育、高效栽培、产品精深研发及加工开展产学研融合,申报的湖北省地方标准《油橄榄容器育苗技术规程》《油橄榄生态种植技术规程》和湖北省团体标准《湖北省油橄榄丰产栽培技术规程》获批立项,授权国家发明专利、实用新型专利50余项,发表有关研究论文30余篇。这些成果有力地支撑了湖北省油橄榄产业的发展,并取得了良好的经济效益、社会效益和生态效益。

七、社会服务组织

2022年5月,十堰市郧阳区油橄榄市场主体联合发起成立郧阳区油橄榄产业联盟,建立了"产业链党委+产业链主"双链式"链长制"工作机制,形成了"产业链党委+链主企业+产业联盟+农户"组织体系,重点在油橄榄种植技术、苗木选优繁育、产品加工、区域公共品牌打造、市场信息、政策支持等方面实现资源共享、合作共赢。

第六节　几点启示

一、加强品种选育是产业发展的基础

从五个省重点产区的油橄榄产业布局来看,种植区域呈现出由传统的适生区向边缘区域扩展的趋势。油橄榄的栽培也突破了原有的适生区域界限,如在甘肃陇南原有适生区是海拔1300米以下的沿白龙江河谷地带,但现在已栽植到海拔1500米,依然表现出较好的结果性能。一些近年来引种的适宜新品种,也有好的生长和结实表现,四川东部嘉陵江、涪江流域的紫色土丘陵区,不是传统的适生区，但近年来栽培的油橄榄也达到了经济要求。广适性、耐湿型品种的选育与推广，使得浙江、福建等省也开始重新发展油橄榄。随着育种新技术的使用、新品种的出现，可供我国生态条件栽培的品种将越来越多，油橄榄适生的范围也将有进一步的扩展。

因此，要扩大我国的油橄榄栽培面积必须在品种选育上下功夫，一方面我们要挖掘已引进品种的潜力，我国在四川的西昌和甘肃的陇南已建立两个国家级油橄榄种质资源库，收集保存300多个品种，要对这些种质资源的生长特性、农艺性状进行科学的评价，对每一个品种在果园里生长表现好坏，进行选择和鉴定，选出本地适应性强，结果好的品种，实现栽培品种区域化，良种化，提高生产力。另一方面，我们亟需在现有的品种资源基础上进行创新，利用实生选择、杂交育种、分子辅助育种等手段，创制新品种，培育适应性强的优良新品种，为油橄榄丰产、稳产奠定物质基础。

二、科技创新是产业高质量发展的动力

科学技术是第一生产力。从五个省重点产区的油橄榄产业科技创新与产业支撑来看，近些年五个省从数量到质量都有所发展，初步形成涵盖种苗、种植、精深加工、技术服务等各方面的产业服务体系，为产业的发展提供了技术支撑。各省都找到了油橄榄适生区，适生区的部分产量已接近或超过原产地，种植效益越来越高，也越来越被当地群众的接受。在科研工作者的长期努力下，近年来油橄榄品种的利用与栽培技术得到进一步提升，我们也欣喜地看到，在各产区均已出现一批管理规范、产量喜人的示范园，彰显出我国油橄榄基地存在巨大的增产潜力。如在甘肃省陇南市示范园丰产期平均每亩鲜果产量可达400～500kg，最高可达1100kg；在四川省冕宁县示范园区，丰产期平均每亩产量可达820kg；在云南省丽江市平均每亩产量可达400～500kg，最高可达1160kg；在重庆市丰产期平均每亩产量可达300～400kg，最高可达510kg。但是油橄榄产业总体产量低是全局性问题，已成为油橄榄产业发展的困境，因此必须强化科学试验，找出解决技术难点的措施和方法，解决油橄榄产业发展

中面临的新的科学技术问题,提高油橄榄生产力。

三、当地政府重视是产业成长的重要条件

从五个重点省份油橄榄产业发展历程来看,当地政府均对油橄榄产业给予了高度重视,从省级层面、适生区当地政府及行业主管部门均出台了许多政策来支持产业发展。政府的重视是优势产业成长的重要条件。油橄榄作为外来树种,作为一个新生事物,在树种特性、产品特性、市场前景等方面群众还缺乏对其有充分认识的情况下,当地政府的扶持显得非常重要。从我国油橄榄产业发展最好的甘肃省来看,从省级至县(区)历届领导班子都十分重视油橄榄产业开发工作,特别是近年来,省委省政府高位推动,高度重视油橄榄产业发展,省委书记和省长就油橄榄多次指示批示,作为油橄榄主产县(区)的武都区历届区委、区政府领导班子都十分重视油橄榄产业开发工作,成立了武都区油橄榄产业发展领导小组,每届政府均把油橄榄作为支柱产业重点开发。相关乡镇和部门也成立了相应的领导小组,乡镇党政"一把手"和部门主要负责人亲自抓产业、亲自协调解决产业开发中的具体问题,为油橄榄产业开发提供了强有力的组织保障。

四、加工企业成长是产业壮大的必要条件

油橄榄产业是对加工依赖性高的产业,油橄榄必须经过专业设备加工才能变成产品,且产品加工对采摘的鲜果有时效性的限制,要在规定时间段内及时加工,加工企业发展和运行状况对油橄榄产业发展很关键。橄榄油在我国作为新生油品,目前国内消费认同度不高,企业销售上存在一定困难,且参与油橄榄产业开发的企业多为民营企业,这些企业基本上是中小企业或小微企业,抗风险能力弱,或企业运行不良。油橄榄企业一旦出现问题,将会导致鲜果没人收购、加工,这将对前端种植业带来毁灭性影响。

第四章

油橄榄产业发展重点企业

油橄榄是世界著名的木本油料作物，其产品橄榄油被誉为"液体黄金""植物油皇后"，是世界上重要的植物食用油，也是酿酒、饮料、医药、日用化工等行业的重要原料，用途非常广泛。习近平总书记强调，要树立大食物观，向森林要食物。2023年中央一号文件要求，深入推进大豆和油料产能提升工程，支持木本油料发展。我国油橄榄产业在世界各种植油橄榄国家中的地位逐步提升，国产橄榄油在国际上屡获大奖，这离不开全国油橄榄加工企业的艰辛努力。本章筛选了全国部分油橄榄重点企业，这些企业凭借其卓越的运营管理、先进的技术创新及敏锐的市场洞察力，成为全国油橄榄产业的领军者，它们在生产、加工、销售环节发挥关键作用，推动我国油橄榄产业可持续发展。

第一节　甘肃省重点企业

一、陇南市祥宇油橄榄开发有限责任公司

主要产品有特级初榨橄榄油、原生护肤品、橄榄饮品、橄榄休闲食品、橄榄保健品、橄榄木艺品等六大系列，其中祥宇橄榄岷归软胶囊填补了国内油类保健品的空白，取得了发明专利。

2014年，占地180.86亩，总投资6.82亿元的祥宇油橄榄生态产业园正式启动建设，按照规划，产业园建有农业科技产业园、橄榄文化博览园、科技研发示范园、阳光工厂体验园、健康主题休闲园。园区全部建成后，企业综合产值达到8.2亿元，利润达到1.06亿元，新增就业岗位500多个。目前一期工程"阳光工厂"已经建成并于2015年投入生产，安装了3条原装进口橄榄油冷榨生产线，日加工橄榄鲜果560吨；建成了国际标准化充氮隔氧、恒温避光的万吨储油库，有效隔绝了紫外线和空气对橄榄油的氧化，最大限度地保留了橄榄油中的活性成分；建有两条日灌装能力15万瓶的生产线；配备了专业的质检团队，全天候

实时质量监控,严格控制每道生产工序。

祥宇公司是两度受邀参与橄榄油国家标准起草的企业,2013年"祥宇"商标被国家工商总局认定为"中国驰名商标";2014年被国家林业局确定为"首批国家林业重点龙头企业";2016年被国家农业部、财政部、国家发改委等八部委审定为"农业产业化国家重点龙头企业";2019年荣获"第六届甘肃省人民政府质量奖",同年获得中国首张特级初榨橄榄油认证书,并被国家粮食局评定为"全国放心粮油示范工程示范加工企业";2020年先后获得省级、国家级"绿色工厂"称号;2021年祥宇公司被国务院扶贫办确定为"全国脱贫攻坚考察点",刘玉红董事长被评为"全国脱贫攻坚先进个人""全国三八红旗手",同年公司被国家粮食和物资储备局确定为"国家粮食应急保障企业";2022年荣获甘肃省"科技进步一等奖",被省委、省政府授予"甘肃省先进企业突出贡献奖",刘玉红董事长被评为"甘肃省优秀企业家",祥宇生态产业园区被批准为"国家AAA级工业旅游景区";2023年祥宇工业旅游景区被文旅部批准为国家级"工业旅游示范基地"。

公司高度重视科技研发和创新突破,2015年被国家林业局批准为"国家林业局油橄榄工程技术研究中心产品研发基地",2016年被甘肃省科技厅批准为"甘肃省油橄榄加工技术与质量控制工程技术研究中心",2018年经省院士专家工作领导小组批准设立了油橄榄行业首个院士专家工作站,2022年在陇南市委、市政府的大力支持下,牵头成立了中国首个"油橄榄产业创新联合体",开创了科技创新的新路径。

"祥宁"作为中国庄园橄榄油开创品牌,自2017年以来,先后在美国、日本、澳大利亚、德国、西班牙、意大利、希腊等十多个国家举办的国际橄榄油专业大赛中累计荣获金、银、铜奖84枚,2017年在澳大利亚被评为"北半球最好的特级初榨橄榄油",2020年在西班牙入选"全球特级初榨橄榄油100强"。

公司高度重视品牌打造和宣传推介,2019年祥宇橄榄油广告在CCTV-1、2、13频道黄金时段播出,同年入选"新华社民族品牌工程",在国家、省、市、区十多家媒体的大力宣传推介下,"祥宇"橄榄油消费者群体逐年增长。

公司采用"公司+协会+基地+合作社+农户"的合作方式，实施"订单农业"，有效整合了武都区46.3万亩油橄榄，带动种植户69742户35万人发展油橄榄，公司成立至今已累计向果农支付收购款16.8亿元。自2014年以来，公司累计带动建档立卡贫困户4817户21678人实现了稳定脱贫。

公司在不断发展壮大的同时，不忘应承担的社会责任，始终热心于各项公益事业。在助力乡村发展上，每年吸纳周边农户4000余人次进园务工，2021年为武都区蒲池乡、坪垭乡2个村各捐赠1万元产业发展资金，在"光彩会宁行"活动中为会宁老区发展经济捐款10万元，2022年为响应"万企兴万村"行动，向两个帮建村（武都区磨坝乡曹家湾村、裕河镇风屏村）分别捐赠10万元物资、20万元现金。在教育事业上，公司自2013年起在陇南市一中设立了"祥宇"橄榄奖助学金，每年捐助10万元，11年来，公司捐助的100多万元橄榄奖助学金已资助学生数百名。在新冠疫情防控上，2020年新冠疫情期间累计捐款捐物75万元，2022年向青岛市捐赠了价值19.6万元的抗疫和生活物资，向武都区捐赠了13万元的防疫物资，向汉王镇捐赠了4万多元防疫物资。在抢险救灾上，为武都区桔柑镇陈家坝村暴洪灾害水毁道路及河堤灾后恢复重建捐款7万元，为河南省暴洪灾害捐款1万元。截至2023年底，祥宇公司已累计捐款、捐物达1640多万元。

祥宇以"产品就是人品"的理念坚定不移地走品质之路、品牌之路，始终秉承"打造一个品牌，带动一个产业，造福一方百姓"的初心，铭记"产业报国，敬天爱人"的企业宗旨，以让国人吃上国际品油师认可的特级初榨橄榄油、让世界爱上中国橄榄油为使命，持之以恒地打造国际一流油橄榄全产业链企业，让世界看到了中国原产橄榄油的匠心制造、国际品质，为油橄榄产业助力乡村振兴注入了新动能。

二、陇南市金纽带油橄榄科技有限公司

陇南市金纽带油橄榄科技有限公司成立于2019年8月，注册资本为1亿元。公司坐落于甘肃省陇南市武都区桔柑镇大岸庙村陇南供销智慧冷链物流园内，占地面积51.15亩，总投资1.52亿元。作为陇南市供销合作社联合社的直属企

业,公司秉承"让用户更健康、让果农更富裕、让员工更幸福、让乡村更美丽、让企业更兴旺"的发展理念,在"供销社+龙头企业+科研院所+专业合作社+基地+农户"的模式下,立足本土实际,充分发挥供销行业优势,以"为农、务农、姓农"为宗旨,积极发展油橄榄特色产业,整合社会优质优势资源,以"收购价格的稳定器、市场价格的调节器"为企业定位,打造"为农姓农国家队,乡村振兴排头兵"。

针对陇南油橄榄产业发展初期基础条件较差、产业发展成本高、品牌效应不强、精深加工水平低等问题短板,在2016—2018年间,陇南油橄榄鲜果一度出现每公斤低于3元,甚至有不收果子的现象,让陇南"独一份"的油橄榄产业发展陷入了困境,出现果贱伤农、果农砍树的现象,在较大程度上挫伤了果农种植的积极性。这些问题引起了陇南市委、市政府的高度重视,多次召集林草、农业农村、乡村振兴、供销等部门进行专题研究部署。为了尽快破解陇南油橄榄产业发展中遇到的瓶颈难题,围绕全市油橄榄产业发展现状,从供销工作实际出发,市供销社提出了"保障果农利益、拓展销售渠道、发展壮大产业"的工作思路,2019年,在市委、市政府的指导支持下,市供销联社开始谋划建设陇南市供销智慧冷链物流园区项目,并于同年8月组建了陇南市金纽带油橄榄科技有限公司(以下简称金纽带公司),注册了"金纽带"橄榄油商标,逐渐开始打造陇南发展油橄榄产业的"国家队"。

2019年在陇南市委、市政府的指导下,市供销社筹划建设陇南市供销智慧冷链物流园区并交由陇南市金纽带公司承接运营,园区位于陇南市武都区桔柑镇大岸庙村,总建筑面积达32313.18平方米。目前,已建成加工量达5.8吨/小时的特级初榨橄榄油生产线2条,总储量达500吨双层保温储油罐25个,建成橄榄油灌装生产线1条,远期计划建设特级初榨橄榄油生产线增至5条,油橄榄鲜果年加工能力将达5万吨,储存量达1.2万吨。园区于2022年10月油橄榄收购季开始投产试运营。项目于2021年1月正式开工建设,2023年7月底,该项目已完成竣工验收,资产已全部移交金纽带公司。

为全面推广"金纽带"橄榄油,金纽带公司面向全国积极参与各类产销对接活动，针对国内一二线城市大力发展"线下"经销网络。公司先后与国家315打假保真协会、中国烹饪协会、中华美食频道、国育新业等十余家中央省市协会、媒体、企业进行合作"背书"；并与扶贫832平台、淘宝、中华美食频道线上商城、甘肃建行商城、杭州生活频道、海豚智慧商城、抖音、微信商城、兰州银行百合生活网等十余家线上购物平台合作，集中销售、展示金纽带品牌系列产品。2023年，"金纽带"特级初榨橄榄油先后参加了五个顶级国际橄榄油比赛并全部喜获大奖。

在"供销社+龙头企业+科研院所+专业合作社+基地+农户"的模式下，公司协同旗下11家加盟合作社，已成功签约1.5万亩油橄榄种植基地，其中3200余亩已签订土地承包租赁合同，有效带动了东路片区多个村镇3000余户油橄榄种植户共同发展。为破解油橄榄鲜果被个别企业压价收购、无人收购等突出问题，防止果贱伤农、果农砍树等现象再次发生，自公司成立以来便积极承担油橄榄鲜果的保价兜底收购工作，此举在市场中产生了积极的"鲇鱼效应"。近年来，随着市委、市政府进一步加大对外宣传的力度，陇南橄榄油逐步获得市场的认可。同时，陇南油橄榄三年倍增计划的实施，也为产业发展注入了新的活力。在这些因素的共同作用下，油橄榄鲜果价格由2018年的3元/公斤增长至2023年的8元/公斤，呈现出可喜的发展态势。这一变化引发了民营企业对油橄榄鲜果的争抢收购，极大地提振了广大果农对发展陇南油橄榄特色产业的信心与决心，实现了企业、合作社、农户、市场和社会多方共赢的局面。公司发挥出了市场价格调节器的作用，成为果农增强信心的稳定器。截至2023年底，公司已累计带动5000户农户参与油橄榄产业，支付收购款项高达3500余万元，为地方经济发展作出了积极贡献。

2023年度，公司申报了绿色食品认证、"武都油橄榄"国家农产品地理产品标识以及"陇南橄榄油"国家地理标志产品，均已授权通过，同时已向林草部门申请认定为省级林业和草原产业化重点龙头企业，目前，资料审核已圆满完成，预计于2024年获得批复。在国际舞台上，金纽带公司选送的由'莱星'和'科拉蒂'两个单果品种压榨而成的两款金纽带特级初榨橄榄油，于2023

年先后参加了五个顶级国际橄榄油比赛并全部喜获大奖。2023年4月11日，在美国纽约国际橄榄油比赛（New York IOOC）中，参赛的两款金纽带特级初榨橄榄油双双荣获金奖。2023年4月26日，在西班牙科尔多瓦国际橄榄油竞赛（EVOOLEUM Top 100）中，金纽带特级初榨橄榄油成功入选世界上最好的特级初榨橄榄油TOP100榜单。2023年5月22日，在希腊雅典娜国际橄榄油大赛（ATHENA IOOC）中，金纽带特级初榨橄榄油再次斩获金奖两枚。2023年6月14日，于伦敦国际橄榄油质量竞赛（London IOOC）中，金纽带特级初榨橄榄油荣获一枚铂金奖和一枚金奖，值得一提的是，金纽带公司是中国唯一荣获该竞赛最高铂金奖的油橄榄企业。2023年6月27日，以色列国际橄榄油大赛（Terra Olivo）中，金纽带特级初榨橄榄油再获一枚最高荣誉金奖和一枚金奖。这些荣誉不仅为陇南橄榄油走出国门、走向世界添上了浓墨重彩的一笔，也为公司的未来发展奠定了坚实基础。未来，金纽带公司将继续坚持为农、务农、姓农的根本宗旨，继续秉持"匠人"精神，整合行业和渠道优势，坚持品质为先、质量为重、服务至上，真正将陇南市金纽带油橄榄科技有限公司建设成一二三产融合发展的国家级现代农业特色产业龙头示范企业，真正成为"为农姓农国家队，乡村振兴排头兵"，为乡村振兴和农业农村现代化贡献力量。

三、甘肃时光油橄榄科技有限公司

甘肃时光油橄榄科技有限公司创建于2018年，总部设在甘肃陇南，注册资本为3000万元，现有固定员工80余人。

公司所在地陇南武都是中国油橄榄最佳适生区，油橄榄种植面积、油橄榄鲜果产量均居中国第一，是国内最大的油橄榄种植基地。为便于品牌推广及市场营销，公司在上海建立了品牌研发和营销中心，以上海这个特大型城市为依托，积极拓展"线上""线下"销售渠道。"橄榄时光"品牌优质特级初榨橄榄油成功打入了北京、上海、广州、深圳等一线城市，年销售收入达3800余万元。

公司始终坚持以"尊重、专业、团结、品质、创新"为企业的质量方针，不断完善生产、仓储、品质管理等多个模块的管控，强化全面质量管理，引进了亚太地区最先进的贝亚雷斯橄榄油冷榨生产线2条，日加工橄榄鲜果170吨；建成了恒温避光、储存能力600吨的储油库；建有一条日罐装能力达4万瓶的灌装生产线。

同时，公司采用"公司+合作社+农户"的合作方式，实施"订单农业"，整合了武都区油橄榄种植基地5万余亩作为公司的鲜果供应基地，累计带动5万农户近25万人发展油橄榄（其中贫困户200余户）。公司自成立至2023年底，已累计收购油橄榄鲜果20000余吨，支付油橄榄鲜果收购款11000余万元。主要产品以特级初榨橄榄油为主体，相继开发出橄榄菜、橄榄油牛肉酱、橄榄油软糖、橄榄油酱料等系列衍生产品。

公司于2020年取得了"ISO9001"质量认证、"特级初榨橄榄油认证"。2021年，浙江大学沈立荣教授向甘肃时光油橄榄科技有限公司授予FDA国际橄榄油标准，这意味着橄榄时光品牌得到了世界级标准的认可。公司产品曾先后获得首届陇南橄榄油大赛"金奖"、国际橄榄油高峰论坛"银奖"、世界级橄榄油大赛"雅典娜铜奖""纽约国际银奖""国际美味奖章"等多个国际奖项；2020年被省林草局评为林业产业化重点龙头企业；2022年"橄榄时光"特级初榨橄榄油入选"'甘味'农产品品牌目录"；2024年与叮咚买菜推出首个橄榄油联名款，并迅速铺往全国各地，用户下单30分钟后即可品尝到来自陇南的特级初榨橄榄油。

公司始终不忘企业的社会责任，不仅直接解决贫困人口就业问题，而且把帮扶社会弱势群体作为义不容辞的责任，帮助角弓、石门、坪垭、两水、城关等乡镇免费为2200多户种植户提供种植技术咨询4100多人次。2019年以来，资助石门镇易地搬迁小区、龙凤乡小庄里村、枫相乡尹家河村、石门镇枣川村、庙上村困难群众生活生产物资及角弓镇中心小学等累计达100余万元。2020年新冠疫情期间向武都红十字会捐款10万元。2022年积极参与"万企兴万村"行动，与武都区马营镇石塄坎村签订了产业帮扶协议。

公司坚持以促进农民增收、提高人民生活质量为己任，以制造绿色、健康、营养、时尚的橄榄油及衍生品为发展道路,以创建一流的大健康产业企业为发展目标。公司致力于创建以橄榄油为产品基础的全产业链生态系统,打造橄榄油百亿(元)市场。加强品牌管理和建设,继续增加市场营销力度,采取"线上""线下"有机结合销售模式,通过加大宣传力度增加市场占有率,全面覆盖国内市场的食品、母婴及大健康类中高端市场,推动陇南油橄榄产业健康可持续发展。

四、陇南橄榄绿农业开发有限公司

陇南橄榄绿农业开发有限公司成立于2017年9月,是奥利沃生物科技(青岛)有限公司为响应东西协作的号召,在甘肃省陇南市投资的一家集油橄榄加工、初榨橄榄油加工生产线研发制造、油橄榄产品精深加工为一体的高科技企业。

公司于2021年3—10月投资2000万元,在武都区外纳乡透防村新建一座占地4000平方米、年加工鲜果9600吨的现代化油橄榄加工厂区。项目单机生产线每小时6吨,每天可处理鲜果130吨,年生产初榨橄榄油1000余吨。

2023年公司再次投资5600万元,在陇南市武都区马安高新技术产业园建设油橄榄叶及橄榄果渣有效成分提取生产线项目,该项目占地6000平方米,建筑面积为8000平方米,建成年处理油橄榄干叶5000吨和9000吨果渣的提取物生产线各1条,可生产出提取物300吨,主要产品为橄榄苦苷、橄榄黄酮、齐墩果酸、山楂酸,提取物主要具有抗氧化、降血糖、降血脂、杀菌、消炎抗肿瘤等功效,广泛用于食品、药品、保健品和饲料添加。每年可实现销售收入8000万元。

公司自主研发的"奥立"油橄榄连续压榨生产线有200公斤/小时、500公斤/小时、1吨/小时、2吨/小时、5吨/小时等不同级别的鲜果压榨能力,在我国油橄榄产区的甘肃陇南、四川金堂、西昌、云南丽江、楚雄等地投入使用,具有性能稳定、易操作、培训及售后服务优等特点,受到油橄榄种植者的欢迎。同时,该设备出口到了南美、东非、澳大利亚等国的油橄榄、牛油果种植区。能被具有更长油橄榄种植历史的产区采购，足以证明设备的性能可靠。

公司已围绕油橄榄开发出了品类齐全、品种众多的产品体系，拥有"橄榄绿洲""恩莱斯""和平枝"等食用橄榄油品牌，产品类型包含单一品种果特级初榨橄榄油、高多酚特级初榨橄榄油、婴儿辅食特级初榨橄榄油等多个系列；"奥立"牌油橄榄连续压榨生产线；"奥利沃"油橄榄生物提取物等三大类产品。凭借着优秀的品质，公司产品在国内外深受好评，深受市场消费者的青睐。

公司具有油橄榄生产线及油橄榄深加工方面的专利5项，2022年获得全市（陇南市）十佳油橄榄生产企业称号。

第二节　四川省重点企业

一、冕宁元升农业科技有限公司

冕宁元升农业科技有限公司是一家以油橄榄产业为主体，集科研、育苗、种植、生产、加工、油橄榄产业价值链产品研发、观光文旅、销售、服务于一体的国家级龙头企业。集团聘请美国及西班牙油橄榄专家组成专业团队，采用国内外最先进的技术进行技术创新。油橄榄庄园地处四川大凉山冕宁县，灌溉水源取自大雪山山脉南端的天然涌泉，得天独厚的高原气候与阳光充足、日照长、日夜温差大的生长环境，孕育出纯净天然的油橄榄精华。公司通过现代农业科技和意大利精品榨油设备和技术，严格调控每个程序，从源头控制橄榄油质量，专注研发生产全世界仅2%的生饮级有机特级初榨橄榄油，帮助大众解决常见的营养健康问题。

公司是州级重点龙头企业，省级林业产业化龙头企业、国家林业重点龙头企业。2016年，公司基地已获州政府、州科技局批准为州级油橄榄产业科技示范园区。公司是2016年四川省质量信誉双优单位、2016年四川省政府科技进步三等奖获得者。2017年被省林业厅确定为"双创示范基地"，同时被命名为四川省第一批重点培育省级现代林业产业示范园区。2018年被确定为新一批国家林业标准化示范企业、川台农业合作示范基地。2019年通过州级现代农（林）产业园区认定。2020年被评为四川省第十批农业产业化省级重点龙头企业，并获得四川省科技进步二等奖。公司是2021年省级现代林草产业培育园区，2021年度省级现代林（草）业产业园区。2022年被认定为国家高新技术企业。2023年1月被认定为国家林业重点龙头企业。公司已通过ISO9001、HACCP管理体系认证。

产品品牌"Aoilio澳利欧"，突出"健康、生命、活力、美丽"的理念，"木都哈尼"品牌是产业扶贫及乡村振兴的民族品牌。澳利欧和木都哈尼冷榨生饮级特级初榨橄榄油采用的是人工采摘的青黄色油橄榄果——确保每一颗油橄榄果不被破坏。从采摘到榨油整个过程在24小时内完成，确保油橄榄果在最新鲜的状态下采用先进的欧洲精品油榨油机及技术物理冷榨，充满青草青苹果独特果香，蕴含丰富营养，成分天然，是真正可以口服的有机、养生橄榄油。

2015—2023年，澳利欧特级初榨橄榄油连续8次获得"中国（广州）国际食用油及橄榄油产业博览会金奖"。2018年获全球最大规模橄榄油竞赛——洛杉矶特级初榨橄榄油比赛金奖。2023年获以色列地中海国际橄榄油比赛金奖。木都哈尼生饮级冷榨橄榄油荣获2023年洛杉矶特级初榨橄榄油比赛金奖，2023年"中国（广州）国际食用油及橄榄油产业博览会金奖"。

二、四川华欧油橄榄产业集团公司

四川华欧油橄榄产业集团公司成立于2003年，经过20年的发展，现已发展成为包含四川华欧油橄榄开发有限公司、四川华欧油橄榄科技有限公司、四川华欧油橄榄产业创新发展有限公司等在内的四川华欧油橄榄产业集团公司。四川华欧油橄榄产业集团公司注册资金为1990万元，是一家集油橄榄种植、生产、销售、进出口贸易、培训、技术服务、咨询等为一体的农业产业化省级重点龙头企业、四川省科普基地、四川省国际合作基地。公司通过发挥企业效能，集结群体优势，以"公司+示范园+农户+基地（油橄榄合作社）"的模式实施油橄榄种植、加工、科研一体化经营。

华欧油橄榄产业集团以"一株油橄榄、一滴橄榄油"带动一项产业，以"富民强企"为发展战略目标，严格执行"质量赢得市场、诚信铸就品牌"的经营思路，注重原料品种选择，追求品质、特色。公司从西班牙、以色列、意大利等国引进油橄榄品种130多个，选育出适合四川本土种植的良种16个，尤以适应性广、抗病虫害强、丰产稳产性好、油品质量高的'华欧9号'表现最为突出，成功建设了"游仙小枧利民油橄榄科技示范园""华欧建华油橄榄科技示范园""华欧高山油橄榄科技示范园"和"华欧油橄榄丰产品种园"。公司通过示范引导、签订农户订单，带动果农建立稳定的农产品原料基地已超过10万亩，从源头上保证了原料来源和产品品质。公司建立了"华欧油橄榄综合加工产业园区"，从意大利引进了阿法拉伐油橄榄全自动压榨生产设备，每小时可加工油橄榄鲜果3吨，具有全套自动压榨工艺流程，确保最佳卫生条件，新鲜橄榄果从进厂就得到严格的自动化清洁卫生管理，采摘后12小时内进行加工，确保华欧品牌特级初榨橄榄油的品质符合国际标准，并被评为"消费者喜爱产品"、绿色食品、中国首家森林食品、中国原生态原产地保护产品等。在四川省农博会等省市级各种产品推荐会上，被评为"消费者最喜欢产品"。公司在绵阳、成都、北京、上海、杭州、苏州等地建有销售网络。

华欧油橄榄产业集团运作机制灵活，生产规模、技术力量以及科研能力在逐步增强。公司以中国林业科学研究院、清华大学、中国农业大学、北京林业大学、四川林业科学院、四川农业大学、四川大学、西南科技大学和以色列、西班牙、意大利、希腊等国的农业合作中心为技术依托和协作单位。公司已与陕西、甘肃、四川等油橄榄基地县市组成西部油橄榄协作联合会，共同促进油橄榄事业的发展。公司常年聘请意大利、西班牙、希腊、以色列等国的20多位专家到华欧进行技术指导，并派遣专业技术人员赴国外进行技术培训，引进和吸收国外先进智力成果，提高公司的科研能力和管理水平。

四川华欧油橄榄产业集团公司是农业农村部948项目和联合国粮农组织FAO油橄榄项目的实施单位。2019年，在以色列特拉维夫举行的科技项目推介会上，公司与以色列油橄榄科研单位和企业签订了六项合作协议，现正积极投建油橄榄全产业链现代科技园，重点开展油橄榄良种规模化高效繁育和配套栽培管理技术研究并推广应用，建设集油橄榄智能种植育苗基地和先进制造加工基地为一体的油橄榄全产业链集群模式，打造现代信息技术与数字化相结合的油橄榄全产业链升级示范标杆工程，受到了国内国际同行业的关注和认可。

四川华欧油橄榄产业集团公司在为四川油橄榄产业的发展提供优质苗木，为油橄榄种植户提供技术指导培训，为农户提供增收致富途径，为中小学生及大众普及油橄榄知识，为人们提供生态安全的健康环境等方面作出了较大贡献。下一步，公司将继续加大科研技术投入，筛选出更多优良品种，推广现代化栽培技术，开发农业观光旅游，开展医疗康养服务，把产品推向全国乃至国际市场，促进农业增产、农民增收。

三、凉山州中泽新技术开发有限责任公司

凉山州中泽新技术开发有限责任公司是一家以经营油橄榄业务为主的创新型民营企业。经营产品主要是油橄榄苗木和油橄榄产品。公司先后荣获"四川省林业产业化重点龙头企业""国家林业重点龙头企业""四川省扶贫龙头企业""四川省油橄榄产业国际科技合作基地""四川省森林食品基地"等荣誉称号。

公司多年来坚持"科技创新驱动发展"战略，聘请世界油橄榄理事会两任前主席以色列希伯来大学高级科学家西蒙教授和以色列资深油橄榄专家俄德研究员为长年技术顾问，牵头组建了成员包括四川省林科院、四川农业大学、西昌学院、中科院合肥智能机械研究所的"四川省油橄榄产业技术创新联盟"，拥有强大的高端科技支撑队伍，通过10余年的艰苦奋斗在油橄榄产业取得多项科技成果。迄今已选育成功12个油橄榄新良种。这些油橄榄新良种获得了四川省林业厅颁发的《林木种子生产许可证》《林木种子经营许可证》，其果实产量、含油率和油质都达到国际先进或领先水平。

通过20年来的发展，公司现已自建油橄榄基地8000亩，建有年加工能力2000吨的橄榄油加工厂1座，是国家级油橄榄良种基地和国家级油橄榄种质资源库，是四川省唯一的油橄榄良种研发中心和油橄榄工程技术研究中心，是西昌市油橄榄产业科技示范基地，是四川农业大学、西昌学院的教学科研实习基地。每年可提供油橄榄良种优质苗木200多万株，已广泛种植在四川、云南、广东、甘肃、湖北、陕西、江西、贵州等省市的多个油橄榄产区。

2023年，公司克服经济形势不利的困难，经济运行良好，主要反映在：①良种苗木产量稳定增长。2023年，公司良种苗木生产量达到200万株，出圃达到100余万株，苗木的产量不仅满足了凉山州各县市，而且满足了其他地区的油橄榄种植需要，有力支撑了全国油橄榄产业的发展。②产品销售持续向好。公司在国家市场监督管理总局注册的"源泽""中泽""是歌""中泽油橄榄庄园"商标，覆盖油橄榄产业7大类、70种产品和服务项目。公司生产的"源泽"牌特级初榨橄榄油达到世界优质产品水平，在国内油橄榄业界享有盛誉。2023年共加工油橄榄鲜果2000余吨，生产特级初榨橄榄油300余吨。公司通过开展抓质量、创品牌、抓宣传等一系列活动，产品进一步得到市场认可，群众购买积极性增强，产品销售收入达4173.9万元，走出了一条新的市场经营之路。③经济效益稳步提升。2023年开发新产品2种——柠檬风味及青花椒风味的特级初榨橄榄油，由于新产品产销良好，公司销售利润率为19.7%，实现税后利润823.48万元，经济效益的提升为公司可持续发展提供了保障。

品牌打造是公司经营发展的核心工作之一，为抓好品牌建设，公司内抓管理，外塑形象，以质量作保证，以满足市场多元化需求作为产品延伸开拓的动力，通过现代宣传方式让社会了解企业产品，认同产品。通过多年的创建，公司在良种苗木、油橄榄系列产品生产方面取得了显著成效：

一是良种苗木获得市场认可。"林以种为本，种以质为先。"为发展油橄榄产业，公司历年来非常重视适宜品种的研发，在科技人员的艰苦努力下，2023年成功选育出省级审定良种2个（'莱星'与'配多灵'），这些良种不仅在凉山8个县市而且在云南、重庆、四川等种植区域得到广泛的推广种植。二是油橄榄系列产品获得国际大奖。公司生产的油橄榄系列的生产全过程都建有配套的质量流程管理制度,公司制定了产品质量追溯制度,生产的特级初榨橄榄油分别于2023年4月在日本公认的最专业的"JOOP国际橄榄油大赛"以及土耳其"安纳托利亚国际橄榄油大赛"中荣获3项国际金奖。2023年公司不仅通过了四川省"专精特新"中小企业认定,还通过了ISO 9001:2015质量管理体系、ISO 14001:2015环境管理体系、ISO 45001:2018职业健康安全管理体系认证并获颁证书。三是利用现代宣传创建品牌、市场得到进一步拓展。为打造一流品牌,公司利用电视媒体向全国观众宣传特色产品,先后有中央电视总台"云游中国"栏目全国巡回打卡直播来到公司直播产品,"走进乡村看小康"栏目在公司月华基地进行现场直播,并在京东、淘宝、拼多多三大"线上"平台、100多家"线下"商店面向全国营销,此外与金融、保险、石油等大集团合作实现集团采购。公司的油橄榄产品在北京、广东、重庆、云南、湖北、江西、四川等地已有较高的知名度。四是"AAA旅游景区"成功创建。由于油橄榄产业生态链的建成,经过州市旅游局的现场查看,认为基地可按照"AAA旅游景区"的标准进行一些配套完善,可以申报"AAA旅游景区"。经过一年的标准打造,公司投资3500万元,完成了相关建设工作,被凉山州旅游局批准为"AAA旅游景区"。

经过多年的发展,公司在油橄榄产业上构建了三大优势和三大链条。优势一:种质资源。园区通过国际交流、行业交换,持续不断从地中海国家引进品种,并在此基础上培育具有自主知识产权的品种。目前园区油橄榄品种达到237个,占全球总量的1/4,是全球"夏雨型"气候地区最大的油橄榄种质资源库。优势二:产品研发。公司与地中海国家合作建立了国际合作基地,与国内十余家院校合作建立了油橄榄技术创新联盟,创造出亩产1700公斤的世界纪录,研发出衍生产品76种。全省唯一的油橄榄工程技术中心位于园区,获得专利16项。2023年公司产品在国际橄榄油大赛中荣获3项金奖。优势三:产业带动。园区的良种良法已在长江流域10个省市推广应用,辐射带动油橄榄种植面积达20万亩。在凉山州,园区建有油橄榄扶贫基地12个8万亩,带动6000户贫困户就业。

链条一：公司在油橄榄产业上形成了三产联动布局。

一产：以林业为基础，实现了"科研→标准栽培"。

二产：以原料加工为基础，实现了"产品开发→品牌塑造"。

三产：以文化传播为基础，实现了"田间游览→餐桌服务"。

链条二：全供应链。园区构建了完善的产品供应链。

良种供应：每年为全国供应种苗300万株。

技术供应：为全国油橄榄种植区提供技术输出服务，每年样品检测就达1.5万份。

产品供应：通过京东、淘宝、拼多多三大"线上"平台、100多家"线下"商店面向全国营销，并与金融、保险、石油等大集团合作实现集团采购，年销售4000余万元。

链条三：全利益链。与农户个体、专合组织、村级集体、国有企业搭建了紧密的利益联结机制。

订单农业：为农户提供种苗原料，并保底收购果品。

股份合作：与村集体和农户合作，共建基地，按股分红。

企业混改：与四川、云南的国企合作开展企业混改，整合资源放大优势。

四、四川天源油橄榄有限公司

四川天源油橄榄有限公司位于四川省开江县普安工业集中发展区，是一家经营了26年的科技型民营企业，注册资本为2155.5万元，其研发及生产综合基地达3万平方米，宣展营销中心为4200平方米。主要从事油橄榄的种植和橄榄油、橄榄酒系列产品的研发、加工、销售、进出口贸易等业务。是国家级林业重点龙头企业、国家高新技术企业、省级农业产业化重点龙头企业、省级企业技术中心、国家粮油标准的起草单位、中国粮油学会团体标准油料与油脂技术委员会成员单位、天府农业板挂牌企业。参与起草及修订了《橄榄油》《油橄榄鲜果》《油橄榄果渣》《橄榄油感官评定》国家标准，制定了《达州橄榄油》这一项地方标准和《橄榄果酒》《橄榄露酒》两项企业标准。获得发明专利授权2项，软件著作授权2项，实用新型专利授权12项，其中，《发酵型橄榄酒关键技术研究及应用》于2016年获四川省科学技术成果登记证，2017年获达州市科学技术进步奖；《四川油橄榄产业关键技术创新与推广》于2020年获得四川省政府科学技术进步二等奖。

公司建有技术先进的鲜果压榨橄榄油、橄榄酒、橄榄叶精华素化妆品生产线3条，引进了意大利阿法拉伐全自动榨油设备，可日处理油橄榄鲜果100吨，年产橄榄油600吨、橄榄酒1600吨。油橄榄系列产品现已开发出7大系列、63个品种产品。自主研发生产的"绿升"牌橄榄油、橄榄酒、"曼莎尼娅"系列化妆品，已进入中国产品质量电子监管网，产品品牌价值高，先后荣获中国驰名商标、有机食品、绿色食品、四川名牌、四川省著名商标、达州橄榄油国家地理标志保护产品、2019年四川省优质品牌农产品、天府文创入围奖、最受欢迎"四川扶贫"产品、省级名优产品推广应用目录、达州市十佳农业品牌、熊猫匠心传承人、熊猫匠心产品等荣誉，其中，地理标志区域品牌"达州橄榄油"品牌价值达5.23亿元。2016年，中央电视台"生财有道""远方的家"栏目，分别对天源油橄榄公司及油橄榄产业发展进行了系列报道和宣传。2022年在县委、县政府的支持下，在全国粮油标准委员会的指导下，公司成功将橄榄油中所含的"角鲨稀"增编于《达州橄榄油》地方标准中，通过国内权威机构的检测，达州橄榄油中所含的"角鲨稀"达到3000~4000毫克/千克（现有的国家标准和欧盟标准均无此项指标），这一举措得到了业内专家的认可和赞誉。公司始终坚持"庞思善改而进创，博积勤研以推新"的发展之路，不断扩展延伸油橄榄产业链条，发展带动全县油橄榄种植面积达8.3万亩。公司自建了6200亩油橄榄产业创新基地，形成了集旅游、观光、休闲、康养为一体的中华橄榄园。园区坚持打造"油橄榄+林下种植养"的产业发展思路，实行"农户订单种植、公司保底价收购"，形成了"公司+基地+农户"的经营模式，带动永兴镇柳家坪、门坎坡、龙头桥、箭口垭等4个村4213户脱贫，其中建档立卡贫困户有340户（1050人）。"路虽远行则将至，事虽难做则必成。"在发展的历程上，公司以"产业报国，回馈社会"为企业文化，奉行"进取、求实、严谨、团结"的质量方针，坚持"标准化、规模化、品牌化"的企业核心理念，凝神聚气，砥砺前行，科学发展，开拓创新，努力成为引领中国油橄榄产业发展的品牌标杆！

第三节　其他省（市）重点企业

一、云南油橄榄大健康产业创新研究发展有限公司

云南油橄榄大健康产业创新研究发展有限公司成立于2021年9月16日，注册地位于云南省丽江市玉龙纳西族自治县黄山街道玉龙新城丽江街23栋。

云南油橄榄大健康产业创新研究发展有限公司是由云南省科技厅、中科院昆明分院、丽江市政府为充分发挥以中科院兰州化学物理研究所为代表的油橄榄产业领域的技术和人才优势，通过院地科技合作，引进科研人才成立的一家高科技企业和新型研发平台。公司以"聚焦油橄榄产业高技术创新，助推油橄榄产业高质量发展"为宗旨，以"提升产业技术创新能力为目标"，旨在创新平台、技术转让、产品开发、人才培养等模式，增强和提升油橄榄产业自主创新能力，解决产业发展的关键、共性和前沿技术问题，加快研究成果的共享与转化，推动云南乃至全国油橄榄大健康全产业链布局。

公司的总体定位是"新型研发机构+孵化器+产业基金+核心企业+产业园"。在此框架下，建设"1中心+4平台"：公共孵化中心、油橄榄种植繁育栽培技术平台、橄榄油加工技术平台、大健康产品创制平台、橄榄油检测技术平台。此外，公司通过有效资源融合，汇集了行业内多个支持平台，包括8个国家重点实验室、5个国家地方联合工程研究中心、6个中科院重点实验室、5个教育

部重点实验室、23个省级重点实验室、7个院士工作站。公司虽然成立时间较短，但已被丽江市列为重点扶持企业。2022年公司作为项目主持单位，获批云南省重点研发计划项目"云南油橄榄大健康产业创新研究院服务平台建设"。同年，公司参与了云南省重大科技专项计划项目"云南高品质油橄榄新种质选育、栽培、加工技术和标准化体系建设研究与示范"。公司获得2023年度云南省科技型中小企业的称号。

公司创立以来，依托核心研发团队（中科院兰州化学物理研究所）自2010年以来已研发、形成了61种活性物质（以自主研发的靶向富集材料为核心，利用高速剪切低温提取技术，从油橄榄果中分离得到7个具有降脂活性、11个耐缺氧活性组分；从油橄榄果渣中分离9个抗氧化活性、12个抗炎抗菌活性组分；从油橄榄叶中分离得到13个抑制黑色素、4个抑制皮肤炎症、5个降糖降脂活性组分）、17项专利技术，制定并推动了"药用、食用、日用、饲用、肥用、军用"六用战略的实施，现已完成3项核心专利技术和2项技术秘密的转化，完成了4个功能食品的研发、生产、上市，分别为耐斯欧莱橄榄果压片糖果（以油橄榄果为原料，具有耐高原缺氧的功效）、启视康橄榄油玉米黄质凝胶糖果（以橄榄油为原料，具有缓解视疲劳的功效）、橄榄油粉固体饮料（以橄榄油为原料，通过微囊化技术，解决橄榄油适口性问题，得到营养和口味俱佳的橄榄油）和橄榄油咖啡固体饮料（以橄榄油和云南咖啡为原料，得到具有橄榄油风味的咖啡）。另外，还完成了1个抗紫外辐射、美白化妆品原料开发，分别为含量为20%、40%、60%、80%和90%的橄榄苦苷提取物（目前已开展市场开拓工作）。日前，公司正在开展非酒精性脂肪性肝炎的天然药物一类新药ONH001的临床前研究和开发，以及具有缓解视觉疲劳功效、具有辅助改善记忆功能、具有耐缺氧功能和对化学性肝损伤有辅助保护作用的4个保健食品的研究和开发。

二、楚雄欣源生物科技有限公司

楚雄欣源生物科技有限公司成立于2013年4月，注册资金为1000万元，是一家集油橄榄种植、加工、销售为一体三产融合的专门从事油橄榄综合开发和利用的股份制企业。公司"一产"已完成种植油橄榄示范基地6000余亩，目前已定植10年，2020年实现了全面丰产；"二产"的年加工2万吨油橄榄鲜果的加工生产线项目已建成投产；"三产"的打造高原特色现代农庄，发展生态休闲旅游项目，目前正在积极规划逐步实施。

公司是"楚雄州农业产业化经营州级重点龙头企业"，云南省林业厅确定的"省级龙头企业"，云南省质量技术监督局确定的"云南省永仁县油橄榄种植农业标准化示范区"，"楚雄州就业扶贫车间""扶贫明星企业"。公司制定了楚雄州地方规范《永仁油橄榄栽培技术规范》（DG 5323/T 48–2015）并已发布实施。

2022年7月，公司成立了云南永仁欣源油橄榄开发有限公司子公司，专门从事橄榄油加工、销售和橄榄油衍生品开发及销售。已注册"欣源""悦榄""榄悦华年"等品牌。2022年5月，公司"欣源"特级初榨橄榄油在参加意大利举行的EVO IOOC国际橄榄油比赛中，荣获金奖。

公司已建成标准化示范园区6000余亩，所生产的庄园级特级初榨橄榄油原材料均来于此，100%纯手工采摘、100%鲜果物理冷榨。已建成标准厂房4000余平方米，购置有土耳其HAUS进口橄榄油初榨设备（2吨/小时）、空压机和制氮设备、蒸汽发生器，并建有玻瓶自动灌装线。年加工油橄榄鲜果20000吨，年生产橄榄油110吨。

公司与云南省林业和草原科学院合作开展云南省科技厅创新引导与科技型企业培育计划项目"云南省永仁县油橄榄产业科技特派团"，投资建设油橄榄酵素生产线1条。正在建设果品筛选包装车间2400平方米，建设水果蔬菜冷冻保鲜库3100平方米，旨在丰富产品扩大业务，延长加工厂生产季，破解油橄榄加工厂只有3个月生产期的困境，批量生产油橄榄罐头、冻干产品、油橄榄酵素等产品。

现有"欣源""悦榄"牌特级初榨橄榄油；已开发正准备批量生产"榄悦华年"橄榄油衍生品，包括橄榄油香皂、橄榄菜、油橄榄果脯、油橄榄罐头、橄榄油肉酱、橄榄牛肝菌酱罐头、橄榄油洗发露等；正在研发"榄悦华年"橄榄油衍生品，包括油橄榄发酵饮品、橄榄油卸妆油、迷迭香调味橄榄油、木姜子调味橄榄油等。

公司充分发挥优势，通过产业联村、项目带村、土地流转、产业扶贫、就业扶贫、技能扶贫等方式精准施策，促进群众增收。截至2023年底，公司已种植油橄榄6000余亩，带动全县种植油橄榄3万余亩，累计投资达1.1亿元。共举办各种培训班36次，培训技术人员420人次，培训农民2850人次。聘用建档建卡贫困户130余户，公司支付管护人员工资1218.6万元，人均增收2.34万元。公司制定油橄榄收购政策，解除种植户卖果难的后顾之忧，带动广大种植户增产增收。建成的6000余亩油橄榄种植园已于2015年种植完成，绿化了荒山，改善了环境，取得了良好的生态效益。

三、重庆江源油橄榄开发有限公司

重庆江源油橄榄开发有限公司于2014年落户重庆市合川区隆兴镇，是一家集油橄榄种植、油橄榄果加工和橄榄油生产销售为一体的专业化企业，注册资金为5000万元。

公司落户隆兴镇后，一边修建公路、便道和山坪塘等基础设施，一边带动周边村民一起种植油橄榄，仅用了两年时间就发展起了规模为1.5万亩的油橄榄基地。经过8年时间的发展，公司已经在隆兴镇9个村种植油橄榄3万余亩、近100万株。其中，荒山荒坡和撂荒地面积占75%以上，将隆兴镇的森林覆盖率在原有基础上提高了23%。如今，昔日杂草丛生的荒坡和撂荒地变成了漫山遍野的油橄榄树林，隆兴镇成了远近闻名的生态绿色屏障。这也是公司努力践行"绿水青山就是金山银山"理念的生动体现。

产业要发展，龙头带动是关键。在"万企兴万村"行动中，公司在隆兴镇峨眉、永兴等村通过大户带动，组建了8个油橄榄专业合作社，采取"公司+合作社+农户"的模式，持续深化油橄榄产业发展。其中，仅土地租金一项，公司每年就支付给农民500多万元，不仅解决了土地撂荒和贫困家庭的就业问题，更是让大家的腰包鼓了起来，真切体会到了"地里挖出金娃娃"的感觉。如今，公司首批种植的油橄榄树已逐步进入丰产期，亩产鲜果600公斤，按7元/公斤的价格计算，亩产值达到4200元以上。

2016年，公司投资2000万元，从意大利引进了橄榄油冷榨设备，于年底开机榨油，"渝江源""欧丽康语"品牌橄榄油成功上市。同时，公司通过设立营销总部、专卖店的方式，让"渝江源""欧丽康语"橄榄油成功入驻重百、新光天地等300余家商超，并在天猫、京东和重庆市消费扶贫馆等8个电商平台打造"线上"专卖店，有效拓展了销售渠道。公司还通过与猪八戒网合作开展产品直播，参加中国西部（重庆）国际农产品交易会、"上海·合川"周等形式，极大提升了品牌的知名度。现在，"渝江源"特级初榨橄榄油入选"巴味渝珍"公共品牌、国务院扶贫产品，先后获评重庆名牌农产品、重庆市优质扶贫产品、中国橄榄油十大品牌、中国第十五届林产品交易会金奖、第十二届中国绿色食品博览会金奖等多项殊荣。

2023年，重庆市林投公司与江源油橄榄开发有限公司开展合作，在合川区隆兴镇流转了1万余亩油橄榄种植基地，并助力隆兴镇油橄榄产业成功纳入国家储备林项目，助力合川区隆兴镇油橄榄产业迈上了新台阶。

下一步，公司将持续深化"万企兴万村"行动，以合安高速建成通车为契机，加快提质改造3万亩油橄榄基地，力争把种植规模扩大到5万亩，在隆兴镇打造一个300亩的油橄榄产业加工示范区。同时，公司将进一步延伸产业链，研发橄榄茶、橄榄酒、橄榄菜、日化用品等新产品，大力推进生态观光农业、休闲农业、乡村旅游业同步发展，走出一条以企业为龙头、以农户增收为目标、一二三产业融合发展的绿色发展、创新发展道路。

四、重庆禄丰天润油橄榄开发有限公司

重庆禄丰天润油橄榄开发有限公司成立于2016年，在万州区百安坝街道建设有500亩油橄榄标准示范基地。

重庆禄丰天润油橄榄开发有限公司是一家集油橄榄育苗、种植、加工、销

售、科研为一体的木本油料企业。该公司是万州区农业产业化龙头企业，重庆市油橄榄研发中心试验基地，建设有重庆市油橄榄科技专家大院、油橄榄星创天地，2022年被认定为国家高新技术企业、重庆市创新型中小企业。

公司引进国内外油橄榄专家5名，注册"神女峰"与"禄天润"商标2个，申报国家发明专利2项、实用新型专利7项，承担"油橄榄早实品种筛选研究与关键技术"攻关、"万州区油橄榄古树保护及油橄榄新品种选育"等市级科研项目3个。公司的"油橄榄面膜项目"被列入万州区区级重点科研项目。

公司拥有年加工3000吨油橄榄鲜果的生产线1条及油橄榄育苗基地1个，育苗基地年培育优质油橄榄种苗20万株。另外，公司建有500亩油橄榄标准示范基地，带动龙驹镇老雄村、玉合村、长岭东桥村共发展油橄榄基地3000余亩，奉节基地发展5000余亩。公司与西南大学、重庆三峡学院、重庆医学专科学院开展校企合作，建设有市级科普基地。

2023年，万州区白羊镇引入重庆禄丰天润油橄榄开发有限公司，将采取"公司+农户+村集体"的方式发展油橄榄——村民以荒山入股，进入挂果期后，公司按照6~8元/公斤的保底价收购，农户和村集体分别按30%和10%的比例分成，村民到基地务工另计工资。未来3年内，禄丰天润油橄榄开发有限公司将在白羊镇发展油橄榄1500亩，预计丰产期产值将达到1200万元，100余名村民可以就近务工，每年为当地村民和村集体增加纯收入500万元左右，为乡村振兴战略实施"加油添劲"。

五、湖北鑫榄源油橄榄科技有限公司

湖北鑫榄源油橄榄科技有限公司成立于2015年6月，位于湖北省十堰市郧阳区茶店镇建设大道199号，公司注册资本为5000万元。公司累计投资5亿元，旨在打造一个集种苗培育、种植、加工、销售、旅游于一体的油橄榄绿色大健康产业，探索出一条"油橄榄+"的农村产业融合发展路子，使油橄榄成为当地农民致富的"金果子"，成为乡村振兴的"好路子"。

早在1964年，敬爱的周总理从阿尔巴尼亚引进1万棵油橄榄树苗，其中一部分就栽种在郧阳区。公司自成立以来，就确立了"创建中国橄榄油第一品牌，打造国产橄榄油精品企业"的企业愿景。公司始终专注于油橄榄全产业链发展，不断扩大油橄榄种植规模，提升油橄榄加工技术水平，拓展橄榄油应用领域，实现了油橄榄主业扩大、盈利能力增强、品牌影响力提升的成绩，形成了以油橄榄元素为IP的集"生态农业+健康食品+生物科技+农文康旅"为一体的国家级三产融合示范基地，并成立了湖北省油橄榄产业技术研究院，打造了涵盖食字号、妆字号、健字号等多个领域的产品集群。目前，公司在三产融合发展已初见成效。一是生态种植：公司选育适合本土生长的，且成活率、挂果率、出油率高的油橄榄品种3个（'皮削利''皮瓜尔''豆果'）；在中国林业科学研究院、全国油橄榄种植首席专家邓明全老教授（94岁高龄）亲自指导下建设的"邓明全老教授油橄榄丰产实验园"，公司建设有机油橄榄基地4个共计6000余亩（分别在柳陂镇、杨溪铺镇、谭山镇、安阳镇4个乡镇9个村）。二是精深加工：公司投资5000万元新建全国首家1万平方米油橄榄精深加工智慧工厂，现有年产1500吨意大利全自动橄榄油压榨生产线及其他生产线9条；现已陆续推出从食用级系列（特级初榨橄榄油、口服液、橄榄玉米植物食用调和油、橄榄软胶囊）到妆字号洗护系列（橄榄精油、乳液、洗发水、护发素）等系列产品，现已被认定为"郧县油橄榄"地理标志产品、绿色食品A级产品、有机产品，实现了建设"产业生态化、生态经济化、振兴精准化"三产融合"新样板"示范企业的目标。三是农文康旅融合：公司利用十堰独特的人文地理环境优势，通过利用"产业+文化、产业+康养、产业+旅游"的模式，投资2.5亿元打造了"油橄榄产业+休闲游+文化体验+科普+创意教育+艺术酒店+民宿"东方橄榄园生态田园示范综合体，一期现已开发全国首个智能化、智慧化国际油橄榄文化交流中心，十堰市网红打卡地千年橄榄祈福园，地中海主题民宿，橄榄食疗体验康养区，橄榄之光（观江灯塔），橄榄核心种植区等特色景点，满足游客观光体验的多重需求。二期已完成规划，正在筹建中。

2023年，公司采取"政府+高校+龙头企业"模式，联合多家单位创建了湖北省油橄榄产业技术研究院，结合公司建立的校企研发中心、院士专家工作站、科技特派员工作站，依托北京市营养源研究所、武汉轻工大学、湖北省林业科学研究院、华中农业大学等高校，围绕油橄榄的种苗培育、生态种植、精深加工等全产业链进行技术研发，促进了公司产品与技术的升级换代。现已陆续推出从食用级系列（特级初榨橄榄油、口服液、橄榄玉米植物食用调和油、橄榄软胶囊）到妆字号洗护系列（橄榄精油、乳液、洗发水、护发素）等系列产品，橄榄面条及健字号产品也将陆续上市。这些成果成为公司跨越式发展的基石，帮助公司牢牢占据了行业和市场的制高点。

公司已是中国橄榄油新国标起草单位之一、国家高新技术企业、农业产业化国家重点龙头企业、国家林业产业化重点龙头企业、国家粮食局指定的橄榄油加工基地、国家三产融合示范园、国家森林康养基地、国家AAA级旅游景区等。公司已获得专利（不含外包装专利）32项，科技成果3项，正在申报专利18项，商标已注册成功7件13个类别126个服务项目。

公司自成立以来，致力于打造、拓展特色优质"鑫榄源"油橄榄高端市场，加强与大型商超、合作门店、扶贫馆等商业网点的对接，开拓北京、上海、西安、武汉等省外市场，形成了"线下+线上+新媒体"销售模式。

公司自成立以来，始终坚持"以企带村，以村促企，乡村振兴，产业先行"的发展核心，紧紧围绕红色引领、绿色发展的思路，实现企业和村集体的双向奔赴，完善联农带农机制，促进共同富裕，努力实现互利共赢。目前，公司一是带动十堰市发展油橄榄种植基地达9.8万亩，辐射至郧阳区、丹江口市、郧西县等30个乡镇、60个村、43个市场主体，近万户农户通过土地流转收租金、基地务工得薪金、返租倒包得真金、折股量化得股金的"四金"收入，每人每年实现增收达3万元，同时公司每年还捐赠村集体乡村建设资金5万元。二是持续开展农民工培训与人才培养，免费对脱贫人口，特别是对脱贫不稳定户、边缘易致贫户、突发严重困难户等"三类户"进行培训，提升其油橄榄产业发展技能。近年来，累计开展油橄榄种植技能培训70场次、培训工人5000余人次，培训杨溪铺镇贫困户580人次，初步实现了"小橄榄成就大产业"的战略目标。三是积极组织油橄榄"开榨节""年货节"等活动，并邀请企业家、经销商、供货商、市民等社会团体与成员前来参加。这些活动年吸纳游客20万人次，带动杨溪铺镇30余家农家乐、民宿、采摘园等周边景点实现了共同发展，实现了200余户500余人就地就业，户均增收5万余元。

第五章

油橄榄产业发展的
代表性产品

食用的油橄榄是由油橄榄树的果实加工制成。油橄榄的主要产品是从果中榨出的油，称为橄榄油，另一种产品是将果实经过加工，脱去苦味，加工成各种餐用菜肴。这两种产品是世界上油橄榄生产国的传统产品。除此之外，还有两种副产品，一种是油橄榄榨油后余下的渣，另一种副产品是榨油剩余的果汁（又称植物水 vegetable water）及剩余的渣。对于将油橄榄加工成食品最早的记述可追溯到1世纪，随着科技的进步和人们对油橄榄认识的深入，对油橄榄和橄榄油的开发利用也呈现出多元化。

第一节　橄榄油

一、橄榄果的营养

油橄榄果实为肉核果，由果皮及种子两部分组成，果皮分为外果皮、中果皮和内果皮，外果皮具角质层及蜡粉，并布有白色果点；中果皮（即果肉）由含有大量油脂的薄壁细胞组织构成，橄榄油就是从这部分组织中获取的；内果皮（即核壳）坚硬，由石细胞构成。果肉占果实总质量的70%～85%，果核占11%～24%，籽占2%～4%（见图5-1）。

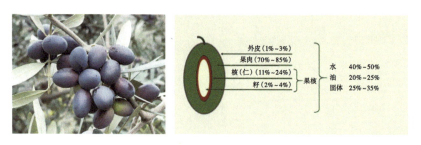

图5-1　油橄榄果及各部分的构成

橄榄油主要含在果肉中，占全果含油量的96%～98%，种仁含油占2%～4%。果肉的含油率占全鲜果的15%～20%，干果为35%～45%。

油橄榄果的物理特性及果肉的化学成分依不同的品种及成熟度而有所不同。另外，因地理环境、土壤质地以及灌溉与栽培方式的不同也会产生一些差异。油橄榄新鲜果肉的成分是十分复杂的，其主要成分有水分、脂肪、糖、粗蛋白、纤维和灰分等。

二、橄榄油的特点

橄榄油是一种植物油，植物油都是由皂化物（脂肪酸甘油酯）及非皂化物组成。在油脂中最主要的成分是脂肪酸甘油酯。形成甘油酯的脂肪酸是饱和脂肪酸及不饱和脂肪酸。橄榄油中饱和脂肪酸占12%~19%，包括棕榈酸（C16:0）9.5%~15.5%、硬脂酸（C18:0）1.4%~4.2%、花生酸（C20:0）0.2%~0.6%；不饱和脂肪酸占81%~88%，包括油酸（C18:1）67%~81%、棕榈油酸（C16:1）0.7%~2.4%，亚麻油酸（C18:3）0.28%~1.7%。

经过半个多世纪的研究和对历史经验的总结，人们发现橄榄油有三大突出特点。

1. 橄榄油含有丰富的单不饱和脂肪酸

橄榄油的优点是不饱和脂肪酸含量高，而其中尤其是油酸的成分含量高。油酸除供给人体大量热能，还能调整人体血液中的HDL胆固醇和LDL胆固醇的比例。橄榄油是食用植物油中油酸含量最高的，它既容易被人体吸收，又不易被氧化沉积在血管内壁中，且对血管有保护作用。所以说富含单不饱和脂肪酸的油酸非常有益于血管的健康。

2. 橄榄油含有比率适当的 ω-3 系和 ω-6 系脂肪酸

医学对人体必需脂肪酸的研究证明：当人体的ω-3脂肪酸与ω-6脂肪酸比率达到1:4时，人体处于最佳健康状态，各种疾病很难入侵人体。橄榄油所含ω-3脂肪酸与ω-6脂肪酸刚好是1:4，同人乳的比率很相近。所以，橄榄油被认为是迄今所发现的最适合人体营养的油脂，是所有的食用油中营养价值最高的、各种脂肪酸组成结构最为合理的，因此，橄榄油被称为"人类健康之油"。

3. 橄榄油含有丰富的抗氧化物

橄榄油中含有丰富的微量元素角鲨烯（136~708毫克/100克橄榄油），还含有大量抗氧化活性多酚化合物，研究还发现橄榄油中抗氧化最强的物质是酪醇的衍生物——羟基酪醇（hydroxytyrosol）。该物质对低密度胆固醇（LDL-C）都有抑制作用。每百克橄榄油还含有β谷甾醇、维生素E、β-胡萝卜素等多种脂溶性维生素，是人体器官必需的营养物质。因此，当今医学界把橄榄油称为最有益于健康的食用油之一。英国和美国分别于1988年和1990年将橄榄油列入各自国家的药典中。

三、橄榄油分级

橄榄油是油橄榄树的主要目的产品，是以油橄榄树所结的果实为原料，采用机械低温压榨等物理方式制取的油品。在榨油过程中，一般仅可采用清洗、倾析、离心或过滤工艺对原料进行处理。《橄榄油、油橄榄果渣油（Olive oil and olive-pomace oil）》[中华人民共和国国家标准（GB/T 23347-2021）]将橄榄油分为初榨橄榄油（virgin olive oil）、精炼橄榄油（refined olive oil）和混合橄榄油（blended olive oil）三大类。根据理化指标、感官评价指标和加工工艺，又细分为特级初榨橄榄油（extravirgin olive oil）、优质初榨橄榄油（excellent virgin olive oil）、初榨橄榄灯油、精炼橄榄油、混合橄榄油、粗提油橄榄果渣油、精炼油橄榄果渣油和混合油橄榄果渣油8个种类。其中特级初榨橄榄油、优质初榨橄榄油为可直接食用的初榨橄榄油。

目前，国内各个加工企业或公司生产的橄榄油大多数为特级初榨橄榄油，主要有单品种油和混合品种油两种，面向中高端消费人群。一般有250毫升、500毫升、750毫升等多种规格的包装。有些用铁皮桶装，有1000毫升、1500毫升、5000毫升等不同规格。

橄榄调和油是由两种及以上的植物油依照确定比例调和而成的，单拿"橄榄油食用调和油"来说，虽然它的包装上印着橄榄二字，但配料包括菜籽油、大豆油、橄榄油、玉米油……橄榄油被排在了第三位，而菜籽油才是这瓶油的主料。

第二节　餐用油橄榄

餐用油橄榄果营养丰富,富含人体必需的多种氨基酸、维生素及微量元素,可作为冷餐开胃菜、下酒菜或旅行时的方便食品。在油橄榄原产国,油橄榄餐用果加工具有悠久的历史。通常,只有果形较大、果形美观、均匀一致、成熟度适中、质量最好的油橄榄鲜果才能被加工成餐用油橄榄。餐用油橄榄的加工方式有数十种,根据产品形态和加工工艺不同,可分为完整橄榄果、去核橄榄果、橄榄果片(块)、破碎橄榄果、切口橄榄果、橄榄果酱等。根据产品原料和加工方式不同,可以分为青橄榄、黑橄榄、转色橄榄、特色橄榄、风味橄榄等。

在我国,各科研单位和企业也通过试验研究、确定了适合我国的餐用油橄榄的加工工艺和口味。区别于国外的餐用油橄榄的酸咸口感,我国的工艺中缺少乳酸发酵这一环节,我国主要以灌装液进行了品味调配,开发了咸味、甜味、辣味、泡椒味等适合国人口味的餐用油橄榄。但因油橄榄未列入新资源食品目录,我国并未规模生产,在甘肃和四川仅作为研制品,并未进行流通。2023年甘肃已启动油橄榄果作为新资源食品申报工作,预计不久的将来,这个具有千年历史的产品也会出现在我国人民的餐桌上。

第三节　副产物产品

一、橄榄酒

橄榄酒是以油橄榄鲜果(或果渣)为原料,经过生物发酵法酿制而成的果酒,再用白酒作为基酒勾兑而成。目前祥宇、陇锦园等公司均已研制出橄榄酒,但都没有批量生产和销售。

二、油橄榄叶茶

油橄榄叶茶是精选油橄榄树新鲜叶芽，采用中国传统的制茶技术和特殊的工艺加工而成的纯天然上等茶叶，含有丰富的茶多酚、黄酮和橄榄苦苷等天然抗氧化剂。它既可当茶饮，又具有橄榄油的营养成分。

油橄榄叶茶外形扁平，色泽嫩绿光润，形似龙井茶，泡后汤色嫩绿，清澈明亮，有一股独特的清香，其味幽而不俗，无怪味和异味，口感极好，且比普通茶叶经久耐泡。

三、橄榄茶珍

橄榄茶珍是以油橄榄果、叶提取物及普洱茶提取物为主要成分制成的调味茶固体饮料。富含羟基酪醇及茶多酚，每0.5克橄榄茶珍中含羟基酪醇6毫克。欧盟于2012年发布的432号《健康声明》中明确指出，每20克橄榄油中含有5毫克羟基酪醇即可认定该橄榄油非普通商品，而是对人体具有保健功能的保健品。集多种卓越功效于一身的油橄榄果、叶提取物的营养价值非常高。由田园油橄榄科技开发有限公司研制并生产的橄榄茶珍产量已达15万袋。

第四节　衍生产品

一、功能产品

1. 橄榄岷归软胶囊

橄榄岷归软胶囊用特级初榨橄榄油、当归提取物、明胶等原料，经科学配置而成。每百克含油酸55~83克、亚油酸10.1~15.2克，具有调节血脂的保健功效。该产品由祥宇公司生产，并获得了国家专利。

2. 油橄榄压片糖果

油橄榄压片糖果是以富含橄榄多酚的橄榄果粉为主要原料制成的压片糖

果。该产品的主要成分橄榄多酚具有较好的抗氧化能力，能减轻低密度脂蛋白的氧化程度，也有舒缓血管平滑肌、降低血压的功效。因为是纯植物提取，除在安全性上和化学药物相比具有明显的优势外，在功效方面也表现不俗。

3. 田园年华决明子郁李仁软胶囊

该产品为国食健字保健食品，已经国家食品药品监督管理总局批准上市，其安全、温和、有效地清理肠道毒素和有效改善便秘的功效已经成为需要人群生活中的必备品。

二、日化产品

水晶皂：水晶皂采用最新配方，适合各种肤质的人群使用。产品富含多酚和维生素E等天然强抗氧化剂及多种脂溶性维生素，能增强皮肤弹性，修复受损皮肤细胞，恢复皮肤自然光泽，抗皱祛斑、滋养防晒、护发去屑、光亮肌肤，美容功效极为显著。

原生橄榄洁面乳：用水、硬脂酸、甘油、甲基椰油酰基牛磺酸钠、氢氧化钾、月桂酸、肉豆蔻酸、椰油酰胺丙基甜菜碱、月桂醇聚醚硫酸酯钠、椰油酰胺DEA、乙二醇硬脂酸酯、甘油硬脂酸酯、油橄榄果油、羟丙基甲基纤维素、乙二醇二硬脂酸酯、EDTA二钠、羟苯甲酯、DMDM乙内酰脲、香精等配制而成。其性质温和，可有效清洁面部污垢及多余油脂，并能降低洁肤后的缺水现象，使肌肤湿嫩清爽，用后无残留，避免了残留物质对皮肤天然保护层的伤害。

原生橄榄眼凝胶：用水、丙二醇、稻糠提取物、细叶益母草提取物、铁皮石斛提取物、甘油聚醚-26、棕榈酰三肽-5、甘油、甜菜碱、丙烯酰二甲基牛磺酸铵/VP 共聚物、油橄榄果油、肝素钠、透明质酸钠、粉防己提取物、小核菌胶、辛酸/癸酸甘油三酯、牛油果树果脂油、生育酚乙酸酯、丙烯酸钠/丙烯酰二甲基牛磺酸钠共聚物、角鲨烷、聚山梨醇酯-80、山梨坦油酸酯、对羟基苯乙酮、辛酰羟肟酸、甘油辛酸酯、香精等，精心调配而成，具有滋润修护眼周，缓解改善眼周肌肤，提亮眼周肌肤的功效。

原生橄榄护手霜：用水、甘油、丙二醇、棕榈酸乙基己酯、聚山梨醇酯-60、聚丙烯酰胺/C13-14异链烷烃/月桂醇聚醚-7、橄榄叶提取物、鲸蜡硬脂醇/鲸蜡硬脂基葡糖苷、咪唑烷基脲、卡波姆、三乙醇胺、尿囊素、羟苯甲酯、EDTA二钠、香精等，精心调配而成。本品温和滋养、保湿柔肤，适用于所有肌肤，尤其适合在粗糙肌肤使用。

橄榄莹肌水润面膜：用水、甘油、甲基丙二醇、丙二醇、油橄榄果油、弹性蛋白、寡肽-1、寡肽-5、寡肽-2、水解大米蛋白、甜扁桃籽提取物、羟乙基纤维素、苯氧乙醇、氯苯甘醚、二恶烷、羟苯甲酯、EDTA二钠、透明质酸钠、PEG-40氢化蓖麻油、香精等制作而成。该产品具有补水锁水、水润细腻、去皱润肤、滋润营养的功效。

三、橄榄油制品

1. 橄榄菜

用芥菜、特级初榨橄榄油、植物油、橄榄、食用盐、味精、白砂糖、香辛料、苯甲酸钠、脱氢乙酸钠等原料经精心熬制而成，香润可口，细腻绵长，是佐餐的佳品，亦可作为调味品使用。

2. 橄榄双椒

用植物油、橄榄油、干辣椒、榨菜、豆瓣、老姜、大蒜、花椒、白砂糖、食用盐、食品添加剂（谷氨酸钠、5'-呈味核苷酸二钠、D-异抗坏血酸钠、山梨酸钾、食用香精香料）精心制作而成，麻辣爽口，余味隽永，是佐餐佳品，亦可作为调味品使用。

3. 橄榄拌饭酱

采用陇南特色农产品——特级初榨橄榄油、大红袍花椒、香菇、松茸、辣椒等为原料，经过精心配制而成，共有牛肉酱、鸡肉酱、香菇松茸酱三款产品。该产品配料多样、营养丰富，经过精心炒制后，色泽艳丽、口感香滑、余味隽永，颇受消费者欢迎。

4. 橄榄锅巴

为油炸型膨化食品，配料包括大米、小麦粉、玉米淀粉、橄榄油、棕榈油、菠菜、香辛料等。开袋即食。

四、橄榄木制品

橄榄木是高档名贵木料，目前的市场价格为7800～11000元/立方米，密度高，硬度高，木质坚实，色彩鲜艳，纹理清晰美观，是欧洲国家生产高品质木制品的优选原料。但因其不耐腐、干燥慢、易变形、易开裂，需加以精心养护。

橄榄木艺品以树龄百年以上的橄榄木及橄榄果核为基本原料，经能工巧匠使用特制的加工工具刨锯、研磨、雕琢而成，是典型的文创产品，分为宗教用品类（如手链、佛珠）、生活用品类（家具、灶具）、文化用品类（笔筒、笔架）、雕刻艺术品等类型。

第六章

油橄榄产业发展效益评价

随着生活水平的不断提高，部分人群开始认识到高端优质食用油的价值，从而推动了油橄榄产业的发展。油橄榄产业是我国木本油料产业不可或缺的重要组成部分，在一些适宜种植区域取得了不错的经济、社会效益。2023年中央一号文件强调，树立大农业观、大食物观，多渠道拓展食物来源，探索构建大食物监测统计体系，明确提出"开发森林食品"，这也为油橄榄产业科学发展指明了路径和方向。

第一节　行业发展引领

一、在木本油料行业中的地位

食用油是关乎国计民生的重要战略物资，是粮食安全的重要组成部分。木本油料是森林为人类提供食物的重要组成部分，我国木本油料树种资源丰富、分布范围广，目前记录到的种子含油量在40%以上的有150多种，主要有油茶、油橄榄、核桃、油用牡丹、山桐子、长柄扁桃、仁用杏、榛子、光皮梾木、元宝枫、文冠果等。因此，大力发展木本油料作物具有保障我国粮油安全的重要意义。

2020年，全国木本油料作物种植面积已达2.46亿亩左右，年产食用油约104万吨。木本食用油产量占国产植物食用油生产总量的8.5%，占全国植物食用油消费量的2.9%。在木本油料行业快速发展的进程中，油橄榄产业建设稳步推进。至2023年底，油橄榄产业已遍及甘肃、四川、云南、重庆、贵州、湖北、湖南、福建、浙江等省（区、市），种植面积达203.30万亩，生产鲜果90359吨，参与油橄榄产业发展的企业达53家，加工生产线已经达65条。2023年，我国全年加工橄榄油达10641.85吨。此外，餐用橄榄、橄榄茶、橄榄酒、橄榄化妆护肤品等附加产品也在不断研发，推陈出新，这必将进一步提升油橄榄在木本油料中的地位与作用。

二、对木本油料行业发展的作用

在众多的木本植物食用油中,橄榄油以国际公认的品质位列高端产品前茅。

油橄榄从种质资源引进、品种驯化、种植材料繁育、园地建设与栽培管理、产品加工等均需一套先进理念与技术给予支撑,产业发展各个环节必须有资源保障和科学基础,必须形成产业体系和技术支持体系,从而推进产业发展的标准化、规范化过程,推动行业的进步与发展。

科学发展油橄榄产业的这些活动,也对我国木本油料产业体系的发展起到了良好的推动作用。

三、对文旅产业的促进

橄榄枝与和平鸽是奥运会的两个重要元素,这自然而然地为我国油橄榄种植区域文旅活动的开展增添了光彩。我国的几个油橄榄种植区,为奥运会、国际会议及国内相关活动都提供过橄榄树盆景和橄榄枝条。

甘肃陇南作为我国油橄榄的主栽区之一,大片油橄榄林遍及白龙江河谷两岸山地,昔日的荒凉坡谷,如今已经成为山川秀美之地,景色宜人。这一地带又是我国西南、西北旅游活动的关键通道之一,南来北往的旅行者时常入驻白龙江河谷,观赏果园及其美丽的河谷山水,或进入山村民宿,体验山村景色。

四川成都金堂县的油橄榄产业近十余年发展迅速,其种植基地、加工博览场馆等,在规划布局时就考虑了结合旅游景区建设。通过几年来的建设,这一景区已经成为淮州新城的一处重要观光游览之地,吸引成都及周边众多游客前来观光,而通过这些载体,也向社会进一步宣传普及了油橄榄的历史、文化和科普知识。

四、推动本区域产业创新发展的作用

油橄榄产业在品种引进驯化、良种繁育、丰产栽培及产品加工等各个环节中,吸收了发达国家的产业发展理念与方法。在与原产地国家的管理机构、企业和专家学者的深度交流中,我们结合自身实际情况,挖掘林地资源,优化产业布局,坚持企业拓市场、业主建基地、农民共参与的发展模式,形成了在白龙江河谷、四川东部丘陵、川西南安宁河谷、滇西北河谷等地带成片建基地、布点精加工的产业发展态势。

油橄榄产业引进了发达国家的科学理念与技术方法,推动了适生区种植业科学技术的进步。这也促进了本区域的科技创新,甚至带动了其他种植业的产业创新与发展。

第二节　区域经济发展

一、直接效益

油橄榄产业发展带来的直接经济效益主要包括由种植者收获鲜果加工所得的橄榄油、餐用橄榄、保健品、化妆品、茶饮、水酒等产品的营销产生的直接经济效益。

油橄榄建园投入为5000元/亩左右,一般3年挂果,5年可以丰产。以每株平均产果60斤计算,每亩可以产果1800斤。按照出油率15%计算,可产油270斤,橄榄果销售收入在9000~10000元。种植户通过种植油橄榄可以获得稳定的经济收入。油橄榄挂果后如管理得当,可以连续多年有产出,为农户提供长期稳定的收益来源。种植油橄榄树有助于改善土壤结构,提高土地的利用率,同时,油橄榄树的耐旱特性使其适应性较强,减少了因天气变化带来的种植风险。

甘肃省是我国油橄榄种植的主要省区,其境内白龙江、白水江、西汉水、嘉陵江流域1500米以下川坝河谷区及半山地带具有与油橄榄原产地相似的环境条件,是全国油橄榄的一级适生区。近50年来,在国家和甘肃省的大力支持下,各级领导干部和适生区广大群众以咬定橄榄不放松的精神,依托国家政策，创新办法机制，采取各种措施，推进了油橄榄产业的发展。2023年，甘肃省油橄榄产业种植面积达到104.89万亩，鲜果产量5.4万吨，综合产值达到40亿元，其中，第一产业产值4.71亿元、第二产业产值33.88亿元、第三产业产值1.41亿元。

四川的油橄榄种植历史与国家引种栽培历史同期，由于油橄榄产业的经济效益明显，目前吸引了十多家民营企业积极参与。2023年，四川省油橄榄种植面积共计48.10万亩，鲜果产量2.9万吨，综合产值达到13亿元。

云南省种植油橄榄的面积已达26万亩，从各州市的产业规划来看，全省油橄榄规划面积将在100万亩以上。云南科技人员选育的良种在云南省金沙江干热河谷区及滇中地区适应性良好，根据云南省油橄榄产业发展的趋势，可在原有品种不适的低产林改造以及新造林中进行推广应用，前景十分广阔。云南现有面积全部投产后，必将对种植者、加工企业及地方经济产生积极的影响。

重庆市油橄榄种植区域主要布局于长江流域支流的山谷和坡地，按照规范化的经营管理方式，各项成本综合计算约为600元/亩，主要品种亩产量能够达到200公斤/亩，按照目前市场价格7元/公斤计算，每亩收益能够达到1400元，扣除管护成本，每亩能够实现经济效益800元。

二、间接效益

油橄榄产业发展产生的间接效益主要体现在促进区域生态环境优化和促进社会发展与进步等方面。油橄榄的主要种植区集中分布于我国西部山区，而这里也多为生态环境脆弱地区、边远贫困地区和民族落后地区。因此，油橄榄产业在一个区域的形成和不断完善，对改善生态环境和推动社会进步均能产生积极的作用与影响。

油橄榄适生于干旱、半干旱河谷，也能在土层浅薄的石质山地生长，这些区域往往也是我们生态环境脆弱、需要进行生态治理的地带。甘肃省的白龙江、白水江流域生态环境十分脆弱，是我国四大泥石流高发区之一。近50年来，陇南市在"三江一水"二级阶地和泥石流沟道冲积扇上种植油橄榄104.89万亩，让流域两岸披上了绿装。陇南市委、市政府把油橄榄定为"市树"，在城区绿化、道路绿化、荒山造林和美丽乡村节点打造中将油橄榄树作为首选树种，在国道212线的白龙江沿岸打造了百公里油橄榄绿色长廊。在武都城区建设油橄榄主题园，把油橄榄文化历史、地中海风情等各类元素融入其中，油橄榄文化得到全面展示。城区精心设计、制作了具有油橄榄特色的街道景观灯，通过塑造景观点、延长长廊线，扩展了绿化面，展现了陇南作为"全国橄榄之城"的魅力。油橄榄是经济、生态型树种，不仅对人居环境美化起到了积极作用，而且发挥了重要的生态功能——油橄榄根系发达，能固定土壤，有效减少水土流失；落叶分解可增加土壤有机质，改善土壤质地、结构。

四川盆地丘陵区地层广泛露出紫色砂页岩，过去因人为活动频繁，水土流失极其严重，历史上素有"红色盆地"之称。近几十年来，通过国家长江防护林工程治理，严重的水土流失得到了控制，山绿了，水清了，生态环境有了根本的改变。但广阔的盆地丘陵土层浅薄，生产力水平较为低下，生态系统的稳定性和生态功能相对较弱。而油橄榄对这种钙质紫色土却表现出了独特的喜爱，成都市金堂县、绵阳市游仙区、达州市开江县、广元市利州区、南充市阆中市等油橄榄果园的建设，基本上都选择在这种钙质紫色土的分布地带。'佛奥''莱星''阿贝基娜''皮瓜尔'等一批优良品种在上述种植区，都获得了优异的、可持续的丰产经营。

各省引种发展的一片片橄榄园都连接着千家万户，牵动着地方政府和相关行业，推动着当地龙头企业不断探索完善自己并做大做强，从而产生了显著的社会效益。加工企业通过加工橄榄油和相关产品可以获得较高的附加值，提升企业的经济效益。油橄榄产业的发展也带动了相关产业链的发展，如包装、物流、销售等，提供了更多的商业发展机会。企业通过技术创新和品牌建设，可以提升产品的市场竞争力，增加市场份额。

第三节　全面乡村振兴

从乡村振兴、农民增收的角度来说，发展木本油料产业，能够推动山区、乡村实现生态美、百姓富，实现稳定脱贫与乡村振兴有机衔接，打通绿水青山向金山银山转化的通道，把生态优势转化为经济优势，促进形成乡村经济绿色发展的长效机制。而大力发展油橄榄产业，不仅对缓解我国粮油供需矛盾、维护国家食用油安全具有积极影响，还将直接巩固拓展脱贫攻坚成果，促进乡村振兴。

一、带动当地就业

油橄榄产业的发展为当地居民提供了大量的就业机会，包括种植、采摘、加工、销售等环节。随着产业的扩大，需要更多的技术和管理人员，可提高地方居民的就业质量和收入水平。油橄榄产业的多元化发展还可以吸引更多的人才回流，促进当地人才结构的优化。

如：陇南市祥宇油橄榄开发有限责任公司拥有油橄榄基地13500亩，3条生产线，每年有数百户农户进入企业务工，多年累计为农户支付劳务费用500多万元。农户进园务工，不仅有了稳定的收入，而且学到了种植技术，为当地发展油橄榄产业培养出一大批农民技术员，为产业发展作出了积极贡献。

二、带动林农增收

实践证明，在适生区壮大龙头企业，培育新型经营主体，能带动林农持续稳定增收。

典型案例：

陇南市祥宇油橄榄公司采用"公司+协会+基地+合作社+农户"的合作方式，实施"订单农业"，整合了武都区、文县50多个村46.3万亩油橄榄，带动种植户75642户近35万人发展油橄榄，"订单农业"的实施，既解决了果农"卖果难"的问题，又为公司榨季生产提供了稳定的鲜果来源，同时密切了公司与油橄榄合作社的关系，实现了公司与合作社的互惠双赢。

冕宁元升农业科技有限公司采取"公司+科技+农户（贫困户）+基地"的模式，流转土地第6年后，按土地入股，将36%的利润用于为农户分红，让农户实现土地分红和打工"双收入"。

重庆市合川区江源油橄榄开发有限公司采取"公司+合作社+农户"的模式，持续深化油橄榄产业发展。当地首批种植的油橄榄树已逐步进入丰产期，管护较好的地块，亩产鲜果600公斤，按7元/公斤单价计算，亩产值达到4200元以上，真正实现了带动林农增收。

三、促进乡村振兴

经过多年的产业培育，油橄榄产业在适生区已成为当地的特色经济林产业，在带动地方经济发展，促进乡村振兴方面发挥着重要作用。油橄榄产业的发展可增加地方政府的税收收入，为地方经济发展提供资金支持。油橄榄产业还带动了当地基础设施的建设和改善，如交通、水利、电力等，提高了当地居民的生活质量。政府通过油橄榄产业的发展来实施精准乡村振兴政策，帮助贫困地区增收致富，提升社会稳定性。

第四节　促进科技进步

一、科技奖励情况及效益

油橄榄为引种树种，在种质资源驯化、良种选育与种苗繁育、栽培与建园技术、丰产栽培关键技术、收获与加工贮存等方面存在诸多技术问题，均需要根据生态学、生物学特性，结合我国引种栽培区的自然地理要素，破解其产业化发展的技术难题。因此，我国各引种栽培省（市）均高度重视科技的配套与支撑作用。

（一）甘肃省

甘肃省紧紧围绕油橄榄产业开发，以产业倍增、农民增收为核心，大胆实践，积极争取、精心实施各类油橄榄科技推广示范项目，打造了一批科技示范典型，提升了全省油橄榄科技开发水平，为更好地服务产业发展奠定了坚实的基础。建立油橄榄国家林木种质资源库，引进收集174份种质，在白龙江、白水江、嘉陵江、西汉水流域（以下简称三江一水）设立21个扩区引种驯化试验点，种植区向西汉水流域的礼县、西和县、成县、康县拓展，扩区驯化成果显著。成立"国家林业草原油橄榄工程技术研究中心""甘肃油橄榄育种及培育国家长期科研基地""甘肃省油橄榄工程实验室""甘肃省油橄榄加工技术与质量控制工程技术研究中心"等一批国家级和省级创新平台。省林业科学研究院成立油橄榄工程技术研究中心，陇南市成立油橄榄专业研究所。选育国家及省级良种11个，培育出一批本地化品种。摸清油橄榄在我国北亚热带气候条件下对水、肥、光的需求规律，破解扦插生根周期长、成苗率低的技术难题，建立了绿色橄榄油加工及质量控制体系。发布12项技术标准，获甘肃省科技进步一等奖等各类成果奖励30余项，科研成果丰硕。通过核心技术研发，有力支持了油橄榄产业发展。

同时，主产区的陇南市委、市政府为了促进油橄榄产业科技进步，在想方设法加大科研投入的同时，由科技局指导，链主企业祥宇公司牵头，联合5个高等院校、7个科研院所、6个油橄榄企业成立了"陇南市油橄榄产业创新联合体"，联合体聚集了90多位专家教授、技术人才，组建了国内首个油橄榄产业创新联合体，对油橄榄产业发展相关技术难题开展联合攻关，走出了科技合作的新路径，在社会上引起了巨大反响。

（二）四川省

四川省林业主管部门一直关注油橄榄引种发展过程中的科技进步与技术创新，在积极开展国际合作交流、引进国外先进技术的基础上，大力支持省、市科研院所牵头龙头企业，开展良种选育、果园建设、丰产栽培等关键技术的研究，先后有7个油橄榄科研项目获得四川省科技进步奖二等奖3项，三等奖4

项。其中，由四川省林业调查规划院、四川省林业科学研究院、四川省气象局及多个市、州林业科学研究所等单位合作完成的"四川油橄榄引种适生区域、品种及丰产栽培技术研究"课题，针对油橄榄产业发展中引种适生区、适生品种和丰产栽培三大关键技术难题，多学科、多部门联合攻关，重点研究了四川油橄榄引种的适生区域、适宜品种及丰产栽培技术。

（三）云南省

云南省林业和草原科学院针对区域产业发展存在的技术问题，申报完成的"优质高产油橄榄新优品种选育与良种产业化"成果获2022年度云南省科技进步二等奖。该成果主要是针对云南油橄榄产业中存在的引进资源缺乏优质、高产、抗性强的油用和餐用品种，大多引进品种适应性不强、难以适应云南气候环境，缺乏经过审（认）定的适宜栽培良种等问题，开展目的性引种、杂交育种、引种驯化以及油橄榄扦插育苗技术集成创新，以收集的优良种质资源为基础，杂交选育出适应云南酸性土壤栽植的油橄榄新品种和适应金沙江干热河谷区发展的系列油橄榄良种，填补了油橄榄产业良种缺乏的空白。

（四）重庆市

重庆市林业科学院油橄榄研究团队开展了全市范围内的油橄榄良种培育、病虫害防治等先进实用技术的应用与推广，并在全市范围内进行油橄榄科技指导、技术培训等帮扶工作。为加快推动重庆市油橄榄良种及新品种选育工作，进一步提高油橄榄产业发展水平，近年来，重庆市林业局组织油橄榄帮扶专家组，持续开展油橄榄优质种质资源收集保存和评价利用工作。针对油橄榄保存面积和数量逐渐减少、老树资源保存情况堪忧等难题，专家组联合企业建设油橄榄老树资源保护基地，科学移植油橄榄大树81株。通过采取大树复壮、水肥管理、控型修枝、有害生物防治等技术措施，油橄榄大树树势逐步恢复至连年挂果。到2023年，全市油橄榄产量达2700吨，增幅再次超过30%，大树最高单株产量达到80公斤，油橄榄老树展现出优良的结实能力，逐渐"焕发新生"。依托市林业局科技兴林攻关项目"油橄榄特异种质'三峡1号'生产特性评价研究"，专家组联合西南大学研究团队成功鉴定出大树品种'佛奥''城固

32号'和'卡林',解决了这批油橄榄大树品种不清问题。同时,该团队与甘肃省林业科学研究院联合申报的油橄榄'莱星'通过国家级良种审定,牵头申报的油橄榄'豆果'通过市级良种审定,并成功申报国家级审定油橄榄良种1个,申报市级审定良种1个,登记完成重庆市科学技术成果1项。

二、科技创新团队

近些年,油橄榄也是我国科研的热点树种之一,参与油橄榄技术研发的人员越来越多,研究的深度不断加深和广度不断扩大,一些林(农)科院及大学逐步加入油橄榄相关研究中,研发能力不断加强,研发团队不断壮大。长期专注于油橄榄研究且相对稳定、固定的团队主要有:中国林业科学研究院因学科方向分为两个油橄榄研究团队,一个为林业所张建国研究员团队,主要从事油橄榄品种及重要性状挖掘等基础性研究,一个为林化所王成章研究员团队,主要从事油橄榄副产物资源化利用研究。中国科学院兰州化学物理研究所邸多隆研究员团队,主要从事橄榄油品质分析及功能产品和开发。甘肃省林业科学研究院姜成英研究员团队,主要从事油橄榄品种选育、丰产栽培及产业化技术研究,其"油橄榄丰产栽培及产业化技术创新团队"是截至2023年底全国唯一的一个被认定的省级科技创新团队。云南省林业和草原科学院宁德鲁研究员团队、重庆市林业科学研究院朱恒星团队和四川省林业科学研究院杜晋城团队,主要从事油橄榄品种选育、丰产栽培及产业化技术研究。

第五节　总体评价

油橄榄产业在中国60年的发展本着科学、适度、有特色的基本思路与原则,在技术上解决了引种适宜区域、适生品种、丰产技术及收获加工等主要难题,在产业布局上已经形成了数百万亩种植基地、数十家加工企业以及国家、省、市层面在政策、经济和技术支撑方面的产业发展综合体系,目前已经展现出了显著的经济、社会和生态效益，也成为中国木本油料中品质高端、不可或缺的重要组成部分。今后，产业的发展将在国家主管部门规划明确的构建"南油茶、中西部核桃、西南油橄榄"的木本油料生产格局的指导下，稳步推进种植基地建设，拓展壮大产业基础和规模，扩大产品生产能力，推进产业体系向标准化、规模化、集约化及产业高质量方向发展。

第七章

油橄榄产业发展
趋势与对策

第一节　油橄榄产业发展态势

经过半个多世纪的努力，我国油橄榄生产基地已初具规模，优势区域开始形成，初精深加工体系基本建立。我国油橄榄产业发展对当地农民增收的作用逐步显现，规模化、产业化的发展格局正在形成，走出了一条具有鲜明中国特色的现代油橄榄产业发展之路。

一、面临的机遇

进入新发展阶段，在习近平生态文明思想的引领下，美丽中国建设全面推进，绿水青山就是金山银山的理念深入人心，油橄榄产业发展的内外部环境发生了显著变化。乡村振兴、粮食安全、健康中国、双碳行动等国家重大战略叠加，为油橄榄发展提供了良好的政策机遇。油橄榄产业具备了在更高起点、更高层次上实现高质量发展的良好条件。党的二十大对树立大食物观、发展设施农业、构建多元化食物供给体系作出的部署，为加快油橄榄产业高质量发展确立了目标，赋予了其新的历史使命。巩固拓展脱贫攻坚成果、拓宽增收致富渠道、全面推进乡村振兴、实现农业现代化，为加快油橄榄产业高质量发展赋予了时代背景。健康生活和健康消费新观念带来了市场新需求，药食同源等功能性新产品开发取得重要进展，贸易量持续增加，为加快油橄榄产业高质量发展提供了新机遇。

二、遇到的挑战

种植基础设施薄弱，油橄榄多种植在干热河谷的浅山坡地，土壤瘠薄、水源短缺，水肥一体化灌溉基础设施滞后，机械化水平低、管理投入不足、集约化程度不高、产量低而不稳，鲜果亩均产量不足世界平均水平的40%。开发能力偏弱，龙头企业数量少，加工技术和设备亟待提高，新产品、高附加值产品研发相对滞后，产业链条短、同质化严重、质量效益低等问题突出，产业融合发展任重道远。科技创新不足，油橄榄科研机构、创新平台少，缺乏先进的科研仪器和设备，高层次人才缺乏，基础研究滞后，标准化体系仍需完善，在品种选育、橄榄油榨取、精深加工等方面还存在"卡脖子"问题。市场竞争力较弱，橄榄油自主产能不足，国内市场橄榄油自给率低，再加上劣质产品的低价冲击，影响了国产品牌的市场认可度，橄榄油国际国内市场竞争日益激烈，国际、国内市场价格倒挂，挤压国内橄榄油企业的发展空间。扶持资金缺乏，油橄榄标准化种植投入高，地方财政困难，且未纳入国家储备林建设树种，加之涉农资金统筹难度大，粮油大县补贴、农机具补贴、东西扶贫衔接资金等强农惠农政策用于油橄榄产业的扶持面小，油橄榄产业发展资金严重缺乏。

三、存在的问题

①建园起点低。目前国内的规模化油橄榄基地主要依托退耕还林等林业重点工程建设，特点是山坡荒地建园投入标准低，按照一般性造林管理，投入少、管理粗放，这也是单产低、效益不高的主要原因，严重影响了其生产效益。

②品种混乱，缺乏自主品种。育种工作滞后，缺乏自主品种，仅处于简单引种阶段，没有开展驯化育种，缺乏适应我国生态条件的产量高、含油率高、抗性强的当家品种。

③粗放经营，集约化程度低。油橄榄种植基地基本采用的是传统的家庭分散经营模式，管理比较粗放，缺乏集约化经营——重栽轻管，对抚育管理重视不够，甚至任其自生自灭，导致挂果晚、单产低、效益差的情况较为普遍。

④开发程度低，产业链短。加工企业规模小，产业化开发实力弱，技术研发能力不强，产品单一且同质化现象严重。同时，对副产品的开发利用严重不足，原料利用率低。

⑤科技创新和推广体系不健全。与传统油料作物、水果等相比，油橄榄产业发展缺少必要的技术支撑体系，存在科技支撑水平较低，科技人员参与率低，科研成果的转换、应用与迅速发展的油橄榄生产和加工企业的科技需求

不同步、不对称等问题。

⑥社会认知度低，市场竞争力不足。社会对我国自产橄榄油的认知度低；国产橄榄油品牌建设不力；企业的市场经济意识不强，市场开拓能力不足；国产橄榄油售价较高，产品市场竞争力不强。

第二节　油橄榄产业发展对策和建议

近些年，尽管我国油橄榄产业取得了显著的发展，但是，总体上仍然处于产量不高，加工不够精细，相对效益不高阶段，仍然与国外油橄榄产业强国存在较大差距。针对目前存在的问题，我们提出以下几点建议。

一、重视选种、育种，实现油橄榄品种中国化、区域化、良种化

油橄榄的生长发育、开花结果、产量高低取决于影响作物生长最基本的气候和土壤环境因素，如温度、光、水、土壤质地、酸碱度和养分等因素，以及这些因素之间的紧密配合。虽然我国引种成功，但我国亚热带地区光照不足，夏季雨水过多，土壤黏重，透水通气性差，不利于油橄榄的生长发育。我国前后引进了近300个油橄榄品种，但目前，全国栽培的油橄榄品种仅有20多个。引种实践证明，大多数品种不适应新环境，少数适应性较好的品种，可以形成花芽、开花结果，但产量不稳定，因此亟需在现有的品种资源基础上进行创新，通过选种、育种等驯化过程，培育适应性强的优良新品种。同时，我们要重视耐酸耐湿砧木的选育及应用，为油橄榄丰产、稳产奠定物质基础。

二、提高基地化建设水平，提高低产果园的产量

我们应适当扩大种植面积，主要是在适生区、半适生区内加快发展，一定要科学合理谋划，标准化建园，要搞好区域布局和品种布局，为产业化发展奠

定资源基础。同时，我们应改造低产园区，实现提质增效，对已经形成规模的油橄榄基地，要加大水、电、路基础设施建设力度。我们要对低产园进行分类经营，通过调整果园品种组成与结构、提高果园土壤生产力、普及和提高整形与修剪及病虫害防治等综合管理技术，快速提高总产量，增加效益。

三、加大资金投入，推进产业升级

油橄榄是一个高投入高产出的产业，产业链长，前期投入较大。我国油橄榄主产区多属于山区，经济条件差，没有自身发展能力，需要国家整合相关资金，如荒山造林、退耕还林、土地整理、农田水利建设、扶贫整村推进、产业化项目资金，集中扶持关键环节，加大对新造、改造油橄榄园区的资金支持，要建立有别于一般绿化造林的补贴标准，推动品种培育、品质提升、品牌打造和标准化生产，确保从造林开始即按照高标准建设种植基地。加快推进产业高质量发展，助推林农群众稳定增收，持续有效地巩固脱贫成果。

四、持续加强产业科技创新研究，提高产业质效

针对木本油橄榄树种生长周期长、性状复杂导致科技研发周期长、需稳定持续研发的特点，我们应持续研究重要性状及调控机制等理论基础，突破杂种优势利用、高效分子标记筛选、全基因组选择、细胞工程育苗等种业重大关键技术，研究、培育一批适于食用、保健用、化妆品用、工业用等不同目标的高产稳产抗逆新品种，实现品种的精品化和专用化。

五、培育龙头企业，提高市场竞争力

整合现有企业，培育龙头企业，建立集团公司，要把实现品牌油橄榄经营作为产业化的最终目标。在产品开发方面，不能只停留在油品加工方面，要有深层次的开发，增加产品开发的深度和广度，要逐步建立起连锁销售网络。

附　录

油橄榄产业发展大事记

一、相关政策

（一）2008年，云南省政府在《云南省人民政府关于加快木本油料产业发展的意见》和《建设云南木本油料产业示范区合作备忘录》等文件中，着重强调在全省范围内继续推进木本油料产业建设，将建设重心逐步转向提质增效，提升原料产品产量和品质，加大产品研发、科技成果转化、标准化建设、品牌创建、精深加工及市场培育投入。

（二）中共四川省委农村领导小组办公室、四川省林业和草原局印发《四川省现代林（草）业园区认定管理办法（试行）的通知》（川农领办〔2021〕8号），对符合基地建设、设施装备、产品加工、新业态培育、绿色生产、品牌建设、科技支撑、组织方式、保障措施等9个方面18个指标和分值的油橄榄园区，可申请五星级、四星级、三星级3个等次的省级园区，对认定的五星级、四星级和三星级省级园区，分别给予2000万元、1500万元和1000万元奖补。

（三）2021年7月，十堰市委、市政府制定下发了《关于培育壮大农业产业化龙头企业的意见》（十办发〔2021〕10号），将油橄榄列入木本油料产业链重点扶持范畴。

（四）2021年11月，湖北省人民政府印发《湖北省林业发展"十四五"规划》，提出探索发展油橄榄。

（五）2021年11月，十堰市出台《十堰市重点农业产业链专项资金管理办法》，市财政每年安排1000万元支持油橄榄为主的木本油料产业发展。

（六）2022年2月，湖北省林业局发布《湖北省木本油料"十四五"发展规划》（鄂林改〔2022〕20号），提出在十堰市郧西县、丹江口市、竹山县、郧阳区探索发展油橄榄。

（七）陇南市人民政府办公室出台了《陇南市人民政府办公室关于印发2023年全市经济林特色产业倍增行动计划实施方案的通知（油橄榄产业）》（陇政办发〔2023〕4号），提出2023年新建油橄榄标准化基地13万亩，培育优质油橄榄苗木300万株，完成油橄榄嫁接换优240万株。

（八）陇南市制定印发了《陇南市产业链领导小组办公室关于印发核桃等6条产业链2023年工作要点的通知（油橄榄产业链）》（陇产业链办〔2023〕1号），明确提出到2023年底，全市油橄榄种植面积达到104万亩，产量达到5万吨，产值达到40亿元的目标任务。

（九）陇南市财政局、陇南市农业农村局、陇南市林业和草原局印发《关于修订〈陇南市特色山地农业引导发展资金管理办法（试行）的通知〉》（陇财农〔2023〕47号），提出切实加大油橄榄、花椒、核桃等产业投入，对国家级现代油橄榄产业园，按项目建设进展和投产运行情况进行奖补。

二、领导关怀

（一）2017年12月3日至4日，第十届四川省政协副主席陈杰、省政协农业委主任刘宇等一行赴达州调研油橄榄发展情况。

（二）2023年4月29日至30日，甘肃省委书记、省人大常委会主任胡昌升在陇南市调研时强调，要深入学习贯彻习近平总书记对甘肃重要讲话重要指示批示精神，明确思路举措，把牢主攻方向，做足"土特产"大文章，深化"农文旅"大融合，坚定不移实施乡村振兴战略，持续壮大特色优势产业，不断提升人民群众生活品质，让老百姓的日子越过越红火。

（三）2023年12月，湖北省政府参事递交的《关于加快推动湖北橄榄油产业转型升级建设国家级橄榄油产业示范区的建议》得到湖北省省长王忠林，湖北省常务副省长邵新宇，湖北省副省长彭勇、蔚盛斌、张文彤批示。

三、重要研究项目

（一）云南油橄榄大健康产业创新研究院服务平台建设项目，云南省重点研发计划，2023.1—2025.12，300万元。

（二）云南高品质油橄榄新种质选育、栽培、加工技术和标准化体系技术研究，2023年高原特色农业领域科技计划，2023.1—2025.12，960万元。

（三）花椒和油橄榄种质创制与良种选育，国家重点研发计划，2019.7—2022.12（2023年验收），650万元。

（四）油橄榄优质高抗新品种选育与配套技术研究，四川省重点研发项目，2021.1—2025.12，50万元。

（五）油橄榄种质资源抗寒性评价及筛选，甘肃省林草创新项目，2019.7—2023.12，50万元。

（六）油橄榄炭疽病绿色防控技术研究，重庆市科技局技术创新与应用发展专项面上项目。

四、重要产业发展项目

（一）中央财政林业科技推广示范项目"油橄榄精准施肥及整形修剪技术推广示范"，2021.5—2023.12，100万元（甘肃省）。

（二）中央财政林业科技推广示范项目"油橄榄新优新品金叶佛樨榄示范与推广"，2023.1—2025.12，100万元（云南省）。

（三）国家林木种质资源库建设项目"陇南市油橄榄国家林木种质资源库"，2019.1—2022.12（2023年验收），525万元。

（四）中央财政林业科技推广示范项目"油橄榄良种繁育及提质增效技术示范推广"，2023.8—2025.12，100万元。

五、重要成果

（一）2019年，甘肃省林业科学研究院申报的"油橄榄高效繁育及栽培关键技术研究与示范"获梁希林业科技进步三等奖。

（二）2020年，甘肃省林业科学研究院申报的《油橄榄轻基质扦插育苗方法》获甘肃省专利三等奖。

（三）2020年，四川省林业科学研究院申报的"四川油橄榄产业关键技术创新与推广"项目获四川省科技进步二等奖。

（四）2022年，陇南市祥宇油橄榄开发有限责任公司和甘肃省林业科学研究院等5家单位共同申报的《油橄榄产业升级关键技术研究与集成示范》获甘肃省科技进步一等奖。

（五）2022年2月，湖北省林业科学院牵头申报的油橄榄'鄂植8号'通过国家林草局审定。

（六）2023年，云南省林业和草原科学院申报的"优质高产油橄榄新优品种选育与良种产业化"成果获2022年度云南省科技进步二等奖。

（七）2023年，由甘肃省林业科学研究院、陇南市武都区油橄榄产业开发办公室、湖北省林业科学研究院、重庆市林业科学研究院的姜成英、赵海云、朱恒星等人选育的'莱星'（编号：国S-ETS-OE-015-2023），2023年12月通过审定；由甘肃省林业科学研究院、陇南市武都区油橄榄产业开发办公室、江苏省植物研究所、湖北省林业科学研究院、云南省林业和草原科学院的姜成英、吴文俊、李勇杰等人选育的'钟山24'（编号：国R-SV-OE-005-2023），2023年12月通过国家级品种认定，有效期3年。

（八）2023年，由重庆市林业科学研究院、重庆市林业投资开发有限责任公司、重庆禄丰天润油橄榄开发有限公司的朱恒星、方文、张怀忠等人选育的'豆果'（编号：渝S-ETS-OE-002-2023），2023年12月通过市级良种审定。

六、主要荣誉

（一）2023年2月，甘肃省林业科学研究院油橄榄工程技术研究中心主任姜成英获得"全国林草系统先进工作者"称号。

（二）2023年2月，甘肃省林业科学研究院油橄榄工程技术研究中心获得

"全国巾帼文明岗"称号。

（三）2023年3月，陇南市祥宇油橄榄开发有限责任公司获甘肃省级精神文明单位。

（四）2023年4月，陇南市金纽带油橄榄科技有限公司的产品在美国纽约国际橄榄油比赛（New York IOOC）中斩获2枚金奖。

（五）2023年5月，陇南市金纽带油橄榄科技有限公司的产品在西班牙科尔多瓦国际橄榄油竞赛（EVOOLEUM Top 100）中入选世界上最好的特级初榨橄榄油TOP100。

（六）2023年5月，陇南市祥宇油橄榄开发有限责任公司获第一批"万企兴万村"甘肃行动省级典型企业。

（七）2023年5月，陇南市祥宇油橄榄开发有限责任公司获农业产业化国家重点龙头企业。

（八）2023年5月，陇南市金纽带油橄榄科技有限公司的产品在希腊雅典娜国际橄榄油大赛（ATHENA IOOC）中斩获2枚金奖。

（九）2023年6月，祥宇牌橄榄油获"摩纳哥公国——蒙特卡洛橄榄油大师国际大赛"金奖1枚，银奖2枚。

（十）2023年6月，陇南市金纽带油橄榄科技有限公司的产品在伦敦国际橄榄油质量竞赛（London IOOC）中斩获1枚铂金奖和1枚金奖。

（十一）2023年6月，陇南市金纽带油橄榄科技有限公司的产品在以色列国际橄榄油大赛（Terra Olivo）中斩获1枚最高荣誉金奖和1枚金奖。

（十二）2023年8月，祥宇牌橄榄油分获德国柏林风味橄榄油金奖1枚、德国柏林优质有机橄榄油银奖1枚、德国柏林优质有机橄榄油金奖1枚。

（十三）2023年8月，祥宇牌橄榄油分获西班牙ESAO Awards最佳特级初榨橄榄油入围国际最佳橄榄油奖1枚、中国最佳特级初榨橄榄油一等奖1枚、二等奖1枚。

（十四）2023年9月，祥宇牌橄榄油分获瑞士苏黎世橄榄油奖银奖1枚、铜奖1枚。

（十五）2023年12月，陇南油橄榄被中国气象服务协会评价认定为"气候好产品"。

（十六）2023年12月，甘肃省林业科学研究院油橄榄工程技术研究中心主任姜成英、陇南市祥宇油橄榄开发有限责任公司董事长刘玉红入选甘肃省领军人才（一层次），甘肃省林业科学研究院油橄榄工程技术研究中心吴文俊、陈炜青入选甘肃省领军人才（二层次）。

（十七）2023年12月，甘肃省林业科学研究院油橄榄工程技术研究中心主任姜成英、陇南市经济林研究院副院长张正武入选甘肃省拔尖领军人才。

（十八）2023年，四川省林业科学研究院杜晋城获批成立了"四川省五一巾帼创新工作室"。

七、重要活动

（一）2023年6月，《中国油橄榄产业发展蓝皮书（2022）》出版发行。

（二）2023年6月10—12日，首届中国乡村特色优势产业发展峰会在北京举办。

（三）2023年9月，重庆市合川区举办了2023年中国农民丰收节暨隆兴镇第五届油橄榄采果文化节。

（四）2023年11月，禄丰天润油橄榄开发有限公司在山东省济宁市参加2023年山东—重庆对口消费帮扶展销会。

（五）2023年11月16—17日，湖北省十堰市"武当人才沙龙"活动暨木本油料产业建设推进会召开，商讨谋划以油橄榄产业为主的十堰市木本油料产业高质量发展。

（六）2023年，禄丰天润油橄榄开发有限公司参加四川省油橄榄发展促进会承办的"中国橄榄油（第二届）感官品鉴评比暨天府橄榄油邀请赛"和"油橄榄产业发展论坛"。该公司生产的神女峰牌特级初榨橄榄油荣获天府油橄榄金奖。

八、社会影响

2023年1月，国家林业和草原局官网报道了重庆市林业局油橄榄专家组赴奉节县开展油橄榄"乡土专家孵化"专题培训的相关情况。

2023年9—10月，全国主流媒体对甘肃陇南油橄榄产业进行了全方位报道。

九、组织机构

（一）1975年，"全国油橄榄科技协作网"成立。

（二）1989年12月11日，"中国林学会经济林分会油橄榄学组"在北京组建。

（三）1993年11月8日，"中国林学会经济林分会油橄榄学组"更名为"中国林学会经济林分会油橄榄研究会"。

（四）2007年1月30日，"中国经济林协会油橄榄协作组"在北京组建。

（五）2009年9月，"甘肃省油橄榄工程技术研究中心"在兰州成立。

（六）2012年12月4日，"中国经济林协会油橄榄协作组"更名为"中国经济林协会油橄榄专业委员会"暨"中国经济林协会油橄榄专业委员会"年会在昆明召开。

（七）2013年8月2日，"四川省油橄榄发展促进会"在绵阳登记成立。

（八）2015年7月，"国家林业和草原局油橄榄工程技术研究中心"在兰州成立。

（九）2015年9月17日，"中国经济林协会油橄榄专业委员会"更名为"中国经济林协会油橄榄分会"。

（十）2016年8月1日，"中国油橄榄产业创新战略联盟"在陇南成立。

（十一）2017年6月27日，"中国—以色列油橄榄国际合作中心"在凉山州会理县成立，中心建在会理县，副中心建在西昌市。

（十二）2018年12月23日，"油橄榄产业国家创新联盟"在成都成立。

（十三）2020年10月25日，"陇南市品油师协会"在陇南成立。

（十四）2022年1月，湖北省林科院（十堰）木本油料研究院揭牌成立。

（十五）2022年2月12日，"四川林业草原攀西油橄榄工程技术研究中心"在西昌通过评审。

（十六）2022年4月20日，"陇南市油橄榄产业创新联合体"在陇南成立。

（十七）2023年9月23日，"云南油橄榄大健康产业创新研究院"在丽江成立。

（十八）2023年12月25日，"甘肃省油橄榄产业技术创新中心"在兰州成立。

参考文献

[1] Barranco, D. Modelos productivos en el olivar tradicional, intensivoy superintensivo. Jornadas sobre el Futuro del Olivary del Aceide de Olivar en Andalusia. Córdoba, 2008.

[2] Juan Vilar, Jorge E. Pereira, etc.,International Olive Growing, Worldwide Analysis and Summary, Fundación Caja Rural de Jaén, 2018.

[3] Paolo DeAndreis, Intensive Olive Farms Contribute to Desertification in Spain, Experts Warn. Olive Oil Times, 2021.

[4] Paolo DeAndreis, North Africans Ate Olives 100,000 Years Ago, Evidence Suggests. Olive Oil Times, 2022.

[5] IOC, International Workshop – Carbon Balance of the Olive Sector: Part of the Solution against Climate Change, 2023, pp17–18.

[6] 全国油橄榄技术培训班:《油橄榄技术培训班教材》,1977年版。

[7] 贺善安、顾姻:《油橄榄驯化育种》,江苏科学技术出版社1984年版。

[8] 徐纬英、邓明全、王笑山等:《中国引进的油橄榄种质资源与利用》,长春出版社2001年版。

[9] 徐纬英:《油橄榄——方兴未艾的传统食品》,《中国林学会经济林分会油橄榄研究会》1993年。

[10] 中国林学会经济林分会油橄榄研究会编:《中国林业科学研究院北京神州油橄榄技术开发公司论文汇编》,长春出版社1993年版。

[11] 徐纬英:《中国油橄榄》,长春出版社2001年版。

[12] 杨凤云、崔学云:《油橄榄的栽培与加工利用》,金盾出版社2002年版。

[13] 徐纬英:《油橄榄及其栽培技术》,中国林业出版社2004年版。

[14] 邓明全、俞宁:《油橄榄引种栽培技术》,中国农业出版社2011年版。

[15] 宁德鲁、杨卫明:《油橄榄良种选育与栽培》,云南科技出版社2013年版。

[16] 李聚桢:《中国油橄榄引种与产业发展》,中国林业出版社2018年版。

[17] 周瑞宝:《油橄榄加工与应用》,化学工业出版社2018年版。

[18] 姜成英、赵海云:《油橄榄栽培技术图解》,甘肃科学技术出版社2019年版。

[19] 中国乡村发展志愿服务促进会组织编写:《中国油橄榄产业发展蓝皮书(2022)》,研究出版社2023年版。

[20] 中国乡村发展志愿服务促进会组织编写:《中国油茶产业发展蓝皮书(2022)》,研究出版社2023年版。

[21] 王瑞元:《关于2023年我国粮油产销和进出口情况简介》,在中国粮油学会油脂分会常务理事会上的报告,2024年。

[22] 钟扬、陈卓良:《湖北省油橄榄适生气候的主成分分析》,《湖北农业科学》1986年第7期。

[23] 杨兰英:《云南油橄榄病虫害调查与综合治理研究》,《林业调查规划》2007年第1期。

[24] 苏瑾、马鹏飞、姜成英等:《油橄榄孔雀斑病田间药剂防治试验》,《甘肃林业科技》2007年第4期。

[25] 宁德鲁、陆斌、杜春花等:《云南省油橄榄适宜栽培区的划分》,《林业科技开发》2008年第5期。

[26] 孙志东、石英、吴劼等:《四川西昌油橄榄主要病虫害调查及防治》,《四川林业科技》2010年第2期。

[27] 张东升:《油橄榄灌溉管理研究进展》,《林产工业》2011年第1期。

[28] 苏瑾、方浩、赵梦炯等:《不同生物制剂对油橄榄叶部病害防治试验》,《甘肃林业科技》2014年第3期。

[29] 李丹春、屠彩芸、苏瑾等:《甘肃陇南大粒横沟象生物学特性研究》,《甘肃林业科技》2015年第3期。

[30] 苏瑾、赵梦炯、刘鸿源等:《绿色威雷与噻虫啉防治油橄榄大粒横沟象试

验》，《甘肃林业科技》2015年第3期。

[31] 任志勇、张正武、王文永等：《甘肃陇南油橄榄病虫害调查及防治》，《中国园艺文摘》2015年第8期。

[32] 纳绍梅：《永仁县万亩油橄榄病虫害无公害综合防治方法》，《现代园艺》2016年第9期。

[33] 高瑞桐、李金花、王兆山等：《油橄榄害虫调查及控制策略》，《林业科技通讯》2018年第6期。

[34] 王保新、许秀兰、司光程等：《成都市油橄榄主要病虫害及其防治措施》，《现代园艺》2019年第23期。

[35] 赵梦炯、吴文俊、马超等：《陇南地区土壤水分及气象因子对油橄榄树干液流的响应特征》，《西北林学院学报》2020年第5期。

[36] 陈洪才、徐晓斌、何恩宝等：《油橄榄常见病虫害及其防控措施》，《湖北植保》2021年第2期。

[37] 朱正祥：《油橄榄叶部主要病害及综合防治措施》，《四川农业科技》2021年第4期。

[38] 姜成英、赵梦炯、吴文俊等：《油橄榄叶片营养诊断研究》，《果树学报》2022年第2期。

[39] 赵丽芳：《丽江市油橄榄主要病虫害及防治方法》，《河南农业》2023年第26期。

[40] 王瑞文、郑京津、黄颖等：《油橄榄育种及栽培技术研究进展》，《生物资源》2024年第2期。

[41] 欧阳友香、钱尔林、王小丽等：《十堰地区六个油橄榄品种果实外观和品质性状分析》，《黑龙江农业科学》2024年第4期。

后　记

本书是中国乡村发展志愿服务促进会（以下简称促进会）牵头编写的乡村振兴特色优势产业培育工程丛书之一，是促进会关于中国油橄榄产业发展的第二本蓝皮书。按照促进会的总体部署，本书由甘肃省林业科学研究院（国家林业草原油橄榄工程技术研究中心）联合中国林业科学研究院、陇南市林业和草原局、甘肃省陇南市武都区油橄榄产业开发办公室、甘肃省陇南市武都区林木种苗管理站、云南省林业和草原科学院、四川省林业科学研究院、四川省油橄榄发展促进会、四川省林业和草原调查规划院、重庆市林业科学研究院、湖北省林业科学研究院、陇南市祥宇油橄榄开发有限责任公司、陇南橄榄绿农业开发有限公司、陇南奥利沃生物科技有限公司等科研、管理和生产单位及企业共同编写的关于我国油橄榄产业发展的年度报告。

本书由甘肃省林业科学研究院油橄榄工程技术研究中心主任、国家林业草原油橄榄工程技术研究中心主任姜成英研究员总体设计撰写方案、全程指导撰写工作，为了更好完成撰写任务，全面反映五个重点发展省（市）的油橄榄产业发展情况，确定了甘肃省林业科学研究院姜成英、四川省林业科学研究院杜晋城、云南省林业和草原科学院李勇杰、重庆市林业科学研究院朱恒星、湖北省林业科学研究院姜德志为各省负责人，负责本省材料的收集和提供。各省（市）负责人及编写人员通过搜索查阅、企业座谈、调研咨询、数据分析等，沟通协调完成编写内容。在此期间，编写人员发挥了较强的分工协作能力，如期形成了初稿，又经中国乡村发展志愿服务促进会组织的专家初审会和专家评审会评审，最终形成了《中国油橄榄产业发展蓝皮书（2023）》。

本书结构框架由主编姜成英，副主编俞宁、赵海云、张军、周立江审定，统稿由姜成英、张建霞完成，撰写人员具体分工如下：

绪　论

姜成英（甘肃省林业科学研究院/国家林业草原油橄榄工程技术研究中心）

张建霞（甘肃省林业科学研究院）

第一章　油橄榄产业发展基本情况

俞　宁（中国林业科学研究院）

赵海云（甘肃省陇南市武都区林木种苗管理站）

姜成英（甘肃省林业科学研究院/国家林业草原油橄榄工程技术研究中心）

杜晋城（四川省林业科学研究院）

王丽华（四川省林业科学研究院）

李勇杰（云南省林业和草原科学院）

朱恒星（重庆市林业科学研究院）

姜德志（湖北省林业科学研究院）

仲金瑚（陇南市祥宇油橄榄开发有限责任公司）

黎　伟（陇南橄榄绿农业开发有限公司）

白万明（陇南奥利沃生物科技有限公司）

第二章　油橄榄产业发展外部环境

俞　宁（中国林业科学研究院）

黄飞逸（重庆市林业科学研究院）

姜成英（甘肃省林业科学研究院/国家林业草原油橄榄工程技术研究中心）

李　娜（甘肃省陇南市武都区油橄榄产业开发办公室）

第三章　油橄榄产业发展重点区域

吴文俊（甘肃省林业科学研究院）

张　军（甘肃省陇南市林业和草原局）

闫仲平（甘肃省陇南市武都区油橄榄产业开发办公室）

叶　敏（四川省林业科学研究院）

黄胜佳（四川省林业科学研究院）

李勇杰（云南省林业和草原科学院）

黄飞逸（重庆市林业科学研究院）

姜德志（湖北省林业科学研究院）

姜成英（甘肃省林业科学研究院/国家林业草原油橄榄工程技术
　　研究中心）

第四章　油橄榄产业发展重点企业

张　军（甘肃省陇南市林业和草原局）

周立江（四川省林业和草原调查规划院/四川省油橄榄发展促进会）

李勇杰（云南省林业和草原科学院）

朱恒星（重庆市林业科学研究院）

姜德志（湖北省林业科学研究院）

第五章　油橄榄产业发展的代表性产品

赵海云（甘肃省陇南市武都区林木种苗管理站）

闫仲平（甘肃省陇南市武都区油橄榄产业开发办公室）

姜成英（甘肃省林业科学研究院/国家林业草原油橄榄工程技术
　　研究中心）

第六章　油橄榄产业发展效益评价

周立江（四川省林业和草原调查规划院/四川省油橄榄发展促进会）

张　军（甘肃省陇南市林业和草原局）

李勇杰（云南省林业和草原科学院）

朱恒星（重庆市林业科学研究院）

姜德志（湖北省林业科学研究院）

第七章　油橄榄产业发展趋势与对策

姜成英（甘肃省林业科学研究院/国家林业草原油橄榄工程技术
　　研究中心）

　　在此，我们向蓝皮书统筹规划、章节写作和参与评审的专家们表示感谢！本书由编委会顾问闵庆文主任审核。正是由于大家的辛勤努力和付出，才保证了该书能够顺利出版。此外，中国出版集团研究出版社也对本书给予了高度重视和热情支持，其工作人员在时间紧、任务重、要求高的情况下，为本书的出版付出了大量的精力和心血，在此一并表示衷心的谢意！感谢所有被本书引用和参考过的文献作者，是你们的研究成果为本书提供了参考和借鉴。由于编写时间短，本书仍存在一些不足和有待改进与完善的地方，真诚欢迎专家学者和广大读者批评指正。

本书编写组
2024年5月